Freya Klier (Hg.)

Und wo warst du?

Freya Klier (Hg.)

Und wo warst du?

30 Jahre Mauerfall

HERDER

FREIBURG · BASEL · WIEN

MIX
Papier aus verantwortungsvollen Quellen
FSC® C014496

www.herder.de

Umschlaggestaltung: Finken & Bumiller, Stuttgart
Umschlagmotiv: © Lehnartz, Klaus/Bundesarchiv, B 145 Bild-00100901
Satz: Carsten Klein, Torgau
Herstellung: GGP Media GmbH, Pößneck

Printed in Germany

ISBN Print: 978-3-451-38553-7
ISBN E-Book: 978-3-451-81669-7

Inhalt

Erleben Sie die Welt in Farbe

Einführung

Freya Klier

Wann spürten wir die ersten Risse im System? Spürten sie, ohne das nahende Ende auch nur zu ahnen?

Im Mai 1986 scheidet der Stellvertreter Erich Mielkes, Generaloberst Markus Wolf, plötzlich aus der Staatssicherheit aus, als wäre das irgendein Durchschnittsbetrieb. Wolf wird Privatperson und versucht sich als Schriftsteller. Zu tieferem Nachdenken über diesen in einer Diktatur undenkbaren Schritt komme ich nicht, denn ich belagere seit Tagen meinen Bekanntenkreis, um Unterschriften für einen Tschernobyl-Appell zu sammeln, den eine befreundete Gruppe unserer Friedensbewegung ausgearbeitet hat.

Zur Erinnerung: In Block 4 des Kernkraftwerks Tschernobyl kam es in der Nacht vom 25. zum 26. April 1986 zu einer bis dahin nicht vorstellbaren Kernschmelze.

Doch nur in den Westmedien wird die verheerende Reaktorkatastrophe auch eine Katastrophe genannt. Die DDR-Regierung versucht, den GAU auszusitzen, und unabhängige Medien gibt es im Land nicht. So fordern wir nun eine öffentliche Diskussion über die Gefahren der Atomenergie. Ein Jahr später wird ein befreundeter Wissenschaftler aus dem Institut für Strahlenschutz streng konspirativ Informationen an Stephan Krawczyk übergeben: So sei in der Gegend um

Cottbus der Boden derart kontaminiert gewesen, dass man das Trinken von Milch komplett hätte verbieten müssen. Denn Milchproben weisen noch Wochen nach der Reaktorkatastrophe eine Radioaktivität auf, die bis zu 700 Prozent über dem Grenzwert für Säuglinge liegt. Kontaminierter Regen ergießt sich auch über Landstriche von Sachsen-Anhalt und Thüringen. Das Sammeln von Pilzen müsste sofort im ganzen Land untersagt werden, vermutlich über Jahre. Doch nichts geschieht.

Im Westen werden Spielplätze geschlossen, Jodtabletten kursieren, man meidet frisches Gemüse und greift auf Tiefkühlkost zurück.

Im Osten wird beruhigt, beschönigt, belogen. Eine kleine Meldung auf Seite 5 im »Neuen Deutschland« informiert die DDR-Bevölkerung drei Tage nach der Kernschmelze über eine »Havarie im Kernkraftwerk Tschernobyl«, bei der ein Reaktor »beschädigt« worden sei. Kein Wort von dem, was an radioaktivem Regen noch immer über Europa hernieder kommt. Kein Wort von kontaminierten Kühen und Kopfsalaten.

Im Gegenteil: In Ost-Berlin – stets besser versorgt als die DDR-Provinz – bricht der Wohlstand über Betriebskantinen und Kaufhallen herein: Spargel, Pilze, Erdbeeren, Salat und Gurken in großen Mengen – DDR-Produkte, die der Westen jetzt nicht abnimmt. Auch die Berliner reagieren nun skeptisch, so verteilt die DDR-Führung das Obst und Gemüse in Schulen und Kindergärten …

Als ich mit Stephan Krawczyk im Juni 1986 an einer Autobahnraststätte die überschaubare Speisekarte aufschlage, trauen wir unseren Augen nicht: Es gibt nicht nur wie in allen DDR-Gaststätten Gulasch, Schnitzel und Soljanka. Angeboten werden plötzlich auch Elchkeule und Elchsteak! So etwas Tolles haben wir noch nie gelesen. Wir starren wie auf Hieroglyphen, dann begreifen wir, dass wir gerade das angeboten kriegen, was die Schweden nach einem langen kontaminierten Regendurchzug jetzt nicht mehr verkaufen können. Die DDR hat zugegriffen, für fast umsonst.

Ich laufe also hochmotiviert mit dem Tschernobyl-Appell durch die Gegend, belagere meinen Freundes- und Bekanntenkreis. Die Forderung an die Regierung der DDR: Eine sofortige öffentliche Diskussion über die Gefahren der Atomkraft!

Meine Unterschriftensammlung gerät zum Fiasko: Gern unterschreiben all jene das »staatsfeindliche« Papier, die einen Ausreiseantrag laufen haben und hoffen, dieser Minuspunkt helfe ihnen noch schneller aus dem Land. Und es unterschreiben einzelne, mutige Personen. Doch bei den meisten ist die Bereitschaft, sich gegen existenzielle Bedrohungen zu engagieren, aufs Unerträgliche gesunken, wenn dafür auch nur kleine Unannehmlichkeiten drohen. Alle sind von der Katastrophe in Tschernobyl betroffen. Jedoch nicht tief genug, um die eigene Feigheit zu überwinden. Man schiebt Gründe vor, um nicht unterschreiben zu müssen … Gründe, die in einer Diktatur nachvollziehbar sind: Die eine will eine Boutique aufmachen und braucht eine Genehmigung, der andere hat eine Westreise in Aussicht und die Dritten halten ganz still, damit ihr Kind einen Studienplatz bekommt … Ein Professor aus Halle sagt mir unumwunden, dass sich in diesem beschissenen Staat sowieso nichts ändern wird, er aber auch nicht vorhabe, in den Westen zu gehen. Also gibt es für ihn nur noch zwei Kriterien, auf die er sich konzentriert: Seine Kinder sollen Abitur machen dürfen, und er selbst möchte einmal pro Jahr ins nichtsozialistische Ausland reisen.

Ich kann ihn so gut verstehen – und könnte es noch besser, wäre da nicht meine geheime Jugendbefragung: Unwirsch beschreiben die jungen Leute die zunehmende Anpassung ihrer Eltern; sie fühlen sich dem Erziehungsapparat mittlerweile ohne elterliche Unterstützung ausgeliefert.

Überhaupt, das Reisen: Jene von uns, die sich mit Unterschriftenlisten an Staatskünstler und zugelassene Schriftsteller wenden, sind deprimiert: Die scheinen völlig eingesackt, seit sie die ersten Reiseprivilegien genießen. Das mag wohl auch der Grund dafür sein, dass einige Theaterkollegen schon von weitem die Straßenseite wechseln, wenn sie mich, die Dissidentin, erspähen, obwohl sie mich vor kurzem noch herzlich begrüßten: Man will nicht mehr mit mir gesehen werden, es könnte die beantragte Westreise kosten. In keinem Jahr zuvor vergab die DDR für Anpassung oder wenigstens schweigende Zurückhaltung so viele Reisepässe wie 1986.

Stephan Krawczyk und ich, seit 1985 beide mit Berufsverbot belegt, können nur noch in den Kirchen einiger mutiger Pfarrer auftreten. Gerade bereiten wir einen Farcen-Abend vor, den wir nun zielgerichtet »Pässe, Parolen« nennen.

Zornig schreibe ich eine Farce unter dem Titel:

»Erleben Sie die Welt in Farbe«

(unter Verwendung von Goethes »Abendsonne«)

Die Frau. Am Fensterkreuz ein Drachen. Aus einem Kassettendeck dringen Hörspielgeräusche – es sind ausnahmslos Geräusche abfahrender Verkehrsmittel –, denen die Frau, im Drachen verschanzt, hingebungsvoll nachspürt.

Frau:	Betrachte, wie in Abendsonne-Glut Die grünumgebenen Hütten schimmern. Die Sonne rückt und weicht, der Tag ist überlebt, Dort eilt sie hin und fördert neues Leben. O dass kein Flügel mich vom Boden hebt, Ihr nach und immer nachzustreben! Ich säh im ewigen Abendstrahl Die stille Welt zu meinen Füßen … Den Silberbach in goldne Ströme fließen … Den wilden Berg mit allen seinen Schluchten. Schon tut das Meer sich mit erwärmten Buchten Vor den erstaunten Augen auf –

Der Mann kommt, schleppend.

Frau:	Hast du die Pässe?
Mann:	Sie haben sie uns wieder abgelehnt.
Frau:	… uns wieder … abgelehnt …
Mann:	(nickt).

Beide stehen betroffen.

Frau:	Und die Begründung?
Mann:	Keine Begründung.
Frau:	Aber … irgendeine Begründung müssen sie doch gegeben haben?
Mann:	(brüllt) Nein, sie haben keine gegeben! Sie haben abgelehnt und fertig!!

Beide stehen betroffen.

Frau:	Aber … wir sind zwei Stunden früher aufgestanden als vor vier Jahren!?
Mann:	(fiebernd) Wahrscheinlich war das immer noch zu spät. Der Wagener und seine Frau, die waren pünktlich sieben Uhr und dreißig an der Urne: die durften fahren … Vermutlich dürfen die nur, die vor acht da warn …, die ihre Treue gleich bei Tagesanbruch stolz bekundet – im Laufschritt noch, die Schnitte in der Hand …
Frau:	Ich wünschte mir, das Tempo wäre deins am Wahlsonntag gewesen, statt nach dem Frühstück eine halbe Stunde auszutreten!
Mann:	Was kann denn ich für meinen Darm?
Frau:	Wenn du dir nichts verkneifst, dann schaffen wir es nie!

Die Frau springt auf den Fenstersims und verschanzt sich im Drachen.

Doch ist es jedem eingeboren.
Dass sein Gefühl hinauf und vorwärts dringt;
Wenn über uns, im blauen Raum verloren,
Ihr schmetternd Lied die Lerche singt –

Mann: (hysterisch) Das ist es! Eben das! Du hast ihn rausgehängt wie eine Fahne! … Das nehmen sie uns übel – die denken doch, wir wolln sie provoziern mit diesem Ding! Das sieht ja aus, als wollten wir die Heimat ganz verlassen, statt einmal übern Grenzwall nur zu spähen …

Frau: Was bist Du blöd, Mann. Der Vogel dort, das ist von unserm Kind der Drachen – der hängt dort schon drei Herbste lang und keiner hat bisher sich dran gestoßen. Es ist ein buntes Stück Papier!

Mann: Ein buntes Stück Papier ist noch kein Pass! Wenn ich dir's sag, die deuten das als Fluchttrieb … Das wirkt symbolisch, riecht nach grünem Widerstand …
Drum hol ihn rein!

Frau: Ich kann das nicht, das ist von unserm Kind der Drachen. Was kann das Kind dafür, dass du nicht reisen darfst! Und außerdem: Ich denk, du bist geschädigt von Prüfungen, die keine sind …

Mann: Das ist dein femininer Unverstand! Was weißt denn du, worauf sie alles achten … Die Regeln geben sie ja nicht bekannt! Wie grüße ich, wie juble oder büße ich – das alles muss ja jeder selber finden … Und mancher krebst damit sein Leben lang … Und erst das Maß, damit es ihnen auch gefällt?! Nimmst du zu wenig, schadest du dem ganzen Kollektiv –

bist du zu eifrig, merken sie das auch – die Frage nach der Dosis treibt den Angstschweiß aus den Ritzen!

Frau: Zu eifrig kannst du gar nicht sein –
im Lob nach oben gibt es kein Zuviel!

Die Frau schaltet demonstrativ das Kassettendeck ein. Geräusche abfahrender Verkehrsmittel, beide stehen zitternd.

Frau: O gibt es Geister in der Luft,
Die zwischen Erd und Himmel herrschend weben,
So steiget nieder aus dem goldnen Duft
Und führt mich weg zu neuem bunten Leben!

Mann: Ja, wäre nur ein Zaubermantel mein!
Und trüg er mich in fremde Länder,
Mir sollt er um die köstlichsten Gewänder,
Nicht feil um einen Königsmantel sein –

Frau u. Mann: Ich will die Welt sehn und die Welt –
und nicht an diesem Fensterkreuz verschmachten!!

Mann: (fanatisch) Drum sag ich: Hol ihn rein – sonst reiß ich ihn als kleine Fetzen runter!

Frau: (absackend) Tue ich es nicht, dann schaffen wir es nie …

Mechanisch holt sie den Drachen ein. Die Geräusche schwellen an; Mann und Frau krümmen sich, die Hände auf die Ohren gepresst.

*

Die Szene trifft den Nerv des Publikums. Bald geht es Schlag auf Schlag, auch der Druck aus Moskau nimmt zu. Für die DDR-Führung und ihren Machtapparat ist die Konterrevolution im Mai 1989, da die vierzigjährige Wahlfälschung plötzlich nicht mehr hingenommen und von Bürgerrechtlern aufgedeckt wird, bereits bedrohlich fortgeschritten. Sind die Internierungslager bereit?

Es scheint zu spät: Im Sommer 1989 spitzt sich mit den Ereignissen in Polen, der Fluchtwelle über Ungarn und den Botschaftsbesetzungen in Warschau und Prag die politische Krise noch einmal zu. Im September fliehen täglich Menschen in einer Dorf- bis Kleinstadtstärke über die ungarische Grenze. Spontan bilden sich nun oppositionelle Gruppen, sie rufen: »Wir bleiben hier!«

Sie nennen sich *Neues Forum, Initiative für eine Sozialdemokratische Partei, Demokratischer Aufbruch, Demokratie Jetzt* – und sie kommen aus jener Bürgerrechtsbewegung, die schon seit Jahren um Demokratie im Land ringt, zumeist unter dem Dach der Kirche. Die friedliche Revolution hat begonnen.

Montagsdemonstrationen nehmen zu, in der ganzen DDR. Am 9. Oktober 1989 erlebt Leipzig die größte Protestdemonstration der DDR seit dem 17. Juni 1953: 70 000 Menschen gehen auf den Innenring der Stadt, nicht ohne Angst: Zahlreiche Einsatzwagen der Polizei sind aufgefahren. Ein Kampfgruppenkommandeur hat in der »Leipziger Volkszeitung« gedroht, die »konterrevolutionären Aktionen endgültig und wirksam zu unterbinden. Wenn es sein muss, mit der Waffe in der Hand.« Blutkonserven werden in den Krankenhäusern der Stadt bereitgestellt, Chirurgen halten sich in Bereitschaft. Die Demonstranten setzen sich dennoch in Bewegung und rufen »Keine Gewalt!« und »Wir sind das Volk!« Für die Bewaffneten auf den Lastwagen kommt kein Einsatzbefehl von oben, auch unter ihnen atmen die meisten auf.

Und einen Monat später folgt jener 9. November 1989, an dem wohl jeder in Ost und West noch heute weiß, wo er an diesem Abend gerade war.

Als das Tor plötzlich offen ist, setzt erst recht eine Massenflucht ein. Die verfolgten Ostler hoffen, ihre Leidensgeschichte möge nun ein Ende haben. Anderen geht alles zu schnell, sie suchen nach einem dritten Weg; die meisten aber rufen Richtung Westen sehnsuchtsvoll: »Wir sind ein Volk!« Und die Genossen? Sie beginnen mit der massenhaften Vernichtung von Akten, mit dem geschickten Beiseiteschaffen von Volksvermögen, sie wollen, etwas gewendet, an der Macht bleiben. Honecker und Mielke werden dafür locker geopfert.

Jurist Gregor Gysi, ein Nomenklaturkader des Politbüros, rückt nun an die Spitze der SED und kämpft mit einem Heer von Genossen dafür, die DDR vor dem Untergang zu bewahren. Schnell wird dem Sozialismus ein »demokratisch« davorgepappt.

Die Masse der Unterdrückten durchschaut jedoch das Manöver: »Lügen haben kurze Beine – Gysi, zeig uns doch mal deine!«, rufen die Demonstranten auf den Straßen und machen sich für eine wirkliche Demokratie stark. Sie erhalten Unterstützung von den Brüdern und Schwestern aus dem Hochglanzgebiet. Überglücklich macht das jene, deren Herz immer für die Wiedervereinigung schlug. Dass Wiedervereinigungskanzler Helmut Kohl in Halle von als Volk getarnten Stasileuten mit Eiern beworfen wird, hält sie nicht davon ab, in den Osten aufzubrechen.

Facettenreich lässt sich die Geschichte weitererzählen, und spannend bleibt sie bis weit über den Tag der deutschen Einheit hinaus. Spannend ist sie bis heute. Alle Phasen – die dunkelsten Momente der DDR-Geschichte …, jene Nacht an der Mauer, in der ein zermürbter Grenzoffizier die Weisung gab »Wir fluten jetzt!« … oder der Aufbruch in ein wiedervereintes Deutschland – sind in den Erinnerungen der Menschen präsent, die den Herbst 1989 erlebt haben. Nicht alle vermochten die Qualen der Diktatur bisher abzustreifen, doch es wird besser. Manche ziehen uns noch einmal in ihren Glücksrausch, als die Mauer fiel. 23 Autorinnen und Autoren aus Ost und West lassen uns in ihre Seele blicken, erinnern sich noch einmal, wie es ihnen vor dreißig Jahren erging. Spannend sind die Geschichten allemal! Aber lesen Sie selbst …

Freya Klier

1.

»ES MUSS WAS PASSIEREN!«

Der lange Weg zum Fall der Mauer

Meine Oma, das Sperrgebiet und ich

Birgit Siegmann

1961 wurde ich in Thüringen geboren, im Sperrgebiet an der innerdeutschen Grenze, als Kind systemkonformer Eltern. Und weil die vor lauter Arbeit und gesellschaftlichen Verpflichtungen keine Zeit für mich hatten, war ich in der Obhut meiner Oma. Bei ihr bin ich aufgewachsen, und das war schön – wir beide liebten uns sehr. Meine Oma war Lehrerin, und so wohnten wir im Schulgebäude, was damals in manchen Dörfern üblich war. Auch meine Eltern wohnten dort, meine Mutter war wie meine Oma Lehrerin. Bereits mit 28 Jahren wurde sie Schulleiterin, wenige Jahre später war sie dann schon in der Kreisleitung der SED.

Mein Vater war als gelernter Hochfrequenztechniker freiwillig in der NVA und saß auf dem höchsten Berg bei uns, offenbar spionierte er den Westen aus, was ich aber erst nach dem Mauerfall begriff. Fachleute meinen, er könnte so etwas wie die Schnittstelle zu den »Freunden« gewesen sein, dazu passt, dass er im Sperrgebiet eine Privatfunklizenz besaß. Er hat bis zu seinem Tod nie darüber geredet. Auch auf anderem Gebiet leistete er etwas für die DDR, denn in dem Betrieb, den er leitete, entwickelte er etwas Innovatives, wofür er den Orden »Banner der Arbeit 1. Klasse« bekam.

Wie gesagt, meine Eltern hatten viel zu tun. Als Kind war ich ständig eifrig bemüht, ihnen zu gefallen und die in mich gesetzten Erwartungen zu erfüllen. Doch meine eigentliche Bezugsperson war bis zu ihrem Tod meine Oma. Die hielt sich aber politisch zurück, obwohl wir ständig über den Alltag, vor allem aber über Geschichte und Literatur diskutierten. Bis zum Mauerfall blieb ich ziemlich unwissend. Als Schülerin war ich ehrgeizig und linientreu, und ich war Vorsitzende des Freundschaftsrates der FDJ.

Nach der 10. Klasse entschied ich mich für eine Berufsausbildung mit Abitur, konkret für den Beruf eines Facharbeiters für Anlagetechnik. Ich lernte in einem elektrokeramischen Werk, in dem Zündkerzen und Isolatoren hergestellt wurden. Die Lehre mit Abitur hatte den Riesenvorteil, dass man von Anfang an etwas eigenes Geld bekam. Dafür gab es keine Schulferien, sondern Urlaub, der natürlich kürzer ausfiel als die Ferien. Der Wechsel zwischen Schulbank und Betrieb tat mir gut. Auch dass man in einen anderen Freundeskreis hineinwuchs. Und wenn Arbeiter oder Lehrmeister mein Engagement lobten, war ich richtig stolz. Das Werk stand in einem Vorort von Sonneberg und grenzte direkt an den Westen.

Ich kannte gar nichts anderes als das abgeschottete Sperrgebiet und ein paar Orte drum herum. Im Norden war der Rennsteig die Grenze, in Richtung Osten, Süden und Westen lag die Grenze zur Bundesrepublik. Der Vorteil war, dass, wenn in unserem Dorfkonsum Bananen eintrafen, die Verkäuferin die Bananen einzeln auf die Familien aufteilte, je nachdem, wie viel Kinder die hatten.

Tatsächlich, Bananen! Wir wurden um einiges besser versorgt als die meisten DDR-Bürger. Jeder kannte jeden, und niemand kam von außen dazu, der dir was wegkaufen konnte – die durften ja nicht rein ins Sperrgebiet. Der Nachteil war, dass man für jeden Freund oder Verwandten, der einen besuchen wollte, einen Passierschein beantragen musste.

1981, direkt nach dem Facharbeiterbrief mit Abitur, heiratete ich. Und wie ich begann auch mein Mann in Halle mit dem Lehrerstudium. Nur als Ehepaar hatten wir die Chance, ein eigenes Zimmer im Studentenwohnheim zu bekommen. Die Unverheirateten mussten ja alle in Mehr-Bett-Zimmern wohnen. Wir heirateten also, eine Scheidung war in der DDR billig.

Mein Mann war Zehnkämpfer, Leistungssportler in Bad Blankenburg. Und als er sich weigerte, mit der Stasi zusammenzuarbeiten, schmissen sie ihn von heute auf morgen aus dem Leistungssport raus. Dadurch konnte er nicht professionell abtrainieren und ist viel zu früh gestorben.

Ich studierte also in Halle Pädagogik – Geschichte und Staatsbürgerkunde. Eigentlich wollte ich Lehrerin für Geschichte und Geografie werden, aber angeblich war da kein Platz mehr frei. Meine Mutter riet mir zur Staatsbürgerkunde. Das Studium war unangenehm: heuchlerisch, staatstreu. Die Leute dort waren ein Albtraum. Mit mir studierten Kinder von Stasi-Offizieren, von Funktionären, die noch wesentlich mehr als meine Eltern vom Staat profitierten und arrogant auf den Rest der DDR-Bürger herabschauten. Eine Mitstudentin z. B. holte monatelang ihr Stipendium nicht ab, weil sie das gar nicht nötig hatte. Und als ich mich einmal über die schlechte Versorgungslage in Halle aufregte, meinte sie, ich könne doch ins »Delikat« oder »Exquisit« gehen. Weniger reiche Studenten hatten zu tun, mit dem 190-Mark-Stipendium über die Runden zu kommen. Es gab aber auch ein paar nette Kommilitonen und auch einige Dozenten, die sich über die Universität hinaus ihrer Studenten annahmen. Doch das allgemeine Klima war eben geprägt von Heuchelei, einander Bespitzeln und Duckmäusertum. FDJ-Versammlungen waren eine Farce, weil jeder jeden anlog und alle darum wussten.

1985, nach dem Ende des Studiums, kam ich in den Schuldienst. Ich wollte unbedingt zurück zu meiner Oma und in den Thüringer Wald. Mein Mann und ich kamen in Steinach im Haus meiner Schwiegereltern unter. Und in Sonneberg wurde ich nun Lehrerin an der Polytechnischen Oberschule (POS). Sonneberg liegt von Steinach etwa vierzehn Kilometer entfernt, und inzwischen war unsere erste Tochter auf der Welt. Ich wurde jetzt – und das war bösartig – täglich für die erste Unterrichtsstunde eingeteilt. Wir hatten aber kein Auto – wie sollte ich das schaffen? Der Bus fuhr morgens um 6.10 Uhr unten vom Marktplatz in Steinach nach Sonneberg, die Kinderkrippe lag aber oben auf dem Berg und machte um 6.00 Uhr auf. So rannte ich jeden Morgen mit Kinderwagen den Berg hinauf, stand um 5.50 Uhr bei Wind und Wetter vor der Kinderkrippe. Und wenn die Krippenerzieherinnen nicht pünktlich kamen, musste ich meine Tochter allein im Kinderwagen vor der Tür stehen lassen, dann wieder den Berg hinunterhasten, den ersten Bus kriegen, um als Lehrerin pünktlich in der ersten Stunde vor der Klasse zu stehen. Nach Unterrichtsschluss der gleiche Stress, denn ich musste zurück nach Steinach, nun mit dem Zug, um mein Kind zu stillen. Das war einer der Gründe, warum ich an eine andere Schule wechseln wollte. Mithilfe meiner Mutter bekam ich schließlich eine Stelle als Lehrerin für Marxismus-Leninismus an einer Berufsschule. Ich war dort die einzige Lehrerin in einer Männerdomäne – die Schüler waren angehende Maurer, Klempner und Installateure. Ich war nicht viel älter als sie. Das war die beste Entscheidung meines Lebens. Dort habe ich mich schon ziemlich zurückgehalten mit DDR-Lob.

Ich wollte zudem unbedingt aus der POS raus, um nicht Klassenlehrerin zu werden, denn dann hätte ich die Elternhäuser besuchen und die Familien aushorchen müssen. In der DDR hatten nicht die Eltern das Erziehungsrecht, sondern der Staat, was auch schriftlich so fixiert war. Die Eltern hatten lediglich die Pflicht, den Staat bei der Erziehung des Kindes zur sozialistischen Persönlichkeit zu unterstützen. Lehrer waren Beauftragte des Arbeiter- und Bauernstaates, Transmissionsriemen der Partei. Klassenlehrer war man unabhängig von der Fächerkombination, und man musste die Schüler zu Hause besuchen und sich dort umschauen: Liegt da vielleicht eine Westzeitung? Aufs Klo gehen und dort in den Spiegelschrank gucken, ob womöglich Westkosmetik zu finden ist. Sich das Kinderzimmer zeigen lassen, ob da ein »Bravo«-Poster an der Wand hängt. Vielleicht auch mal einen Blick ins Schlafzimmer der Eltern werfen, ob ein Kreuz oder ein anderes religiöses Symbol zu erspähen ist. Das Ergebnis konnte sich danach in den verpflichtenden Berichten wiederfinden, die dann bei der Schulleitung landeten. So konnte damit u. a. gut sortiert werden, wer zur Erweiterten Oberschule (EOS) delegiert wurde. Dort machte man Abitur – das Wort Gymnasium war, weil bürgerlich, in der DDR eliminiert worden. Natürlich haben nicht alle Klassenlehrer die Elternhäuser ausgespitzelt, aber man musste selbst auch aufpassen, weil man nicht wusste, welche Eltern bei der Stasi waren und einem gegebenenfalls eine Falle stellten, um einen dann hinter dem eigenen Rücken zu bewerten.

Ich wollte weg aus solchen Schulen. Meine Mutter war Kaderleiterin in der Abteilung Volksbildung im Kreis Sonneberg. Sie hat unter anderem meinen Mann, der Lehrer für Polytechnik und ein ziemlicher Freigeist war, an die Feliks-Dzierzynski-Oberschule versetzen lassen, eine Partnerschule des MfS. Ich wechselte also 1986 in die Berufsschule des Landbaukombinates Suhl. Auch dort funktionierte nur noch wenig. Wir hatten z. B. neue elektrische Leitungen an der Berufsschule bekommen – der Betrieb verfügte aber nicht über Gips, um die Leitungen wieder zuzugipsen. Es gab eine Menge derartiger kleiner Geschichten, bei denen man dachte: So geht es einfach nicht mehr weiter.

Ja, ich habe an das Land geglaubt – als eine gute Idee, die nur schlecht umgesetzt wurde. Und schlecht umgesetzt wurde sie. Schockiert war ich bereits von den Arbeitsbedingungen in meiner Lehrlingszeit: Gearbeitet wurde an steinalten Maschinen. Ich hatte einen Spind, da musste ich erst dreimal gegen die Tür treten, um die Kakerlaken zu verscheuchen. Und geduscht habe ich nach der Arbeit nie, weil die Kakerlaken in Klumpen oben an der Dusche hingen. So wurde mit den Arbeitern in den Betrieben umgegangen, die waren einfach nichts wert. Das sah ich schon und fand es schlimm, aber ich habe es nicht als systemisches Problem erkannt, dazu hätte es in der DDR wenigstens eine unabhängige Zeitung geben müssen.

Die Unzufriedenheit nahm in den späten Achtzigerjahren immer mehr zu, und sie wurde immer offener artikuliert. Als im Sommer 1989 viele junge Leute über Ungarn abhauten, hatte ich dafür volles Verständnis. Ich ging montags mit Bauchschmerzen in die Schule: Welche meiner Schüler werden noch vor mir sitzen und wer schon nicht mehr? Auch die Positionen von Gorbatschow sprachen mir aus dem Herzen, irgendwie kam jetzt Bewegung in die Gesellschaft.

Inzwischen hatte ich meine zweite Tochter bekommen und war eine Zeitlang zuhause. Im Herbst hatten wir dann Besuch von einem befreundeten Paar, das gerade aus Dresden kam und Material vom *Neuen Forum* mitbrachte. Beide waren unsicher, ob sie mir das zeigen sollten, denn für sie war ich ja eine Rote. Der Aufruf vom *Neuen Forum* riss mich aber voll mit. Das war genau das, wonach ich suchte – ein dritter Weg! Der Mann stammte aus Dresden und hatte sich dort bereits im *Neuen Forum* engagiert. Und nun wollte er auch bei uns etwas aufbauen.

Es ging um die Fragen: Kriegen wir Ärger mit der Stasi, kriegen wir Ärger mit der Polizei? Und ich – naiv und blöd, wie ich damals war – meinte: Wo ist denn das Problem? Das muss man doch nur einfach und offen vertreten! Ich nahm den Aufruf und gestaltete mit meiner Klasse damit eine Wandzeitung in der Berufsschule, mit 26 Schülern – alles Jungs –, und wir diskutierten dabei ganz offen über die DDR-Situation. Die Klasse hatte zum ersten Mal Spaß daran, eine Wandzeitung zu gestalten, wir hängten sie gut gelaunt mitten in der Schule auf. Ich war tatsächlich so naiv zu glauben, damit eine echte Diskussion anzustoßen.

Die Wandzeitung hing nur zehn Minuten, dann wurde ich zum Direktor gerufen, bei dem sich auch der Parteisekretär befand. Beide fragten mich, ob ich noch ganz dicht sei. Und ob ich Lust hätte, weiterhin Staatsbürgerkunde-Lehrerin zu sein. Gerade in meiner Funktion könne ich doch nicht die andere Seite vertreten. Ich fragte: »Welche andere Seite?« Und verteidigte die Werte von Gorbatschow – Offenheit und Umgestaltung. Ich redete noch, da bekamen die beiden Schweißtropfen auf der Stirn, weil sie genau wussten, wessen Tochter ich bin. Wahrscheinlich fragten sie sich, ob ich provozieren wollte, gar ein Stasispitzel war. Auf solch eine Idee wäre ich damals gar nicht gekommen. Die Wandzeitung musste abgenommen werden.

Danach folgte die gleiche Diskussion mit meiner Mutter, die mich erstmal vier Wochen zum Lehrgang auf die Bezirksparteischule nach Schleusingen schickte. Das geschah im Oktober 1989, und es gestaltete sich ziemlich skurril. Dort waren viele Leute auf dem Lehrgang, die den Honecker- und Mielke-Staat noch ernst nahmen. Ich hatte das Material vom *Neuen Forum* dabei und diskutierte, der Alkohol floss reichlich.

Als ich dann an der Montagsdemonstration teilnahm, die sich vom Bahnhofsvorplatz Sonneberg in die Stadt bewegte, zog der kleine Zug auch an der SED-Kreisleitung vorbei, wo meine Mutter ihr Büro hatte. Natürlich wurde dort nach oben gepöbelt, was mir dann doch an die Nieren ging, denn immerhin hatte meine Mutter auch eine Menge für andere Leute getan. Das war mir zu primitiv.

Am 4. November 1989 gab es die große Demo in Ost-Berlin, bei der ich unbedingt dabei sein wollte. Ich nahm für diesen Tag meinen Haushaltstag und machte mich aus dem Thüringer Wald auf nach Berlin. Natürlich verschwieg ich meinen Eltern, was ich vorhatte, nur meine Oma wusste Bescheid, weil sie auf meine Kinder aufpassen sollte. Mein Mann war sauer und fragte mich, ob ich nicht ganz dicht sei. Was, wenn sie mich verhafteten oder sonst etwas passierte. Er war politisch null interessiert, ging aber davon aus, dass das Ende der DDR ohnehin nahte. Irgendwie hatte er einen Instinkt dafür. Ich fuhr, wenn auch mit schlotternden Knien. Doch ich war an einen Punkt geraten, an dem ich jetzt für mich persönlich wissen wollte: »Wo geht die Reise hin, was kannst du tun?« Ich misstraute inzwischen allen, wollte aber unbedingt was bewegen, verändern.

Ich kannte mich in Berlin nicht aus und übernachtete bei Freunden meines Mannes, die bereits ihre Wohnung leergeräumt hatten und auf dem Sprung in den Westen waren. Auch sie warnten mich, zu dieser Demo zu gehen. Denn sie waren am 7. Oktober dabei gewesen, als Demonstranten im U-Bahn-Schacht durch heruntergelassene Gitter an der Flucht gehindert wurden. Sie selbst wurden bereits auf der Straße eingekreist und konnten ihrer Verhaftung nur entgehen, weil fremde Leute sie in ihr Haus riefen und Kisten im Hinterhof aufstellten, damit sie über die Hofmauer fliehen konnten.

Ich ging zum Alexanderplatz, sah viele Lastwagen mit Soldaten (oder Polizisten?) darauf, die keineswegs angriffslustig wirkten. Demonstranten mit »Keine Gewalt!«-Transparenten. Manche gingen auf die Lastwagen zu und überreichten den Uniformierten da oben Blumen. Und dann arbeitete ich mich ganz nach vorn und stand direkt vor der Bühne und hatte einfach nur Angst. Und als Frau Spira dann von oben rief, sie wünsche sich für ihre Urenkel, »dass sie aufwachsen ohne Fahnenappell, ohne Staatsbürgerkunde, und dass keine Blauhemden mit Fackeln an den hohen Leuten vorübergehen«, und einen riesigen Applaus bekam, da war mein Gedanke: »Oh, jetzt geht's dir an den Kragen! Jetzt wirst du dich verantworten müssen für das, was du als Lehrerin gemacht hast!«

Während der Veranstaltung kaufte ich mir an einem Stand eine Bratwurst und stand auf einmal neben Markus Wolf, der das Gleiche tat. Ich dachte: »Was laufen denn hier für Leute rum?« Wer das war, wusste ich. Aber dass hohe Stasileute mitliefen, irritierte mich total.

Das alles ließ mich ziemlich ratlos zurück, und diese Ratlosigkeit hielt bis zum 9. November an. Ich konnte nicht einordnen, was für Leute da auf der Bühne waren. Aber das Ganze trieb mich so um, dass ich nach der Rückkehr zu meinen Eltern fuhr, um mit ihnen zu reden. Meine Mutter war nicht erfreut und riet mir, niemandem zu erzählen, wo ich gewesen war. Mein Vater war auch nicht begeistert, wollte aber schon weitere Informationen.

Am 9. November stehe ich in meiner Küche und backe Kuchen, weil eine meiner Töchter am 10. November Geburtstag hat. Ich höre im Radio Bayern 3, meinen Lieblingssender, mit Thomas Gottschalk und Günter Jauch und guter Musik. Plötzlich hörte ich etwas von »Mauer ist offen«, und da mein Mixer lief, dachte ich, mich jetzt verhört zu haben. Dann hörte man plötzlich Leute, die jubeln. Ich ging ins

Wohnzimmer, mit der Kuchenschüssel in der Hand, und schaltete den Fernseher an, und da fiel mir die Kuchenschüssel aus der Hand.

Als ich Tage nach dem Mauerfall endlich auf meine Oma traf, die gerade auf West-Besuch war, sagte sie nicht etwa »Guten Tag« oder »Schön, dass die Grenzen offen sind«. Ihr erster Satz lautete: »So, und nun werden dich auch deine Enkelkinder fragen – so, wie du mich damals, als ich von der Nazizeit erzählt habe, gefragt hast: Warum habt ihr nichts dagegen getan?«

So groß das Aufatmen nach dem 9. November auch war, so schmerzlich war die persönliche Auseinandersetzung mit der DDR. Ich habe mich an der Erziehung zur Lüge beteiligt, in einem menschenverachtenden System. Als Lehrer waren wir zwar perfekt überwacht und kontrolliert, aber wir haben auch selbst durch die gegenseitige Kontrolle als funktionierendes Rädchen im Getriebe etliches zur Stabilität des Erziehungswesens beigetragen. Wir haben – gut bezahlt und privilegiert – Schüler dressiert, wobei wir uns auch selbst dressieren ließen. Natürlich gab es auch Gegenbeispiele, die hatten aber nichts zu lachen.

Als die Mauer plötzlich offen war, haben sich etliche Lehrerkollektive zusammengesetzt, die Schüler wurden ja nun renitent. Und die Lehrer waren sich einig darüber, dass sie ihre Schüler nicht zur Doppelzüngigkeit erzogen haben. Damit war ihre Aufarbeitung beendet. Das kann ich bis heute schwer nachvollziehen.

Ich arbeite seit einigen Jahren als Besucherreferentin in der Gedenkstätte Berlin-Hohenschönhausen, dem ehemaligen Stasiknast. Und als mich dort eines Tages ehemalige Mitstudenten besuchten – alles Leute, die heute über fünfzig sind –, fingen einige von ihnen an zu weinen. Das hatten sie sich nicht vorstellen können, dass es so etwas in der DDR gab.

Angst

Ingo Hasselbach

Was kommt dir als Erstes in den Sinn, wenn du dreißig Jahre nach dem Fall der Mauer an die DDR denkst?

Diese Frage habe ich mir in all den Jahren danach immer mal wieder gestellt. Die Antwort hat sich, bis auf den heutigen Tag, nie geändert.

Diese unglaubliche Stille, nur ab und zu mal unterbrochen vom Gluckern der Heizungsrohre, durch die sich die Fernwärme ihren Weg sucht. Man kann förmlich spüren, wie sie kriecht, sich durch die engen Rohre windet, all die Abzweige und Ventile passiert, um dann hier in diesem Heizkörper meiner Zelle blubbernd anzukommen. Manchmal das einzige Geräusch für sehr lange Zeit. Ich habe diese Stille noch heute tief in mir drinnen. Sie hat mich immer geängstigt und mir eine unglaubliche Panik verursacht, es gab Momente, da wurde sie übermächtig.

Dazu dieser typische Geruch, nach gummiartigem Linoleum auf dem Fußboden und dem Essen, welches hier über den Tag zu verschiedenen Zeiten ausgeteilt wurde. Vermischt mit den Gerüchen, die Menschen absondern und ausströmen. So riecht die DDR für mich, bis heute.

Rummelsburg

Als ich das erste Mal nach Rummelsburg kam, war es mitten in der Nacht. Man brachte uns in einem Sammeltransport vom Polizeipräsidium am Alexanderplatz – in einem großen W 50 LKW, dem Standardgefährt für Gefangenentransporte. Ich war an einen stämmigen Totschläger gefesselt, die Schließacht, wie die Handschelle im Fachjargon der Knastbullen hieß, war die einzige Distanz zwischen uns. Er war ein sogenannter BVer (Berufsverbrecher), das wurde man, wenn man mehrfach vorbestraft war, ich war der ahnungslose Ersttäter, ein Punker. Er spürte meine Panik und tat nichts, um mich zu beruhigen. Im Gegenteil, er genoss es, mir in irgendeiner absurden Form überlegen zu sein. Der LKW hielt kurz, man konnte hören, wie ein großes Tor geöffnet wurde, dann fuhr er noch einmal für einige Meter und kam abrupt zum Stehen. Der Motor ging aus, Türen schlugen zu, der LKW wackelte beim Aussteigen des Fahrers und Beifahrers. Dann plötzlich Ruhe. Das Einzige, was man spüren konnte, war die atemlose Unruhe und Nervosität, sowohl in unserer winzigen Zelle als auch in den anderen Zellen nebenan. Nach einer gefühlten Ewigkeit waren schwere Stiefelschritte zu hören, Hunde bellten, und die Tür des Transporters wurde aufgerissen. Die Zellen neben uns wurden geleert, immer wieder ertönten Rufe und Beleidigungen. Unsere Zelle war die letzte, die Tür flog auf, ein Schließer in rabenschwarzer Uniform brüllte: »Bewegt eure Ärsche aus meinem LKW.« Die andere Hälfte an meiner Handschelle sprang auf, in Richtung Ausgang, und zerrte mich mit sich durch den LKW nach draußen. Dort stand eine Art Empfangskomitee, das uns in eine Reihe zu den anderen LKW-Insassen schubste, die wie wir zu zweit gefesselt waren.

Es war eine sternklare Nacht, nur ein mächtiger greller Scheinwerfer zerstörte diese eigentlich schützende Dunkelheit. Wir standen in einer Schleuse, links und rechts Mauern und große Metallriegel. Auf der einen Seite befand sich über unseren Köpfen ein Wachturm. Ein Schließer rief nach oben: »Tor auf!«. Langsam und quietschend öffnete sich das große Tor. Als es komplett offen war, setzte sich unsere kleine Gruppe in Bewegung. Wir gingen geradewegs ins Dunkle hinein, hinter uns schloss sich das Tor, laut krachend. Mir war nicht klar, dass das die ersten Schritte in eine andere Welt waren. Ich war viel zu sehr mit der Angst beschäftigt, die in mir hochkroch. Ich zitterte am ganzen Körper und hatte Schwierigkeiten, mich auf den Beinen zu halten. Die Angst vor dem, was da auf mich zukam, war so total, dass ich Atemnot bekam und nicht mal merkte, wie mich »mein« Berufsverbrecher mit sich zog. Als es ihm zu viel wurde, flüsterte er mir zu, dass ich mich auch bewegen solle, ansonsten würden mir die Schließer Beine machen. Ich hatte jedoch ebendiese nicht mehr unter Kontrolle, sie versagten mir ganz einfach den Dienst, und ich musste mich wirklich zwingen, einen Fuß vor den anderen zu setzen.

Wir wohnten seit 1971 in Berlin-Lichtenberg. Das konstruierte Areal Frankfurter Allee Süd war eines der ersten errichteten Neubauviertel in Ost-Berlin und hatte immer Vorbildcharakter für die sozialistische Gemeinschaft. Marzahn, Hellersdorf und Hohenschönhausen entstanden erst Jahre später. Hier im FAS wurde alles kombiniert und praktisch arrangiert. Schaute man bei uns zu Hause aus dem Fenster, waren links die Kinderkrippe und der Kindergarten, daneben, mit etwas Abstand, folgten zwei Oberschulen, benannt nach antifaschistischen Widerstandskämpfern aus der

Gruppe »Rote Kapelle«. Gleich dahinter war wiederum das Wehrkreiskommando der Nationalen Volksarmee, und am Horizont konnte man die Schornsteine der Haftanstalt Rummelsburg sehen. Es war also für jeden etwas dabei. Ich musste an diesen Blick aus dem Kinderzimmerfenster denken, als ich nun diese düstere Anstalt betrat.

Meine erste Nacht verbrachte ich auf der »Zugangsstation« in einer Zelle mit acht anderen, die viermal vier Meter groß und mit drei wuchtigen Dreistockbetten bestückt war. Die Betten waren an den Wänden entlang aufgestellt, in der Mitte gab es einen Tisch mit nur vier Hockern, rechts in der Ecke eine Kloschüssel. Hier trennte sich dann endgültig die Spreu vom Weizen. Mir war klar, dass ich in meinem Leben nicht auf dieses Klo gehen würde. Es war saudreckig, und man saß beim Scheißen praktisch mit am Tisch. Mein Berufsverbrecher hatte offensichtlich nichts Eiligeres zu tun und nahm Platz für eine längere Sitzung. Ich wurde neugierig begutachtet und kletterte in das letzte freie Bett der Zelle. Dann ging auch schon das Licht aus. An Schlaf war in dieser ersten Nacht nicht zu denken. Ich wurde von Weinkrämpfen und Panikattacken wachgehalten. Trotzdem bewegte ich mich keinen Millimeter, bei jeder Drehung wackelte das Bettgestell wie ein Turm, und die Angst, jemanden zu wecken und dafür auf die Fresse zu bekommen, war realistisch. Doch die Angst vor dem nächsten Tag und dem, was da kommen sollte, war im Vergleich dazu überwältigend.

Es war noch dunkel draußen, ich lag in der dritten Etage des Dreistockbettes und konnte schräg nach oben aus dem Fenster schauen. Gegenüber sah ich im Mondlicht ein anderes Hafthaus, es lag ruhig und finster da. Der Alltag hatte noch nicht begonnen. Alles stand noch still, die einzigen Geräusche, die es gab, kamen von den Rohren in der Zelle und vom Schnarchen meiner Mitgefangenen. Ab und zu bellte irgendwo ein Hund. Ich verweigerte mich der Realität, indem ich immer wieder die Augen auf und zu machte, nach dem dritten Mal war mir klar, dass ich ihr nicht entfliehen konnte. In diesem Augenblick flammte die Lampe über der Tür auf, ohrenbetäubend krachte ein Schlüssel ins Schloss und schwere Metallriegel wurden zurückgerissen. Die Tür flog auf und ein Schließer schrie: »Aus den Betten, ihr Wichser, das ist doch hier kein Erholungsheim!« Neben und unter mir sprangen verschlafene Gestalten aus den Betten und nahmen Haltung an. »Zählung«, schrie die schwarze Gestalt.

Der der Tür am nächsten Stehende sagte verschlafen: »Verwahrraum 107 mit neun Verhafteten. Guten Morgen, Herr Obermeister.« Schon flog die Tür wieder zu und der Spuk war vorbei.

Gefängnisse funktionieren wie eine gut geölte Maschine. Es gibt strenge Regeln, und der Tagesablauf ist eng gesteckt. Wer aus der Reihe tanzt, wird gnadenlos zurückgeholt. Es gibt keinen Platz für Träumer, Individualität oder Freiräume. Knast in einer Diktatur ist von klar definierten Feindbildern geprägt. Sowohl der Schließer als auch der Gefangene haben diese permanent.

Von Anfang an gab es keinen Zweifel daran, worum es in diesen Einrichtungen geht. Bestrafung stand an erster Stelle. Du warst der Feind, und das wurde dir tagtäglich mehrfach gezeigt. Resozialisierung oder eine Auseinandersetzung mit deinem »Verbrechen« fand so gut wie nicht statt. Wenn überhaupt, gab es ideologische Beeinflussung und Umerziehung. Es gab zwar die sogenannten »Erzieher«, aber auch hier ging es allein darum, einen klaren politischen Auftrag zu erfüllen, nämlich dich auf Linie zu bringen. Es gab keine Freundlichkeit, keine Berührung oder Nähe. Menschliche Wärme existierte hinter diesen Mauern nicht, sie wurde dir einfach genommen. Auf der anderen Seite hätte ich das ohne ein Feindbild auch nicht überstanden.

Ins Gefängnis zu kommen ist ein so gewaltiger Einschnitt, der mich bis heute überfordert und nie mehr wirklich losgelassen hat.

Arrest

Ich bin das erste Mal im Frühling 1986 in den Arrest gewandert. Ungefähr vier Wochen nach meiner Festnahme. Der Grund dafür war Anstiftung zur Meuterei. Ich hatte im Namen mehrerer anderer Zellengenossen eine Beschwerde geschrieben. Hintergrund dafür war das katastrophale Essen in Rummelsburg. Ich war immer schlaksig und dünn, aber in Rummelsburg bin ich ganz schnell richtig abgemagert. Als ich einmal in Begleitung durch einen Obermeister von einem Anwaltsbesuch zurück zu meiner Zelle ging, begegnete ich im Treppenhaus dem Verwaltungschef des Strafvollzugs im Ministerium des Innern (MdI), Generalmajor Wilfried Lustik. Für mich sahen die Schließer alle gleich aus in ihren schwarzen Uniformen, es gab da jedoch sehr wichtige Unterschiede, die man nur anhand der Schulterstücke erkennen konnte. Ich habe mehr als einmal einen Leutnant zum Untermeister gemacht, da verstanden die wirklich keinen Spaß.

Ich war schon fast an ihm vorbei, als er mich lautstark zurückpfiff. Ich stellte mich schon auf eine Maßregelung ein, weil ich wieder einmal nicht gegrüßt hatte. »Wie sehen Sie denn aus«, kam es in einem zackigen militärischen Ton von dem graumelierten Generalmajor lautstark, und an den dabeistehenden Schließer gewandt, gleich noch mal dieselbe Frage: »Wie sieht der denn aus«? Der Schließer zuckte die Schultern, ich blickte hilflos an mir herunter und wischte mir mit der Hand nervös durch das Haar. »Sie sind ja klapperdürre, sind Sie im Hungerstreik, Verhafteter?« Ich schüttelte den Kopf und wollte erwidern, dass es an den zugeteilten Rationen liegt, die zu neunzig Prozent ungenießbar sind, aber der wollte das alles gar nicht hören. »Sofort runter zum Hausarzt und auf Doppelkost setzen!«, herrschte er den verwirrt dreinblickenden Obermeister an, der immer noch neben uns stand. Eilig machten wir kehrt, und ich bekam beim Hausarzt einen Weißbrotschein, einen Schein für Doppelkost und einen Schein für warme Fußbäder. Wofür die Fußbäder gedacht waren, hat sich mir nie erschlossen, aber in Rummelsburg hinterfragt man solche Geschenke nicht. Die Doppelkost, bestehend aus Käse, Salami, Butter und einem Ei, habe ich auf meiner Zelle geteilt, auch das Weißbrot. Butter, Salami und Käse sah man normalerweise nie. In Rummelsburg gab es durchaus ein Gemeinschaftsgefühl unter den noch nicht Verurteilten. Ich beschloss, inspiriert von meinen neuen Nahrungszusätzen, das für alle auf meiner Zelle zu beantragen.

Eine Woche später war ich für diesen Antrag im Arrest. 21 Tage, der Höchstsatz, den man kriegen kann in Rummelsburg. Anstiftung zur Meuterei. Wieder traf ich den Hausarzt, der diesmal keine Doppelkost bescheinigen sollte, sondern meine Arrestfähigkeit. Das ging schnell, und so fand ich mich im Haus 2 im Keller wieder.

Arrest in Rummelsburg war berüchtigt. Nass, kalt und fast vollständig dunkel. Das Erste, was mir auffiel, war die Kälte und der modrige Geruch. In die Arrestzellen drang nur ein ganz schummriges diffuses Licht. Was zum einen durch die Kellerlage bedingt war und zum anderen an den Verblendungen der Fenster lag, die zugleich als Sicht und Durchsteckabweisungen dienten, sodass andere Gefangene den Arrestanten nichts durch die Fenster reichen konnten. Ansonsten war die Zelle, von den Gefangenen auch Tigerkäfig genannt, ca. sechs Meter lang, dann kam ein Gitter, welches den Raum quer abtrennte. Dahinter befand sich links die Toilette und rechts ein Waschbecken. Im Gitter selbst gab es ein Drehkreuz. Wenn es Essen gab, wurde das Kreuz nach innen zum Gefangenen gedreht, sodass man seine Mahlzeit sitzend einnehmen konnte. Danach wurde das Kreuz wieder zur anderen Seite gedreht. Auf Toilette konnte man morgens und abends, wenn man einen gnädigen Schließer hatte, auch mal mittags. Das Bett wurde morgens hochgeschlossen. Was blieb, war eine Fläche von zwei mal drei Metern. Nichts zum Sitzen, nichts zum Lesen, nichts zum Rauchen.

Das war Knast im Knast, Arrest, Absonderung oder wie die Rummelsburger zu sagen pflegten »Mumpe«. Rummelsburg litt unter einem massiven Rattenproblem, bedingt durch den baulichen Zustand der alten Gebäude und die Lage direkt an der Spree. Nachts, wenn man endlich schlafen konnte, hörte man die Tiere schon von weitem. Sie kamen durch die Kanalisation, durch die alten Klorohre. Es war ein schmatzendes Geräusch, wenn die dackelgroßen, fetten, nassen Ratten durch das Rohr in die Kloschüssel flutschten. Sie saßen in der Schüssel und stießen mit dem Kopf den Toilettendeckel auf und schauten sich in der Zelle um. Ich kenne kaum jemandem, der hier nicht panisch geworden ist. Dass diese armen Tiere hungrig und lediglich auf der Suche nach was Essbarem waren und selbst am meisten Angst hatten, ging komplett unter. Ich fühlte mich, als wäre ich mit einem Löwen im Käfig allein. Einzelhaft stellt deine Psyche auf eine ganz besondere Probe. Alles dreht sich plötzlich nur noch und ausschließlich um dich. Du analysierst dich, und es kommt der Punkt, an welchem du dich selbst in der Zelle sehen kannst und verzweifelst. Jeder, der dieses Schicksal hatte, fing nach den ersten vier oder fünf Tagen an zu weinen, viele schrien und schlugen gegen die Gitter. Die Flucht in den Schlaf, eine erhoffte Auszeit vom Tag in dieser Zelle, wurde durch permanente Lichtkontrollen verhindert.

Manchmal hörte man dumpfe Schläge und nach einer Weile, wie eine Zelle geöffnet wurde, und eilige Schritte auf dem Flur. Dann hatte mal wieder einer seinen Kopf so lange gegen die Wand geschlagen, bis das Blut spritzte. Kam der Arrestant nach Stunden wieder, wurde er als Disziplinarmaßnahme ans Kettenbett gefesselt. Dort lag er oft stundenlang in seinen eigenen Ausscheidungen. Die Arrestabteilung in Rummelsburg war ein rechtsfreier Raum, der so auch nur in einer Diktatur funktionieren konnte. Er war ausgefüllt mit willigen Helfern in Form von Volkspolizisten in ebenschwarzen Uniformen, die letztlich, wie man später erfuhr, nur ihre Pflicht taten. Der Sinn der Arreststrafe war das Zermürben des Inhaftierten durch das Nichtvorhandensein jeglicher Ablenkung und Beschäftigung, und durch die fehlende Möglichkeit, mit anderen zu kommunizieren. Das Ziel war es, den Gefangenen zu brechen und zu erniedrigen, und das wohlgemerkt, ohne dass der bereits verurteilt gewesen wäre. Ich kann letztlich nicht sagen, was mich nicht hat verrückt werden lassen, aber es war eine Härte gegen mich selbst, denen nicht zu zeigen, dass sie die Macht über mich haben. Wer nicht leiden will, muss hassen. Das ist sicherlich die treffendste Beschreibung am Ende. Der Hass auf dieses System hat mich stark gemacht.

Die Untersuchungshaftanstalt in Rummelsburg zeichnete sich durch eine sehr solidarische Gemeinschaft aus. Hier waren alle gleich, jeder wartete auf sein Urteil, eine große Schicksalsgemeinschaft, die auf das Beste hoffte und das Schlimmste bekam. Überzogene Strafen, Urteile und Maßregelungen, die nach der Haft die Kontrolle über den Haftentlassenen ausüben sollten, basierten teilweise auf Gesetzen aus dem Dritten Reich. Die Schicksalsgemeinschaft zerbrach in dem Moment, in dem man auf Transport ging, um seine Strafe zu verbüßen. Von da an war man auf sich selbst gestellt.

Meine DDR-Gefängnis-Rundreise endete am 1. November 1989 genau dort, wo sie begann, in Rummelsburg. Ich verließ an diesem Tag gegen zehn Uhr morgens zu Fuß die

Anstalt, krachend und scheppernd öffneten sich, nur für mich, die großen Schleusentore. Das Gefühl war überwältigend und ein kleiner Sieg.

Die DDR lag in ihren letzten Zügen, was uns im Inneren der Knäste allerdings verborgen blieb. In diesen Tagen kam das »Neue Deutschland«, das neben der »Jungen Welt« die einzige erlaubte Tageszeitung war, nur noch zensiert und unregelmäßig. Oft klafften nun auf den Seiten große Löcher, von den Unruhen im Land bekamen wir, wenn überhaupt, nur mit, dass die Anstalten plötzlich voller wurden. Oft standen nachts Gefangene gefesselt auf den Freihöfen, weil es in den Häusern keinen Platz mehr gab. Es herrschte eine gespenstige Unruhe. Die Schließer waren sehr bemüht, keinen Kontakt zwischen denen, die da auf den Höfen standen, und denen, die in der Anstalt einsaßen, zustande kommen zu lassen. Die Angst, dass es auch in den Gefängnissen zu Unruhen kommen könnte, muss riesig gewesen sein.

Ich ließ das alles mit meiner Entlassung hinter mir und stolperte relativ unbedarft zur Abteilung Inneres, bei der sich jeder DDR-Haftentlassene einfinden musste. Im Normalfall bekam man hier seinen Ausweis wieder ausgehändigt und bei Bedarf auch Wohnraum und Arbeit zugewiesen. Mich erwartete dort ein Mitarbeiter, der mir eröffnete, dass ich keinen Ausweis und auch keinen Wohnraum mehr bekäme, da man Gestalten wie mich über kurz oder lang für immer internieren werde. So wurde mir mein Haftentlassungsschein abgestempelt und als Ausweis ausgehändigt. Für mich war an diesem Tag klar, dass ich die DDR so schnell wie möglich verlassen musste. Ich investierte meine Knastrücklage in meinen

Bruder, kaufte ihm für 100 Mark seinen Personalausweis und seine Brille ab und saß am selben Tag abends in einem Zug in Richtung Prag. Der DDR-Grenzer im Zug sah mich misstrauisch an, schaute auf das Bild im Ausweis und gab ihn mir zurück mit den Worten: »Na, ich lass Sie so fahren, aber der tschechische Kollege niemals.« Als wir die Grenze zur ČSSR passiert hatten, ging ein großes Raunen durch den Zug, nahezu jeder hier war auf der Flucht. Ab da ging dann alles ganz schnell. In Prag stand ein Zug bereit, der uns nach Bayern brachte, von da ging es weiter nach Hannover.

Am Abend des 9. November lag ich mit einer Lungenentzündung in Braunschweig beim Bundesgrenzschutz auf der Krankenstation. Ein Mitarbeiter des BGS schob mir abends einen Fernseher aufs Zimmer, wo ich die legendäre Schabowski-Pressekonferenz sah. Zwei Tage später flog ich von Hannover nach West-Berlin, die DDR-Behörden hatten mir nicht erlaubt, auf der Transitstrecke nach Berlin zu reisen.

Die DDR war ein Land der Repressionen, der Erziehung und Bestrafung. Wir wollten Spaß und Freiheit und haben unterschätzt, wie spaßbefreit dieses Land doch war und mit welcher Wucht wir die Wut auf alles, was anders war, zu spüren bekommen sollten.

Es hat mir die Leichtigkeit und Freude im Leben genommen, es ist bis heute mein täglicher innerer Kampf, all das hinter mir zu lassen.

Aber es wird besser.

Der Himmel über uns

Nadja Klier

1. Januar 1988

Seit fast zehn Jahren leben wir im Prenzlauer Berg. Unsere Bude ist eine Drei-Raum-Küche-Bad mit Kohleofen, liegt im Hinterhaus im vierten Stock. Nix Neubau in Lichtenberg oder Marzahn, kein Einfamilienhaus mit Fernwärme wie die Bonzen am Majakowskiring, wir leben in einem Arbeiterviertel wie viele andere Künstler auch. Ich lebe gern hier.

Unsere Straße, die Oderberger, ist ziemlich runtergekommen und doch liebenswert. Die Besonderheit ist die Mauer am Ende der Straße. Die teilt sie natürlich mit etlichen Straßen in ganz Berlin, aber nicht an jeder steht auf der anderen Seite ein Podest.

Und dieses Podest spielt in meinem Leben eine wichtige Rolle.

Es ist Mitte Januar, dunkel, kalt und ungemütlich. Viele Menschen kehren diesem Land den Rücken, weil sie sich nicht länger bevormunden und schikanieren lassen wollen. Sie stellen Ausreiseanträge. Ihre Kinder sollen nicht in einem Land groß werden, in dem Leistungsdruck und Kollektivzwang wichtiger sind als Nähe und Freiheit.

Meine Mutter hat keinen Ausreiseantrag gestellt. Sie wollte, dass die DDR sich von innen verändert, forderte Meinungsfreiheit und eine freie Kultur, hat ihre systemkritischen

Botschaften in diversen Theaterstücken verpackt, bis sie Berufsverbot bekam.

Dieser Januar 1988 hat alles auf die Spitze gestellt, und die ist abgebrochen, und dann ist alles auseinandergefallen. Unser ganzes Leben.

In der vierten Woche des Jahres wird meine Mutter Freya verhaftet und nach Hohenschönhausen gebracht, ihren Mann Stephan Krawczyk haben sie sieben Tage zuvor bei einer Demonstration abgefangen, seitdem kam er nicht zurück.

Ich klammere mich an meine allerbeste Freundin Anna und an die Betreuungsvollmacht, die meine Mutter ihrer Freundin Ulrike sicherheitshalber ausgestellt hat, damit ich nicht ins Heim muss.

Bange Tage folgen, mit schlaflosen Nächten und Solidaritätsgottesdiensten in vielen Kirchen. Die DDR-Zeitungen schimpfen über meine Mutter und andere Dissidenten, sie seien gefährlich, man spricht von landesverräterischer Agententätigkeit und mindestens zehn Jahren Haft.

Dabei hat man monatelang versucht, meine Mutter und Stephan zu zersetzen. Berufsverbot, Verfolgungen, Abhöraktionen und vieles mehr. Ich habe davon nicht viel mitbekommen, bin zur Schule gegangen, in Diskos gestiefelt, habe versucht, meine Jugend unbeschwert zu leben, doch unterschwellig habe ich gespürt, dass einiges nicht rund läuft. Ich konnte mir als Vierzehnjährige jedoch kein echtes Bild davon machen, wie gefährlich die Situation tatsächlich ist. Wie tief die Stasi in unser Leben eingedrungen ist, habe ich sehr viel später erfahren.

Zwei Tage nach meinem 15. Geburtstag will ich das erste Mal seit einer Woche allein in unserer mehrfach von der Stasi durchsuchten Wohnung schlafen. Meine Freundin Anna, mit der ich schon fast täglich die letzten Wochen und Monate verbracht habe, aber besonders diese letzte Woche ohne meine Mutter, bleibt heute mal zu Hause. Damit sie keinen Stress mit ihrer Mutter bekommt.

Ich betrete unser dunkles Hinterhaus und sehe unseren Briefkasten zerbeult am Boden liegen. Alle Plakate, die unseren tristen Hausflur verschönert haben, sind abgerissen und verkokelt. Gott sei Dank ist die Wohnungstür nicht eingetreten. Wie ein ängstliches Tier schleiche ich mich rein, in das, was bisher unser Zuhause war, denn es fühlt sich gerade überhaupt nicht so an. Zu wissen, fremde Menschen haben alles durchwühlt, Tagebücher, Briefe, Manuskripte mitgenommen.

Später klopft es an der Tür, ich mache mir fast in die Hose vor Angst. Es ist jedoch Ulrike. Sie sieht bedrückt aus und macht mir klar, dass wir morgen früh ausgebürgert werden. Es soll auch geheim bleiben, niemand darf etwas wissen.

Ich breche zusammen, mein Heulkrampf hält bis zum nächsten Mittag an. Das Zusammensuchen verschiedener Sachen, die man für diesen Weggang brauchen könnte, fällt mir unendlich schwer. Ich stopfe alles in einen kleinen Koffer, der staubig auf dem Schrank liegt und sonst für Sommerurlaube runtergeholt wurde. Jetzt soll da mein ganzes Leben rein.

Ich will zu Anna – ohne den Abschied von ihr weigere ich mich, irgendwohin zu gehen.

Wir trotten mit dem Gepäck durch die nächtliche Stadt in Richtung Mitte, neben uns ein Lada mit Stasi, diese Dauerverfolgung hatte ich schon die ganze letzte Woche.

Vor Annas Tür schießen mir die Tränen wieder so doll in die Augen, ich sehe nichts, die Kehle ist förmlich verklebt. Anna bleibt ruhig, Ulrike erklärt, Anna schreibt einen Zettel, ihre Mutter ist glücklicherweise nicht zu Hause. Packt ihre Tasche und kommt mit uns zu Ulrike. Die ganze Nacht hängen wir uns heulend in den Armen, hören unsere Lieblingsplatten, schwören uns ewige Liebe und kein Vergessen. Tauschen unsere Tagebücher.

Und wissen nicht, was kommen wird.

Um sechs Uhr morgens kommt ein VW-Bus, der mich abholt und in ein neues Leben bringen soll. An der innerdeutschen Grenze treffe ich auf meine Mutter und Stephan. Jetzt sitzen wir alle im Pfarrerbus und rollen über diesen weißen Streifen, der quer über die Straße verläuft und seit Jahrzehnten Schmerzen verursacht. 200 Meter vorher hat man uns die Entlassungsurkunde aus der Staatsbürgerschaft überreicht, als hätten wir die Schwimmstufe III absolviert.

Unser Bus rollt stundenlang durch den Westen, zum Bruder des Pfarrers, der uns beherbergen will, bis sich alles beruhigt hat. Viele neue visuelle Eindrücke vermischen sich mit dem Gefühl von Verlassen-Sein. Das Loslassen-Müssen tut körperlich weh, und unendliche Traurigkeit macht sich in meinem Herzen breit und in meinem Kopf. Der lehnt schwer an der beschlagenen Scheibe, wir dünsten aus, was wir fühlen …

Abends liege ich in der heißen Badewanne der Gästewohnung in Bethel und schaue durch ein kleines Dachfenster in den dunklen Himmel, der über allem ist. Über Anna und über mir.

Es ist der 2. Februar 1988.

II. West-Berlin November 1989

Am 9. November 1989 lässt meine Mutter wie meistens die Tagesschau laufen. Die Nachrichten erzählen uns was von Reisefreiheit und Ausreise für die DDR-Bürger. Glauben können wir das nicht. Ich verschwinde, entgegen meiner Natur, ziemlich früh in meinem Zimmer. Am nächsten Morgen, auf dem Weg zur Schule für eine große Englischklausur, geben mir die Schlagzeilen aller Zeitungen doch die Bestätigung. Die Mauer ist tatsächlich offen. Ich beschließe sofort, am Abend ganz frech in den Osten zu fahren. Ohne Visum. Wir haben immer noch Transit- und Einreiseverbot. Ich habe seit unserer Ausbürgerung viele Male auf dem Podest an der Oderberger gestanden, wenn die Sehnsucht nach meinem alten Zuhause zu groß wurde. Meine liebste Anna habe ich fast zwei Jahre nicht gesehen. Ich stellte fast jeden Monat einen Antrag auf Einreise. Einmal, im Juni 1988, ließ man mich tatsächlich nach Ost-Berlin rein, Anna und ich haben uns grandios verpasst. Bis heute denke ich, das war kein Zufall, da wollte jemand nicht, dass wir uns treffen. Uns blieben Briefe und Telefonate, die von Vergangenem lebten, denn wir hatten keine gemeinsame Gegenwart mehr.

Am 10. November schiebe ich mich dem Strom der neugierigen Ostler auf ihrem Weg zum Kudamm entgegen über die Bornholmer Straße in den Prenzlauer Berg. Fahre mit der Straßenbahn an meiner alten geliebten Oderberger Straße vorbei, mit Tränen in den Augen. Steige am Kupfergraben aus und eile zum Berliner Ensemble am Schiffbauerdamm, wo Anna als Garderobiere arbeitet.

Wir fallen uns in die Arme, weinen vor Freude über unser wiedergefundenes Glück, reden die ganze Nacht und schlafen eng umschlungen ein. Es gibt uns noch.

III. 2. Februar 2018

Ich sitze im Archiv in Berlin-Lichtenberg.

Jenem riesigen Komplex, der mehrere Straßenzüge einnimmt und in dem das MfS nebst allen dazugehörigen Abteilungen untergebracht war. In Spitzenzeiten arbeiteten hier etwa 7000 offizielle Mitarbeiter. Heute beherbergt das Areal ein Stasi-Museum und Kilometer von Akten.

Ist es Zufall, dass ich genau heute hier sitze, am Tag unserer Ausbürgerung, um diese Akten zu wälzen, die das Leben meiner Mutter und somit irgendwie auch das meinige erzählen? Jedenfalls ist es mir nicht aufgefallen, als ich den Termin in der Stiftung vereinbart habe.

Und es macht sich etwas wie Melancholie breit. Als würde man reden: »Ey, heute ist doch der Todestag des Sängers XY …«, der einen an seine eigene Jugend erinnert und wie lange die doch schon her ist.

Als ich im Archiv den umfassenden Bericht der »Aktion Störenfried« mit expliziten Überwachungsinformationen sehr zuverlässiger »IM« in den Wochen und Monaten vor unserer Ausbürgerung lese, bin ich überrascht, mit so viel Papier konfrontiert zu werden.

Über meine Mutter und Stephan wurde eine mehrere tausend Seiten dicke Akte angelegt, Dossiers über jeden Vorgang erstellt, ich finde eins, in dem geplant wird, mir einen hübschen, sportlichen Freund zuzuführen, der dann unsere Familie aushorcht. Natürlich beginnt mein Hirn sofort zu rotieren, wer das hätte sein können. Es steht alles da. Schwarz auf weiß.

Ich habe meine Ausbürgerung und alles Dazugehörige jahrzehntelang verdrängt, tief nach unten in mein Inneres geschoben und mich in alle Richtungen bewegt, nur nicht in diese. Als ich vor einigen Jahren einen Essay mit meinen Erinnerungen dazu schreiben sollte, dachte ich: »Kein Problem.« Was dann kam, hat mich so überrascht und fast umgehauen. Es hat drei Monate gedauert, dann gab es diesen Text, und ich war um viele Gefühle und eine Erfahrung reicher. Nämlich um die, dass dich deine Vergangenheit immer einholt, mit einer Intensität, als wäre es gestern gewesen. Man sagt immer, man muss das alles loslassen. Egal, welche Art Schmerz das ist. Ob körperliche oder seelische Misshandlung, Trennung von Menschen, die man liebte, Verluste, Enttäuschungen, Behinderungen, Vertrauensbrüche oder Entwurzelungen.

Bei mir ist es die Entwurzelung. Ich habe mich selbst vergessen dort im Osten, in der Oderberger Straße 45. Ging alles zu schnell, war zu heftig, der Riss in der Frontscheibe des Lebens. Bin 15 geblieben, bis gerade eben …

Mein Fazit: Man kann das nicht einfach loslassen. Ich kann es jedenfalls nicht.

Es ist ein Teil meiner Persönlichkeit, es hat mich geprägt, und zwar maßgeblich. Alles, was ich kann, ist zu versuchen, diese Erinnerung und die damit verbundenen Gefühle zu akzeptieren. Und das ist schon viel und manchmal die Hölle, denn häufig, wenn ich daran denke, kommen mir die Tränen, gern in kleinen Sturzbächen, egal ob allein zu Hause, bei einer Lesung über die damalige Zeit oder wenn ich nachts noch manchmal davon träume.

Ich schaue aus dem Plattenbaufenster dieses kleinen Aktenraums, der mir reserviert wurde, auf Mielkes Büro und bin glücklich darüber, einen alten Kirchturm dahinter aufragen zu sehen.

Die Kirche hat die Stasi nicht gesprengt für ihre Bauvorhaben, so weit hat der Krake sich nicht ausgebreitet. Nun ist sie mein Kompass, diese Turmspitze – eine Art Leitbild, über Dinge hinwegsehen zu lernen, die man eh nicht ändern kann. Sich einzuordnen zwischen all dem: Was wäre, wenn ich nicht »die Tochter von Freya Klier« gewesen wäre, sondern eine *normale* Jugend gehabt hätte.

Ich bin gar nicht unglücklich, die Tochter meiner Mutter zu sein, denn es gab genauso viel Schönes und Außergewöhnliches in meinem Leben, zu dem andere Menschen vielleicht nie Zugang bekommen, und darüber bin ich sehr glücklich. Auch das hat mich maßgeblich geprägt. Diese Gedankengänge sind normal, dass man prüft und auswertet, was das Leben mit einem gemacht hat – wenn ihr mich fragt, ist das überhaupt der Sinn des Lebens, seinem eigenen Wachstum beizuwohnen. Doch natürlich zählen auch die Missstände und der Mangel, den man auf einer bestimmten emotionalen Ebene spürt. Eine Schicht, mit der man sich besonders schwertut, sie zu beheimaten. Wie gesagt, fast 25 Jahre hat es gedauert, diesen Schritt überhaupt zu gehen. Es war mir vorher auch nicht bewusst, dass er nötig war.

IV. Januar 2019

Im Zuge der Akteneinsicht zu unserer Familie habe ich auch mit meiner Freundin Anna über alles gesprochen.

Sie erzählte mir bei einem dieser Gespräche, dass die Stasi nach unserem Weggang bei ihr auftauchte und sie ausfragen wollte über mich und meine Mutter.

Die Männer kamen nun häufiger und Anna erinnerte sich auch, dass sie mal ein Tonband dabeihatten.

Leider sind ihre Erinnerungen bruchstückhaft und weisen Lücken auf, wann was passiert ist und wie genau – ist ja schon dreißig Jahre her.

Ich habe das zuerst gar nicht so ernst genommen, aber Anna gebeten, sich doch mal ihre Akte anzusehen.

Anfang dieses Jahres sehen wir uns wieder: Mit zweimal achtzig Seiten Dokumenten. Wir lesen zusammen und auch allein, vergleichen und schlucken.

Es ist größer, als wir dachten.

Die Stasi ist gleich nach unserer Ausbürgerung Anna richtig auf den Leib gerückt. Allerdings nicht von allein, sondern erst nach einem Hinweis ihrer Mutter auf einer Parteiversammlung am Vortag, die von dem Kontakt ihrer Tochter zu mir erzählte.

Es gibt zahlreiche Treffberichte, mit nichts wirklich Wichtigem darin, Anna erzählt von dem, was sowieso in unseren über hundert Briefen und den dutzenden Telefonaten besprochen und geschrieben wurde. In der Akte steht auch, dass ihre Mutter sich einverstanden erklärt hat, dass die Stasi Anna als Jugend-IM wirbt.

Ich finde eine von Anna handschriftlich verfasste Verpflichtungserklärung zur inoffiziellen Mitarbeit, datiert auf Herbst 1988.

Ich frage sie, was das bedeutet.

Anna beschreibt ihre Situation so:

Ich halte nun also meine Akte in den Händen, blicke auf Papiere, die einen schlagartig dreißig Jahre zurückwerfen, Erinnerungsfetzen tauchen auf, fügen sich zu einem Bild, das wieder verblasst, weil man es nicht sehen will. Mein Gedächtnis war gnädig zu mir und hat mich mit schwachen Erinnerungen gesegnet, die ich verarbeiten konnte. Wie umfangreich und verpflichtend ich mich in die Fänge der Stasi begeben habe, hatte ich irgendwohin verdrängt. Ich habe eine Akte als jugendlicher IM. Widerlich! Alleine, dass das möglich war. Kindern so das Hirn zu waschen, dass sie sich haben einspannen lassen. Auf dem Papier gehöre ich nun also dazu. Das zu ertragen, ist heftig.

Ich sehe meine runde Jungmädchenschrift und lese tatsächlich eine diktierte Verpflichtungserklärung, die in typisch gestelzt klebrigem DDR-Pathos daherkommt und in einer geschmacklosen Komödie über die Stasi wohl ein Schenkelklopfer wäre. Mir ist schlecht, nicht ohne Grund habe ich das vergessen. Tatsächlich gab es nach der Verpflichtungserklärung noch drei Treffen, jeweils mit langen Pausen dazwischen. Mir schwante wohl schon, dass ich verarscht werde, wollte es aber vielleicht nicht wahrhaben. Peinlich berührt lese ich die vielen intimen Dinge, die

Nadja und ich uns geschrieben haben, und stelle mir vor, wie erwachsene Männer alles lesen und mir dann gegenübersitzen. Ich finde eine »Charakterstudie«, die über mich gefertigt wurde, und muss schlucken bei dem entmenschlichten Tonfall, in dem ich zu einem Vorlauf verblasse. Die Erwachsene, die ich jetzt bin, möchte das Mädchen schütteln und es fragen, wie es so dumm sein konnte, ob es nicht genug mitbekommen hat von dem, was die Stasi anrichtet. Ob es wirklich geglaubt hat, es wäre schlauer als sie.

Die Stasi steht eine Woche nach Nadjas Ausreise vor unserer Tür. Zwei oder drei Männer, die sich als Kripo ausgeben und etwas über einen Einbruch wissen wollen, erschleichen sich so den Zutritt zu unserer Wohnung. Meine Mutter ist nicht da, und ich bin gutgläubig. Als sie mich nach Nadja fragen, wundere ich mich ein bisschen, aber erzähle von ihr, dass sie mich angerufen hat und wir befreundet sind, dass ich sie sehr vermisse. Gedanken habe ich mir nicht gemacht. Dass es nicht die Kripo, sondern die Stasi ist, begreife ich einige Wochen später, als sie wieder vor der Tür stehen. Die Männer fordern mich auf, mich zu melden, wenn Nadja anruft, und alles zu erzählen, worüber wir uns unterhalten oder was wir uns schreiben. Meine Mutter besteht darauf, bei künftigen Gesprächen dabei zu sein, da ich ja noch minderjährig sei, allerdings möchte ich ihr nichts von Nadja erzählen. Im Gegensatz zur Stasi kann sie unsere Briefe nicht so einfach abfangen und lesen. Den Männern gebe ich frech zurück, dass sie doch sowieso alles abhören und die Briefe abfangen. Ich bekomme das Versprechen, dass ich Nadja bald sehen kann. Nichts anderes interessiert mich. Ich bin vierzehn, meine beste Freundin ist weg und ich funktioniere am besten, indem ich mich emotional ausblende. Alles ist mir gleichgültig. Ich schwänze die Schule, habe große Probleme mit meiner Mutter und bin verloren. Wenn ich achtzehn bin, komme ich nach, ist mein Mantra. Scheiß-Osten brülle ich, als wir mal wieder irgendwo anstehen müssen. Scheiß-Osten denke ich, wenn ich an zerfallenden Häusern bunte Banner sehe, die den Sieg des Sozialismus verkünden. Scheiß-Osten! Ich hasse es, hier zu sein, ich hasse es, ohne Nadja zu sein, Scheiß-Osten. Manchmal denke ich darüber nach, abzuhauen, aber ich bin zu feige, den Gedanken zu Ende zu denken. Die DDR hat endgültig bei mir verloren nach der Verhaftung von Freya und Stephan, die Ausbürgerung war dann die Krönung. Und dennoch: Die Stasi erscheint mir wie ein Strohhalm, ich denke verquer, die haben sie rausgeschmissen, die können sie wieder reinholen oder mich hinbringen. Der Preis, den ich dafür zahlen soll, alles weiterzugeben, was wir uns erzählen, ist mir egal. Sie wissen sowieso alles und von dem, was sie nicht wissen sollen, glaube ich mich überzeugend rausreden zu können. Irgendwas labern, was sie hören wollen, haben wir ganz gut gelernt im Osten. Ein moralisches Problem sehe ich nicht. Selbstachtung steht grad nicht so hoch im Kurs bei mir. Ich werde also mit der inoffiziellen Mitarbeit vertraut gemacht, auf den konspirativen Charakter hingewiesen und dass ich mir das Ganze wie einen Geheimbund vorstellen muss. Dass die »Gegner«

versuchen, in der DDR eine Opposition aufzubauen, was verhindert werden soll. Ich werde nochmal auf die Freiwilligkeit hingewiesen und dass ich die Zusammenarbeit jederzeit beenden könne. Ich höre gar nicht richtig zu, mich interessiert nur der Teil, wo überlegt wird, wie man ein Treffen zwischen Nadja und mir arrangieren kann. Eine leise Hoffnung habe ich, dass ich vielleicht als »echte Agentin« nach West-Berlin kann. Die Stasi hat doch Leute im Westen, oder? Warum also nicht ich? Ich spiele also mit und wähne mich schlauer zu sein als sie.
Um meine Freundin wiederzusehen, habe ich meine Seele verkauft, ich hätte alles getan, um sie zu sehen. Erreicht habe ich nichts, wir konnten uns nicht treffen. Die Stasi wusste, dass ich Nadja sofort alles erzählt hätte, dass sie mich aushorchen, mich »abschöpfen« wollen.
Aber das ist alles spekulativ, vielleicht hätten wir uns egal wie nicht gesehen. Was für mich bleibt, ist der bittere Nachgeschmack, dass ich den Missbrauch durch die Stasi habe geschehen lassen. Die Annäherung an das Mädchen, das ich vor dreißig Jahren war, fällt mir nach wie vor schwer. Noch immer möchte ich es lieber vergessen, anstatt es in die Arme zu nehmen. Das dauert noch, und ich bin froh, dass Nadja nach wie vor ein Teil meiner Seele ist und wir uns gegenseitig Mut zusprechen.

Meine Freundin Anna war vierzehn Jahre alt, irgendwo zwischen Kind und Erwachsensein.

Ich bin nicht böse oder enttäuscht. Ich kann sie in die Arme nehmen, ihr mein Mitgefühl und Verständnis geben.

Interessanterweise kann ich das Opfer-Täter-Ding vollständig loslassen, ich habe das, obwohl es laut Akten so aussieht, nie so empfunden.

Ein Staat, der nicht zurückscheut, Kinder und Jugendliche und deren Sehnsüchte zu benutzen und ihre Gedanken zu manipulieren, der hat für mich das Recht auf Existenz verspielt.

Ich bin froh, dass wir zusammensitzen und darüber reden können. Und dass Anna sich getraut hat!

Das können nur wenige.

Erinnerungen an ein missbrauchtes Gefühl

Marko Martin

Es war geradezu physisch unmöglich – ich *konnte* es nicht sagen. *Bei uns.* Dabei wurde die Vokabel keineswegs nur von denen benutzt, die zum DDR-System ein (wie man weichgespült heute sagen würde) affirmatives Verhalten pflegten. Denn es waren auch die vermeintlich »Systemfernen«, die so sprachen: *Bei uns funktioniert eben nüscht. Im Westen hamse schon Computer, während bei uns …*

Das Kind, das dann irgendwann zum Jugendlichen wurde, hatte damals für sein Befremden noch keine Sprache, doch gab es dieses frühe Frösteln: Ich will weder euch noch euer *uns.* So etwas aber ließ sich auch deshalb nicht artikulieren, da solche Abneigung nicht allein dem Staat galt, sondern auch zahllosen von dessen zugerichteten Untertanen, besser bekannt als »unsere Menschen«. Dabei stach weder beim Geschichts- und Staatsbürgerkundeunterricht (in denen die Schüler von Lehrern belogen wurden, die späterhin auch nach dem Mauerfall weitermachten und »übernommen« wurden) noch bei den Fahnenappellen und den späteren Vorladungen zur Staatssicherheit und der sogenannten Abteilung Inneres jenes *bei uns* sonderlich hervor. Derlei wurde eher nach Feierabend gepflegt, auf nachbarlichen Hollywoodschaukeln, beim Kneipenbier, Softeis-Schlecken und all jenen semiprivaten Betuungen, die der westdeutsche DDR-Versteher Günter

Gaus so reizend deutsch fand, dass er dafür das idyllisierende Wort von der *Nischengesellschaft* fand.

Er hätte freilich auch *Volksgemeinschaft* sagen können. Denn wie bräsig und schunkelnd war dieses *bei uns*, wie im Kokon eines jahrzehntelang ungelüfteten Zugabteils hervorgenuschelt in bauernschlauer Untertänigkeit: »Solln die da oben doch machen, was se wolln, *bei uns* endet es ja sowieso immer im Desaster, in Engpässen und Materialmangel, im Fehlen von diesem, im Dilettantismus von jenem …« Mutterwitz und Hausmeisterphilosophie, jene berühmte sächsische *Fischelanz* also, die sich kein X für ein U vormachen ließ, sich unideologisch und alltagserfahren-durchblickend gab, plebejisch aufbrausend (in Maßen) und mit dem feinen Lächeln jener Bastler und Friemler, die *nie* den hehren Parolen der Staatspartei geglaubt hatten. Und dann trotzdem dabei waren, wenn es zum »Zettelfalten« bei den *Fake*-Wahlen zur sogenannten Volkskammer ging, zum Marschieren-Winken-Saufen am 1. Mai – oder schließlich »wenn unsereins zur Asche« musste, zum Armeedienst, von dem es danach dann ebenso alk-beseelt hieß, man habe ihn »off eener Arschbacke abgesessen«. Diese bündische, doch im Grunde völlig empathielose, die eigenen, eventuell besseren Seelenregungen permanent niederquatschende Gestimmtheit – ich sehe sie heute im Fernsehen bei den Demonstranten der Dresdener Pegida-Aufmärsche, ich sehe sie in Gestik und Mimik derer, die sich im Lauf der Jahrzehnte offensichtlich weiter fortgepflanzt hatten, selbstverständlich *bei uns, unter uns*.

Der Dichter Joseph Brodsky, 1972 aus der UdSSR ausgereist und Jahre zuvor in der Verbannung im nördlichen

Archangelsk (wo er sich mit klammen Fingern anhand der Gedichte W. H. Audens Englisch beigebracht hatte), beschrieb einmal Renitenz als eine Frage des guten Geschmacks: »Ästhetik *ist* Ethik.« Sein produktiver Ekel ging so weit, dass er sich sogar weigerte, das Wort *Sowjetunion* zu benutzen. Was Brodsky seelisch und körperlich gerettet und davor bewahrt hatte, im anonymen Heer jener *Bei-uns*-Sager unterzugehen (deren Nachkommen dann höchstwahrscheinlich Mitglieder von Putins Jugendtruppe »Naschi/Die Unseren« wurden), war etwas ganz Besonderes: Freundschaft, Treue, Traditionswahrung. Aber was für eine quecksilbrig leuchtende Tradition, pures Gegenteil zu den Einverständnisriten derer *bei uns*: Anna Achmatowa war es, die dem jungen Brodsky vom vorrevolutionären Dichterkreis der Akmeisten erzählt hatte, zu denen auch ihr erster Mann gehörte, der bereits 1921 unter Lenin erschossene Dichter Nikolai Gumiljow. Erinnerung an einen polyglotten, hochgebildeten, lebensweltlich liberalen und innerlich freien Freundeskreis, der nach der demokratischen Februarrevolution 1917 vielleicht sogar die Chance gehabt hätte, sein Licht in die Dunkelheit russischer Weiten auszustrahlen. Auch erzählte die Achmatowa, wie 1946, in der Zeit schlimmsten Hochstalinismus und ihrer eigenen fortgesetzten Isolierung, der 1919 aus Petersburg nach London emigrierte Ideenhistoriker Isaiah Berlin zu Besuch gekommen war, um eine ganze Nacht lang nur zu reden, das massenmörderisch zerstörte Gedächtnisgewebe wenigstens stückweise erneut zu knüpfen. Der ungarische Schriftsteller und Dissident György Dalos hat später über diese Sternstunde ein wunderbares Buch geschrieben.

Solche Geschichten, solche Menschen. Sie kamen aus dem Osten, aber ich traf sie nie *im* Osten. Weil Ästhetik vielleicht ja doch nicht immer Ethik ist? Dabei gab es das Kulturbemühte durchaus, etwa in Christa Wolfs feinfühligen Essays über die Leiden der Dichterinnen der deutschen Romantik. Die selbstquälerische Rätselsprache aber blieb selbstreferentiell, und als die Autorin, bis zuletzt Genossin der SED, sich schließlich sogleich nach Mauerfall per Staatssendung *Aktuelle Kamera* ex cathedra ans Volk wandte, hörte sich das so an: »Liebe Landsleute, wir (sic!) bitten Sie, bleiben Sie doch in Ihrer Heimat, bleiben Sie doch *bei uns*.«

Tiefsinnige oder lediglich machtgeschützte Innerlichkeit? Zumindest eine erzdeutsche, hochambivalente Tradition, ein ungebrochener (wenn inzwischen auch larmoyant gewordener) Wille zur Horde. Dabei wusste dann im wiedervereinigten Deutschland auch Christa Wolf erbauliche Geschichten zu erzählen von Begegnungen mit Älteren – nur dass diese eben nicht Anna Achmatowa, Czeslaw Milosz oder Boris Pasternak hießen, sondern … Luis Fürnberg, deutsch-tschechischer Genosse und Verfasser des unsäglichen Gedichtsongs *Die Partei, die Partei, die hat immer Recht.*

Schwer vorstellbar, dass in den gediegenen Wohnungen der ehrfürchtig Christa Wolf lesenden Ostberliner Intelligentia jemals jener Satz von Emmanuel Levinas gedacht wurde, mit dem der aus Litauen stammende jüdisch-französische Philosoph allem vagen Identitätsgeschwurbel etwas Konkretes entgegensetzte: *Nicht im Zu-sich-Selbst-Finden besteht das Abenteuer, sondern im Versuch, zum Anderen zu gelangen.* (Kleine Abschweifung: Vielleicht wäre es ja erkenntnisfördernd, würde die pauschalisierende Rede vom angeblich innerdeutschen »Ost-West-Graben« um die Perspektive jener Osteuropäer erweitert, die das penetrante *Bei uns* der DDRler seit jeher und aus guten Gründen souverän verachtet hatten.)

Gewiss half ein nichtparteikonformes, nichtauftrumpfendes *Bei uns* – wie bereits zuvor in der Nazizeit – den Menschen dabei, »diese Zeit anständig zu überstehen«: So zumindest das Selbstbild. Aber schlug es auch eine Brücke zum Anderen? Ich erinnere mich an die tiefgläubig protestantische Familie des Fotografen L. in der sächsischen Kleinstadt P. Nachdem ich wegen Nichtmitgliedschaft in der FDJ die Schule nach der zehnten Klasse hatte verlassen müssen und nicht zu den weiterführenden Abiturjahren zugelassen worden war, hatte es kurz Hoffnung gegeben: eine Lehrstelle im winzigen Familienbetrieb eines Fotografenmeisters, wo vor dem gemeinsamen Mittagsmal gebetet wurde, anstatt eine Kippe auszudrücken und rülpsend *Mahlzeit* zu sagen. Auch der Tochter des Fotografen war, da ebenfalls kein Mitglied der FDJ, das Abitur verweigert worden. Bis sich ein Mitbewerber für die Lehrlingsstelle fand, zufälligerweise just der Sohn des Direktors der Abiturschule. Die Geschichte ging erwartungsgemäß aus, die erpresste Entscheidung des betenden Fotografen für die Zukunft seiner Tochter war dabei keineswegs zynisch, sondern durchaus legitim. Nur: Musste sie mit jenem bigott verbalen Singsang begleitet werden, nach dem unser aller Schicksal in des Herrn Hand lag? Wäre es nicht ehrlicher gewesen, das Offensichtliche wenigstens nicht zu leugnen – die schlichte Tatsache, dass die Herren des Landes, vom EOS-Schuldirektor aufwärts, ganz konkrete

Namen trugen und diese ganz bestimmt *nicht* göttlicher Art waren?

Möglich, dass diese Erfahrung dann auch jene Distanz zu Engagierteren verursachte, die im Pfarrgarten des Dorfes W. beseelt zur Gitarre sangen, vom »Olof-Palme-Friedensmarsch« erzählten, mitunter einen »Schwerter-zu-Pflugscharen«-Spruch wagten – und dann wahrscheinlich sogar im Herbst 89 unter den ersten Mutigen waren, die auf den Straßen und Plätzen des Halblandes das Regime hinwegdemonstrierten. Während ich zu dieser Zeit bereits im Westen war, am Bodensee das Abitur nachholend. Somit enorme Hochachtung für diejenigen, die dablieben und etwas verändern wollten, was ihnen verändernswert erschien. Jedoch auch unvergessen deren plötzlich zaghafte Blicke, sobald ich auf Nachfrage erzählte, dass ich den Kriegsdienst total verweigert hatte, anstatt die Möglichkeit des Bausoldatendienstes zu nutzen. Was in den überheizten Zimmern des Wehrkreisersatzkommandos in der sächsischen Kleinstadt Rochlitz deshalb dem damals Achtzehnjährigen entgegengebrüllt wurde, wollten die Sanften aus dem Pfarrgarten dann ebenso wenig hören wie den Fortgang der Geschichte, als in anderen Amtsräumen ebenso getobt wurde, nachdem schmeichlerisch-drohendes Moll nicht verfangen hatte: Der vom Jugendlichen zum jungen Mann Gewordene, der partout nicht *bei uns* sagen konnte, hatte schließlich nicht nur den Kriegsdienst verweigert, sondern auch die Ausreise beantragt.

»Weggehen verändert nichts«, erklärten tadelnd diejenigen im Pfarrgarten, und mit dem gleichen Satz, nur nasaler vorgebracht, hatte bereits zuvor der berühmte Romancier Stefan

Heym den jungen Namenlosen aus Sachsen abgespeist, als dieser nach Ostberlin-Grünau in die Rabindranath-Tagore-Straße gefahren war, um sich etwas Ermutigung zu holen. Hatte ich womöglich nur die falschen Leute getroffen? Was wäre wohl gewesen, hätte ich schon damals, um nur zwei Beispiele renitenter Dableiber zu nennen, Menschen wie den umtriebig subversiven Schriftsteller Lutz Rathenow oder den literaturaffinen Thüringer Theologen Christian Dietrich kennengelernt, die im Unterschied zu mir ja nicht allein in Befragungszimmern, sondern – ein entscheidender Unterschied! – auch in Zellen gesessen hatten? *Sie* hätten als integralen Bestandteil der Menschenrechte, die sie in der DDR einforderten, ganz gewiss auch das Recht auf freie Wohnortwahl verstanden – *ohne* Ausreisewillige infantil als »Ausreißer« zu bezeichnen und mit einem dahingemurmelten »bei uns« jenen ein schlechtes Gewissen zu machen, die einfach nur weg wollten. Und dennoch. Der Philosoph Wolfgang Templin, der in den Achtzigerjahren die »Initiative für Frieden und Menschenrechte« mitgegründet hatte, stand seinerzeit beinahe allein auf weiter Flur, als er darauf insistierte, dass Bürgerrechte nicht nur für DDR-Bewohner zu erkämpfen seien, sondern auch für jene, die ihre Zukunft im Westen sahen. *Das* – eben dieses Nichtausspielen von Bleiben und Weggehen – hatte er in Polen gelernt.

Vielleicht gab es dieses *Bei uns* ja auch in anderer Form – weder staatlich noch regional engstirnig, nicht als Gewisper, sondern als helles Lachen. Oder gar Stottern. Denn wie war Adam Michnik, seit 1968 *der* Ideengeber der polnischen Opposition, im Jahre 1999 ins euphorisch-gutgelaunte

W-W-Wortehaspeln geraten, als er seinen dreieinhalb Jahrzehnte älteren Freund Czeslaw Milosz begrüßen konnte – beim PEN-Kongress in Warschau, als der seinerzeit noch im kalifornischen Berkeley ansässige Literaturnobelpreisträger für ein paar Wochen zurückgekommen war! Später würde sich Milosz, der von den polnisch-litauischen Flusslandschaften seiner Kindheit ebenso zu schwärmen und zu dichten wusste wie von den schönen Frauen, denen er als Greis auf amerikanischen Flughäfen dezent nachblickte, für seine letzten Lebensjahre in Krakau ansiedeln. Kurz vor seinem Tod im Sommer 2004 gab er, der skeptische Katholik, zusammen mit seiner Jugendfreundin und Nobelpreiskollegin Wislawa Szymborska noch eine Ehrenerklärung für den »Toleranzmarsch« der polnischen Lesben und Schwulen ab, gegen die Polens Ultrarechte gerade mobil gemacht hatten. Wer Milosz darüber informiert hatte, war selbstverständlich Adam Michnik gewesen, dessen *bei uns* ein universelles Werte-Netz ist anstatt eine starre Schablone. Und dies bis zum heutigen Tag im immer autoritärer werdenden Kaczynski-Polen. (Michnik, der als Sohn von Parteikommunisten bereits als Achtzehnjähriger nach Paris gereist war und dort – hungrig nach Literatur jenseits der Lüge – sofort den Weg nach Maisons-Lafitte eingeschlagen hatte, wo die legendäre Exilzeitschrift »Kultura« ihren Sitz hatte, Publikationsort u. a. auch von Czeslaw Milosz, dem im kommunistischen Polen totgeschwiegenen Autor des »Verführten Denkens«.)

Ich hatte die beiden lachen sehen, zwei Komplizen im Freiheitskampf, der undenkbar war ohne die Lust am guten Leben. *Ich kann nichts dafür*, heißt es in einem der späten Milosz-Gedichte, *dass wir nun einmal so gebaut sind/ Zur einen Hälfte aus selbstloser Kontemplation, zur anderen – aus Appetit.* Das war in jenem Sommer 99, in dem Jürgen Fuchs bereits seit einigen Wochen tot war.

»Wo waren die Älteren, die in Ostdeutschland den Jüngeren ebenso beigestanden hätten wie jene in Polen?« Jürgen Fuchs hatte diese Frage häufig gestellt – nicht vornehmlich in eigener Sache, sondern in Erinnerung daran, wie ethisch verhunzt jenes *bei uns* der vermeintlichen ostdeutschen Solidargesellschaft war. Der nun in Westberlin lebende Schriftsteller und an Alfred Adler und Manès Sperber geschulte Individualpsychologe war einst im November 1976, wenige Tage nach der Ausbürgerung Wolf Biermanns, aus dem Auto Robert Havemanns gezerrt und in ein Ostberliner Stasi-Gefängnis gebracht worden. Für ihn jedoch hatte sich *kein* prominenter DDR-Schriftsteller eingesetzt. Aber in Berlin sorgte der Sozialdemokrat Hannes Schwenger mit seinem »Schutzkomitee für Freiheit und Sozialismus« dafür, dass der junge Dichter und andere, zeitgleich mit ihm Verhaftete nicht in Vergessenheit gerieten. Böll und Grass, Enzensberger und Dürrenmatt, Siegfried Lenz, Romy Schneider und der ehemals gläubige Kommunist Yves Montand schlossen sich sofort an; auf einer Buchmesse in Nizza erhielt Fuchs' Prosaband »Gedächtnisprotokolle« einen Preis. Solidarität, die der Autor, der dann 1978 mit seiner Frau nach Westberlin abgeschoben wurde, nicht vergas. Seine in die DDR zurückgeschmuggelten Texte inspirierten wiederum (ebenso wie Wolf Biermanns Lieder oder Reiner Kunzes Gedichte) die ostdeutschen Oppositionellen.

Doch auch einem Jugendlichen und Lehrling wie mir, dessen ganze Energie darauf gerichtet war, diesen Staat so schnell wie möglich zu verlassen, gab allein schon der Name Jürgen Fuchs Kraft. Bereits bevor ich wegen Verweigerung der obligatorischen paramilitärischen Lagerausbildung die mir zugewiesene staatliche Lehrstelle wieder verlor und zum Hilfsarbeiter gemacht wurde, war die Stimme des schmächtigen Genossen Lehrmeister ein einziges Zischeln gewesen, zynisch und drohend: Mit unseren Feinden fertig werden, sich nicht auf der Nase herumtanzen lassen, Zersetzer entfernen, die Arbeiterklasse dulde keine Mätzchen – weder in Sachsen noch in Berlin, wo man jetzt sehen könne (es war Januar 1988 und die Regisseurin Freya Klier und der Liedermacher Stephan Krawczyk im Zuge der Liebknecht-Luxemburg-Demonstration gerade verhaftet), wie *bei uns* mit Störenfrieden verfahren würde …

Die Gestalt mit dem Ponyschnitt über der niedrigen Stirn, die sich bei Bedarf auch gern über das »nicht-konforme Verhalten ausländischer Vertragsarbeiter« ausließ, hieß Freddy Fuchs. Aber, das wusste der Lehrling, es gab da ja auch noch diesen gänzlich Anderen, der den gleichen Familiennamen trug und abends auf RIAS-Berlin diese Sätze sprach (bis heute im Gedächtnis, *wortwörtlich*): »Rosa Luxemburg wurde 1919 von rechten Reaktionären viehisch ermordet. Das Andenken an diese Frau wird von den linksgetünchten Machthabern in Ostberlin jeden Tag aufs Neue beleidigt.« Sätze wie diese. Klarheit, die in den giftigen Nebel eines verschmierten *bei uns* fuhr, Solidarität mit den damals verhafteten Bürgerrechtlern, und die Namen der Solidarischen (wiederum hatten sich prominente DDR-Schriftsteller in Schweigen gehüllt) ebenfalls Mut spendend: Wolf Biermann, Günter Kunert, Reiner Kunze, Erich Loest.

Als ich im Mai 89 schließlich, mit einem Rucksack via Übersiedlerlager Gießen, in den Westen kam, wurden aus diesen Namen und Radiostimmen Menschen – und Freunde. Bei ihnen habe ich erfahren, dass *bei uns* das Potential zu etwas Besserem hat und mehr sein kann als lediglich der Zufall gemeinsamer Geburtsregion. Wenn es aber so ist, dass auch Landschaften zählen, dann (für mich) der sommerliche Strand von Tel Aviv – nun auch bereits seit fast drei Jahrzehnten. Den Enkeln, inzwischen sogar Urenkeln derer, die hier einst auf Flüchtlingsbooten aus Europa anlangten oder über den Landweg als jüdische Vertriebene aus dem Irak, dem Jemen oder Syrien, muss ich jedenfalls nicht erklären, weshalb sich am Mittelmeer und nicht an der sächsischen Mulde nun tatsächlich ein Ort – heterogen, laut, widersprüchlich, dauer-debattierend – findet, der so etwas wie Heimat geworden ist. Anstatt wie manche Alt-Ostler verdruckst zu schauen oder das ahnungslose »Wie jetzt?« westdeutscher Jung-Hipster vom Stapel zu lassen, zucken die säkular-liberalen Israeli-Freunde einfach souverän mir den Schultern: *Bei uns* ist dort, wo Herkunft und Identität den Plural aushalten und gleichzeitig die Erinnerung ein Weberschiffchen ist: Nordsüd, Ostwest – nicht zu vergessen weitere Varianten, beileibe nicht immer harmonisch, doch wundersam und zweifellos real.

Den Mauerfall durch ein umgedrehtes Fernrohr sehen

Margit Miosga

Als die Mauer fiel, saß ich in San Francisco in unserer noch halbleeren Wohnung auf dem Boden und starrte auf das Wimmelbild im Fernseher. Tom hatte angerufen und ins Telefon gemurmelt: »Switch on Canal 29.« Ich versuchte Menschen auszumachen, von denen ich mir einbildete, ich müsse sie erkennen. Horst Kress hatte einen auffallenden Kopf, aber auch er war nur ein Pixel in der Masse. Wenn er überhaupt zur erst einen Spalt weit offenen Mauer gegangen war. Jahre später sollte ich ihn in meiner Stasiakte als eifrigen Zuträger entdecken. Aber das wusste ich im November 1989 noch nicht. Momper mit seinem Schal zog einen roten Faden durchs Bild. Ich hatte einen engen Hals, Tränen liefen unkontrolliert, stundenlang. Ich wählte Berliner Telefonnummern an, kaum jemand antwortete, es war die Zeit vor Mobiltelefonen. Mein Sohn ging irgendwann an den Apparat und rief atemlos: »Mama, das ist das erste historische Ereignis, wo ich dabei bin!« Und meine Freundin Elke murmelte erschöpft: »Die kommen jetzt alle.«

Ich hatte mich heftig verliebt und nach drei ermüdenden Jahren mit sich immer wiederholenden Abschieden und ungezählten teuren Flugtickets entschloss ich mich im Herbst 1989, meiner Liebe zu folgen. Die Charlottenburger Wohnung ließ sich gut untervermieten, als Freiberuflerin nahm ich eine Auszeit am Pazifik und begann ein neues Leben an der Seite eines neuen Mannes. Ich konnte zumindest die Sprache.

Berlin war ohnehin etwas eng geworden, seit ich Ende 1988 an der Grenze Friedrichstraße scheiterte und nicht mehr einreisen durfte. Mit vorschriftsmäßig ausgefülltem und abgestempeltem grünem Passierschein hatte ich mich, wie immer, alle zwei Wochen in die muffig-geduldige Schlange eingereiht. Der Grenzer schob das Papier und den Ausweis zurück und sagte trocken: »Sie sind nicht erwünscht.« Das war das.

Seit ich 1972 von München nach Berlin gezogen war, war ich immer neugierig gewesen, wie sich das Leben auf der anderen Seite der Mauer anfühlt. Ich hatte dort weder eine Tante noch familiäre Erinnerungen und das Haus meines Urgroßvaters in der Pankower Parkstraße interessierte mich noch nicht. Mich faszinierte die Stadt, vor allem das alte Zentrum, Marienstraße, Luisenstraße, besonders, wenn es dunkel wurde. Ich beamte die paar Trabis weg und lief durch eine Stadt im Jahr 1935. Bei Tageslicht erschien sie ärmlich, geschmacklos, die Weltjugendfestspiele enthüllten die ganze spießige Bigotterie der DDR. Trotzdem kam ich immer wieder, lief ganze Stadtviertel ab. Von meinen West-Berliner Freundinnen und Freunden begleitete mich kaum jemand. Ich ging ins Theater, es gab immer Karten, auch für die anrührenden »Die neuen Leiden des jungen W«. Ich lernte Menschen kennen, die ich auf Verdacht besuchte, weil es keine Telefone gab. Es waren die eher randständigen Bewohner des Planeten Ost-Berlin. Ich tanzte auf Atelierfesten, bei denen unendlich viel Schnaps getrunken und Cool Jazz aus den Fünfzigerjahren gespielt wurde. Mitten in dieser Coolness lernte ich Uli kennen, einen ambitionierten Wissenschaftler auf dem Gebiet der Psychologie.

Ein paar Jahre und etliche Atelierfeste später fragte er mich beim Umrunden des Café Moskau, ob ich ihn heiraten könne. Er hielt es nicht mehr aus, er wolle nur noch raus, raus, raus. Familienzusammenführung nannten sich derartige Arrangements, bei denen die Anwaltskanzleien Ost und West gut verdienten und genau so viel erreichten, wie die Staatssicherheit zuließ. Meine Begeisterung hielt sich in Grenzen, ich war schon einmal verheiratet und geschieden. Aber nach drei Tagen Überlegen sagte ich Ja und nannte meinen Preis: Ich will während unserer »Verlöbniszeit« so viel wie möglich von diesem Land sehen, will verstehen, wie die DDR tickt.

Wir besiegelten unser Eheversprechen und reichten es bei den »Organen« ein. Eine schlichte Unterschrift reichte nicht, die DDR wollte echte Liebe sehen. Besuche, Telefonate, Briefe, alles wurde beobachtet, geprüft und bewertet. Wie Rotkäppchen reiste ich alle zwei Wochenenden an, den Korb gefüllt mit Rotwein, Baguette, eingelegten Artischocken. Ich hatte bereits gelernt, der Konsum wird auf dem O betont, denn diese Ladengeschäfte hatten nichts mit Konsum zu tun – langes U.

Nachdem sich die Bearbeitung unseres Falles hinzog, kündigte Uli seine Arbeitsstelle. Einen jungen Wissenschaftler ließ man nicht gerne gehen. Um in der vielen freien Zeit nicht in Depressionen zu verfallen, engagierte er sich in der Umweltbewegung unterm Kirchendach, gehörte zum Redaktionsteam der »Arche Nova«. Unsere Wochenenden fanden zunehmend in einem West-Berliner Leihauto statt. Wir besuchten in der ganzen DDR Frauen und Männer, die Daten und Fakten zu Umweltskandalen in ihrer Umgebung gesammelt und aufgeschrieben hatten. Ich wartete im Auto, Uli holte die Papiere ab, wir fuhren weiter. So füllte sich das über fünfzig Seiten starke Magazin »Arche Nova«.

In Bitterfeld trafen wir den eigenwilligen, mutigen und abenteuerlustigen Chemiefacharbeiter Hans. Über Jahre hatte er notiert, wo die Chemieindustrie welche Gifte in öffentliche Gewässer einleitet, welche toxischen Reste in durchgerosteten Tonnen auf welcher Deponie lagern. Nach einigen Ortsterminen vereinbarten wir, unter dem Radar der Überwachung einen Film über die unglaublichen Zustände in Bitterfeld zu drehen. Hans würde uns an die Stellen führen, wir – ohne Hans im Bild – filmen. Meinen Freund Rainer, Kameramann und Filmemacher in West-Berlin, konnte ich für das Projekt begeistern. So zogen wir am 19. Juni 1988 während des Endspiels der Fußball-Europameisterschaft (Holland : Sowjetunion!) durch die zerstörte Industrielandschaft. Wir waren erfolgreich, um 18 Uhr hatten wir alle möglichen Bilder im Kasten. Über die ausgefeilten Transportwege der Opposition gelangten die Kassetten wieder in den Westen. Ich wollte nie wissen, wer schmuggelt.

Kurze Zeit später entließ die DDR meinen Verlobten ohne Hochzeitsglocken. Sie schickte ihn kommentarlos und fast spontan aus dem Land. So konnten wir zu dritt das Bitterfeldmaterial edieren und eine Dreißig-Minuten-Version herstellen. Wir nannten die aus heutiger Sicht etwas theatralisch betextete Dokumentation »Bitteres aus Bitterfeld«. Sie zeigte nie zuvor gesehene Bilder vom Alltag des real existierenden Sozialismus: Chemisch schäumende Wasserfälle, giftig glitzernde Seen und rauchschwarze Straßenzüge. Auf den bewährten Transportkanälen expedierten wir die fertigen Videokassetten zurück in die DDR. Der Film sollte von Umwelt- und Kirchengruppen gezeigt werden. Es kam nie dazu, denn in der Arche-Gruppe saß der effektive Stasi-Spitzel Falk Zimmermann. Er informierte seinen Führungsoffizier, der jede Vorführung des Films verhinderte, sei es durch Stromausfall oder Beschlagnahme des Film-Transportautos.

Der entscheidende Erfolg gelang am 27. September 1988, als Uli mit Ausschnitten des Films in das Politmagazin »Kontraste« eingeladen wurde. In der DDR verfolgten Ungezählte atemlos die Ausstrahlung, das hörten wir später. Dann war es nur noch eine Frage der Zeit, bis ich das letzte Mal in die DDR einreiste.

In Kalifornien war die DDR weit weg, aber die Ausläufer der oppositionellen Bewegung spürte man auch dort. Im Oktober 1989 lud mich das autonome »community powered radio« KPFA in Berkeley eine Stunde zum Gespräch am Morgen ein. Sie hatten auch ein fernes Grollen gehört und wollten wissen, was es mit East Germany auf sich hat. Die beiden reizenden Moderatoren waren ziemlich ahnungslos. Es folgte die Einladung zu einer Fernsehtalkshow, gemeinsam mit dem deutschen Konsul von San Francisco. Wir berichteten geduldig Grundsätzliches über die andere Hälfte Deutschlands. Dann kam die letzte Frage der Moderatorin: »Glauben Sie, Sie erleben noch den Fall der Mauer?« Der freundliche, bereits ergraute Konsul und ich schauten uns in die Augen und schüttelten beide den Kopf. Das war am 6. November 1989.

Vier Wochen später kaufte ich mir ein One-Way-Ticket nach Deutschland.

Wenn Geschichte zum Wunder wird

Johannes Röser

In der DDR war ich nie, jedenfalls nicht, solange Zaun und Mauer standen. Doch habe ich die ersten achtzehn Jahre meines Lebens im Nordhessischen nahe der Zonengrenze verbracht. Die erste Hälfte eher unbewusst, denn an die Demarkationslinie sind meine Eltern mit mir nie gegangen. Vielleicht weil sie froh waren, dass sie bei der Vertreibung aus Westböhmen – zusammen mit meinen deutlich älteren Geschwistern – dank Bestechung der tschechischen Kommissare in Eger den Transport Richtung Ostzone vermeiden konnten und den folgenden, letzten Zug per Viehwaggon in den »freien« Teil Deutschlands nehmen durften.

So bekam ich die Grenze erst später in den Blick, dann aber neun Jahre lang, in denen ich Tag für Tag als Fahrschüler zu meinem Gymnasium pendelte, zwischen den Burgen beziehungsweise Burgruinen Hanstein (Ost) und Ludwigstein (West) hindurch, an der Werra entlang. Wenn sie Hochwasser führte, wurden vom Todesstreifen manchmal Minen ausgespült, die explodierten oder irgendwo anlandeten. Mit der Errichtung von Selbstschussanlagen war zumindest diese »Gefahr« gebannt. Aber die schummerigen Lichter, die in der Dunkelheit die Teilung überwachten und besonders im grau-nebeligen Herbst und tristen Winter diffus den Grenzverlauf »erleuchteten«, haben einen bleibend schaurigen Eindruck im Gedächtnis hinterlassen. Tagsüber flog hin und wieder ein Hubschrauber des Bundesgrenzschutzes die Strecke ab. Und verschiedentlich wurde am Zaun gearbeitet. Aber die Dörfer »gegenüber« wirkten verlassen. Fast niemals ein Mensch zu sehen, ganz selten ein Gefährt. Wohnte da überhaupt jemand? Gab es dort überhaupt Leben? Das Gespenstische, Trostlose des Blicks aus dem Zugfenster ist über die Jugendzeit hinaus geblieben. Mir war klar: Da kommst du nie rüber. Und da wolltest du auch nie hin!

Mitgefühl mit den Menschen »drüben«, das lag fern. Als wir unseren ersten Fernseher – spät, erst 1970 – bekamen, lockte auch der Empfang des Ost-Programms nur selten. Allenfalls dann, wenn der FC Bayern gegen Magdeburg oder Dresden im Europapokal spielte und der Westsender das nicht übertrug. Das Bild war grieselig. Den »Schwarzen Kanal« des Karl-Eduard von Schnitzler schaltete der Mittelstufen- und Oberstufenschüler hin und wieder ein, um sich dann »köstlich« zu amüsieren. Wir amüsieren uns zu Tode? Das nicht, aber die schreckliche Heiterkeit war genau die Antwort, die uns seelisch davon entlastete, uns zu sehr in die Seelen der anderen hineinzuversetzen.

Viel spannender waren die Bundestagsdebatten über die Ostverträge, der immerwährende Schlagabtausch von Wehner und Strauß – und dann das tatsächlich als epochal, revolutionär empfundene Treffen ganz in der Nähe: Brandt und Stoph in Kassel. Da musste man hin, gerade mal dreizehn Jahre alt. Das politische Bewusstsein hatte begonnen, sich zu regen.

Warum aber sollte man wohnen bleiben an Grenzen, die nicht zu überschreiten waren? Dann doch lieber an Grenzen ziehen, die Neuland entdecken ließen. Das ermöglichte das Studium ganz im Südwesten, nur wenige Kilometer entfernt von Frankreich und der Schweiz. Aber auch mit der Folge, dass die alte Welt der Kindheit und Jugend im Zonenrandgebiet allmählich verblasste. Gefühlsmäßig gab es ohnehin keine Verbindung zu Menschen in der DDR, da dort keine Bekannten oder Verwandten wohnten. Allerdings hatten die Eltern in den Sechzigerjahren über die Pfarrgemeinde Päckchen nach »drüben« geschickt. Weniger aus emotionaler »Betroffenheit«, eher weil es schlicht als christliche Pflicht empfunden wurde, großzügig »Almosen« zu geben, anderen eine Freude zu machen, die nicht hatten, was man selber haben konnte, obwohl man selber nicht allzu viel hatte. Die obligatorischen Lichter im Fenster zur Weihnachtszeit wurden bei uns nicht aufgestellt. Wer die Heimat verloren, eine neue Heimat angenommen hat und eine größere Familie trotz aller materiellen Schwierigkeiten durchbringen muss, hat eigene Sorgen. Das »Häuslebauen« lag fern, aber die Bildung der Kinder hatte höchste Priorität. Für zwischendeutsche Rührseligkeit oder Trauern über die Vergangenheit blieb da kein Platz.

Als der »Wahnsinn« im November 1989 über die Fernsehbilder den fernen Südwesten erreichte, dem Paris weiterhin näher liegt als Berlin, war man schon erprobt in der nicht bloß räumlichen Distanz. Der journalistische Beruf ließ einen eher mit Skepsis auf das blicken, was sich da anbahnte. Kurz zuvor, Mitte Oktober, verfasste der Autor einen längeren Artikel in der Wochenzeitschrift »Christ in der Gegenwart« über den schleichenden Verlust des religiös »Erhabenen«, über Tendenzen der »Entsakralisierung« in Kultur und Gesellschaft. Und stellte mit einiger Verwunderung angesichts der Gärung in Mittel- und Osteuropa fest: »Zuletzt konnte man ähnliche Prozesse der ›Entsakralisierung‹ im Ostblock beobachten, etwa bei den Feierlichkeiten zum vierzigsten Jahrestag der DDR. Gorbatschow, Jaruzelski und der tschechoslowakische Parteichef Jakeš unterhielten sich – wenig andächtig – auf der Tribüne in Ostberlin, durch einen stummen Dolmetscher getrennt von Erich Honecker, der steif, mit dem Blick nach unten die Militärparade und den Massenaufmarsch abnahm. Eine Fotografin hatte diese sprechende Szene eingefangen. Was einmal die Quasi-Liturgie einer Quasi-Religion war, wird von deren höchsten Vertretern nicht mehr ernstgenommen. Dem Tod Gottes folgt der Tod der Halbgötter und -göttinnen, die sich an seine Stelle setzten …«

Aber trotz dieser »Prophetie« dauerte es aus der Ferne noch lange, um zu begreifen, was da wirklich vor sich ging. Und noch schwieriger war es, eine Sprache zu finden für das, was zwar als Geschehnis vor aller Augen lag, was Politiker, Wirtschaftswissenschaftler und Historiker schon recht bald zu deuten meinten, was aber aus einer existenziellen Perspektive heraus nicht so leicht zu fassen war. Plötzlich meldete sich das lange Abwesende, nicht einmal Vermisste, geschweige denn Unterdrückte: die seltsame Emotion. Und dies in Gestalt einer Irritation: Ist alles im Leben, das Vorhersehbare wie Unvorhersehbare womöglich nichts anderes als Zufall oder Notwendigkeit, eine Laune der Natur oder ein Sachzwang, sodass sich aus dem historischen Lauf der Dinge, aus der Evolution von Ursache und Wirkung, aus der materialistischen Dialektik von

These und Antithese alles so ergeben muss, wie es sich ergeben hat? Oder gibt es doch noch eine andere Deutung, eine andere Dimension, die solches Geschehen besser umschreibt, wenn auch nicht fasst? Ist, war der »Wahnsinn« womöglich doch ein Wunder? War, ist im Gang des Weltgeschehens womöglich doch Platz für etwas wie Heilsgeschichte inmitten von so viel Unheilsgeschichte, Raum gar für einen göttlichen »Heilsplan«?

Gewiss, Theologen und Kirchenführer waren mit solchen Deutungsversuchen oft rasch bei der Hand, zu rasch. So haben sie wiederholt Katastrophen, Leiden, Elend als Strafe Gottes für die Sündhaftigkeit und Abwendung vom Heiligsten gedeutet. Zu vieles, was gegen jedwede Berechnung positiv überraschte, wurde gleich als übernatürliches Werk eines ins Dasein eingreifenden Gottes diagnostiziert. Trotz solcher Kurzschlüsse: Gibt es im Weltenlauf vielleicht doch jene Kräfte des Geistes, die, inspiriert sogar von einem göttlich-innovativen Schöpfergeist, gegen alle Wahrscheinlichkeit das in Gang setzen, was den Menschen zum Wohl, zum Frieden, zur Gerechtigkeit und Versöhnung gereicht? Warum sonst wuchs aus der Erbfeindschaft von Deutschen und Franzosen schlussendlich eine Freundschaft, die über bloß gutnachbarschaftliche Beziehungen und Begegnungen hinausreicht? Warum wurde der europäische Einigungs-, Versöhnungs- und Friedensprozess einst ausgerechnet vor allem durch religiös bewegte Staatsmänner angeregt und vorangetrieben? Warum konnte sich ein Staatswesen auf der Grundlage einer Verfassung, welche die Verantwortung vor Gott betont, aus seiner düsteren Geschichte voller Kriege und barbarischer Verbrechen gegen die Menschlichkeit befreien und befreien lassen?

Alles nur Zufall? Oder nur dank wirtschaftlicher Disziplin und technischer Innovation? Reiches Deutschland – geistig armes Deutschland?

Bewusstseinsbildungs- und Erkenntnisprozesse dauern lange, manchmal Jahrzehnte oder sogar Jahrhunderte. Erst allmählich beginnt »es«, die Seelen der Menschen anzurühren, innerlich. Dann mag man vielleicht eines Tages entdecken, dass Geschehnisse wie 1989 nicht einfach nur aus berechenbaren Kausalitäten hervorgehen, sondern dass solche Erfahrungen von Freiheit und Befreiung sich noch anderem verdanken, was allein von Menschen nicht machbar ist. Dass solche »Errungenschaften« mehr noch ein Geschenk sind, in einem religiösen Sinn ein göttliches Geschenk: Gnade.

Geschenke kann man annehmen, man kann sie aber auch liegen, vergammeln lassen, preisgeben, verspielen. Das hat die Weltgeschichte, gerade auch die jüdische wie die christliche Religionsgeschichte immer wieder tragisch gezeigt. Dennoch wurde die Hoffnung nie aufgegeben, dass Aufbrüche und Auszüge aus Gefangenschaft stets neu möglich sind. Das hat immer wieder das Bewusstsein nachfolgender Generationen als kritische Erinnerung für die Zukunft geprägt. Im biblischen, alttestamentlichen Buch Deuteronomium, dem fünften Buch Mose, wird die Befreiung aus der Knechtschaft Ägyptens, der Auszug Israels aus der Unterdrückung ins Gelobte Land als Geschenk im großen Heilsplan Gottes bekundet. Das Geschehen wird verbunden mit einer Aufforderung zur täglichen Erinnerung, mit einem Glaubensbekenntnis, einem Gebet: »Höre Israel! Der Herr, unser Gott, der Herr ist einzig. Darum sollst du den Herrn, deinen Gott, lieben mit ganzem Herzen, mit ganzer Seele und mit ganzer Kraft. Und diese Worte, auf die ich dich heute verpflichte, sollen auf deinem Herzen geschrieben stehen. Du sollst sie deinen Kindern wiederholen. Du sollst sie sprechen, wenn du zu Hause sitzt und wenn du auf der Straße gehst, wenn du dich schlafen legst und wenn du aufstehst. Du sollst sie als Zeichen um das Handgelenk binden. Sie sollen zum Schmuck auf deiner Stirn werden. Du sollst sie auf die Türpfosten deines Hauses und in deine Stadttore schreiben.«

Im Neuen Testament hat Paulus die Revolution des Geistes im Galaterbrief in einem einzigen Satz formuliert: »Für die Freiheit hat uns Christus freigemacht.«

Aber darf man an derart Religiöses, ja Christliches im Kontext des deutsch-deutschen Einigungsprozesses überhaupt denken? Wo doch die christlichen Kräfte – allenthalben zu beobachten – schwinden oder schon seit Generationen gar nicht mehr zu wirken scheinen? Ist das nicht eine Vereinnahmung dessen, was politisch, ökonomisch, sozial ganz innerweltlich geschieht und zu geschehen hat, für religiöse Zwecke? Oder wird gar umgekehrt sogar das Religiöse missbraucht für rein innerweltliche Ziele und Interessen?

Es mag schwerfallen, in dem multireligiös und multi-nicht-religiös erweiterten Staatswesen Bundesrepublik Deutschland mehr am Werk zu sehen als das, was im pur positivistischen Nutzenkalkül aufgeht. Aber dieser Nation, diesem Volk, dieser Gesellschaft und dieser Kultur würde Grundlegendes abhandenkommen, wenn es all das ausblenden würde, was jenseits menschlicher Machbarkeit und menschlicher Pläne das Leben ausmacht, erhält und trägt.

Als ich jung war und die DDR nur aus der Distanz wahrnahm, fehlte mir nichts. Nun aber, da sich jenes »Wunder« des Mauerfalls und dann der Wiedervereinigung ereignet hat, das mir nach und nach auch den fremden »Osten« näherbrachte, würde mir etwas fehlen, wenn die Entfremdung von einst fortbestünde. Möglicherweise spürt diese – trotz aller Probleme – wiedervereinigte Nation und Gesellschaft in naher oder ferner Zukunft doch wieder, dass ihr etwas fehlt, da sie die andere, transzendente, existenzielle Dimension ausgeblendet hat – und damit auch die Rätselhaftigkeit dessen, dass wir leben, warum wir leben und sind, warum es dieses mysteriöse Universum mit seiner belebten wie unbelebten Materie gibt.

Der marxistische Philosoph Ernst Bloch schrieb in seinem »Prinzip Hoffnung«: »Denken heißt Überschreiten.« So ist es in seinen Grabstein auf dem Tübinger Bergfriedhof eingemeißelt. Ein grober, massiger Klotz, durchschlagen für ein kleines Loch, das den Blick durch die steinerne »Mauer« des Todes aufs »Jenseitige« freigibt. Der Schriftsteller Martin Walser wiederum äußerte sich mehrfach über einen Gott, der ihm fehlt, gerade weil er nicht an Gott glauben könne: »Auch wenn es Gott nicht gibt, dann fehlt er mir. Deswegen könnte ich nie Atheist werden. Mir fehlt Gott. Es wäre toll, wenn es den gäbe.«

Dreißig Jahre Fall der Mauer, Fall des Eisernen Vorhangs: Manchmal verbinden sich mit weltlichen Geschehnissen im Lauf einer langen Zeit Fragen, die nicht so ohne Weiteres zu beantworten sind. Manchmal öffnen innerweltliche Überraschungen den Blick auf Dimensionen, die über das alltägliche Leben und Dahinleben hinausweisen auf einen Sinn, der darin nicht aufgeht. Auf einen Sinn der Geschichte, die sich trotz vielfältigen Unheils da und dort auch als Heilsgeschichte zeigt, jedenfalls für jene Nachdenklichen, die nicht nur den aufrechten Gang, sondern auch den anderen, den ungewöhnlichen Blick, ja mehr Religion wagen.

Auch in Zukunft wird uns vieles in dieser Bundesrepublik und außerhalb ihrer fremd sein und fremd bleiben. Fremdheit ist nichts Schlimmes. Es ist etwas Normales. Manchmal wird gerade angesichts des Fremden jene Neugier hervorgelockt, die sich mit dem bloß Vertrauten nicht abfindet. Dann kann das Fremde zum Geburtshelfer des Neuen werden. So wie für mich, den Westler, der Osten lange fremd war und im Lauf der Zeit die Wahrnehmung auf neue Bahnen lockte, ohne darüber mit allem vertraut zu werden und vertraut werden zu müssen. Ähnlich mag auch das Fremde der Religion, des Christlichen irgendwann wieder jene spannenden Fragen ins Bewusstsein bringen, die uns ahnen lassen, dass wir auf dieser Welt nicht ganz zuhause sind.

Was im Herbst 1989 geschah, war nicht ganz von dieser Welt, wenn man die gewöhnlichen logischen Maßstäbe dieser Welt anlegt. An diese Spannung immer wieder mal zu erinnern, muss nicht der schlechteste Dienst an der Einheit Deutschlands sein, zugunsten der Fähigkeit seiner Bürgerinnen und Bürger das Geistige selber zu denken und so jene Mauer in den Köpfen zusammenstürzen zu lassen, die materialistisch das Geistige abweist. Solcher immerwährende Mauerabbruch ist immer auch ein Arbeiten gegen die Banalisierung des Lebens, für die Wahrheit, gegen die Lüge. Ausbruch und Aufbruch. Das ist es, was Menschen in Ost und West bei aller Fremdheit gemeinsam hoffen lässt: Sehnsucht nach Heimat. Vielleicht sogar nach einer Heimat über diese Heimat hinaus?

Mein 89

Anna Kaminsky

1989 ist für mich in der Erinnerung verbunden mit Angst, Wut, Traurigkeit und schließlich Hoffnung. Mein 89 begann in Moskau, wohin mich Ende 1988 meine einzige Flugreise in der DDR geführt hatte. Ich hatte das Gefühl, raus zu müssen aus diesem Land, das mich zu ersticken drohte, egal wohin. Die einzige kurzfristig verfügbare Flugreise ging in die Sowjetunion. Schon bevor es losging, musste ich immer wieder an die geglückte Flugzeugentführung von 1978 denken, als ein DDR-Bürger ein Flugzeug aus Danzig zur Landung in West-Berlin gezwungen hatte. Von den 50 DDR-Passagieren an Bord blieben neun damals im Westen. Im engsten Freundeskreis wurde die Hoffnung geäußert, selbst einmal in einem solchen Flugzeug zu sitzen, das in den Westen entführt werden würde, und manche Freundinnen meiner Mutter buchten in dieser Hoffnung nur noch Flugreisen.

Nun also Moskau und Murmansk: Natürlich wusste ich nicht so recht, was ich mitten im Winter, wenn es dort kaum hell werden würde, im hohen Norden sollte. Aber Murmansk gab mir auch das Gefühl, meinen schwedischen Wurzeln näher zu kommen. An die Stadt habe ich selbst heute noch rege Erinnerungen: Die Wohnblocks und das etwas triste Hotel einerseits, das Eismeer und die kleinen geduckten Häuschen andererseits. Ein Ausflug in die Tundra, der Besuch im örtlichen Museum und die Banja, in der die russischen Frauen mich wegen meines Akzents für eine Landsfrau aus dem Baltikum hielten, was mir nicht wirklich gefiel. Ich wollte nicht für einen Sowjetmenschen gehalten werden. In meinem ersten Traum des Jahres 1989 sitze ich in einem kleinen Laufställchen mitten in einem riesigen leeren Saal umgeben von uniformierten Leuten und heule.

Der Rückflug Anfang Januar wurde zu einem Albtraum: In Berlin schneite es, sodass die Maschine aus Moskau verspätet abflog und dann nach Prag umgeleitet wurde. Dort kam das Flugzeug nachts an, und wir Passagiere erfuhren, dass der Weiterflug nach Berlin nicht möglich war. Die Mitarbeiter des Prager Flughafens sahen uns nicht als ihr Problem an. Wir hätten ja gar nicht in Prag sein sollen. Während man sich um die beiden West-Passagiere aufmerksam kümmerte und diese umgehend mit der Crew in ein Hotel fahren konnten, blieben wir anderen ohne weitere Informationen. Würden wir am kommenden Tag wie die Crew und die Westler nach Berlin fliegen? Sollten wir die Zeit bis dahin auf dem Flughafen verbringen? Unser Problem war, dass wir als DDR-Bürger über keinerlei Devisen verfügten und das DDR-Geld nicht in tschechische Kronen getauscht werden konnte. Niemand wollte die »Alu-Chips« – auch wir nicht. Und der Besitz von »Devisen« war strafbar. So konnten wir weder unsere Familien benachrichtigen, die in Berlin warteten, um uns abzuholen, noch etwas zu trinken oder zu essen kaufen. Und kostenlos wollte man die gestrandeten Passagiere aus der DDR auch nicht telefonieren lassen, wenn sie denn überhaupt jemanden kannten, der ein Telefon besaß und der die Nachricht hätte weitergeben können.

Irgendwann, es muss schon fast Mitternacht gewesen sein, hieß es, wir sollten mit der Straßenbahn zum Bahnhof fahren. Von dort würden wir mit dem ersten Zug am Morgen in die DDR zurückkehren. Der Weg zur Straßenbahn wurde zu Fuß zurückgelegt; mir ist immer noch so, als wäre er sehr lang gewesen. Wir waren alle übermüdet; für uns Junge ging es ja noch, aber für die Älteren war es eine Zumutung. Im Flugzeug waren übrigens wie in der gesamten Reisegruppe vor allem Rentner; Leute, die sich die Reise lange erspart hatten und die das neue Jahr in Moskau begrüßt hatten. Irgendwann erreichten wir den Prager Bahnhof. Es gab kaum Sitzgelegenheiten, die Wartehalle war über Nacht geschlossen, sodass wir auf dem Bahnsteig bleiben mussten. Viele wechselten sich mit dem Sitzen ab oder spazierten stundenlang durch den eiskalten Bahnhof. Als der Zug am Morgen endlich bereitgestellt wurde, bangten alle, ob die Sitzplätze reichen würden, denn natürlich war die Bahn nicht auf eine Flugzeugladung zusätzlicher Passagiere eingestellt. Während sich alle zum Zug aufmachten, blieb ein Mann auf dem Bahnsteig sitzen: Er war über Nacht gestorben. Da wir als Reisegruppe unterwegs waren und alle auf einer Liste standen, hieß es, wir müssten alle in Prag bleiben, bis geklärt sei, was mit dem Mann passiere. Für die Mitarbeiter des Prager Bahnhofs war er unser Problem. Schließlich seien wir ja offiziell gar nicht da. Der Mitarbeiter der DDR-Botschaft, der schließlich am Bahnhof erschien, sah die Flugzeugladung gestrandeter Passagiere auch nicht als sein Problem an. Wahrscheinlich hatte es das so noch nicht gegeben: Eine DDR-Gruppe, die offiziell in Prag nicht existierte und nun auch noch einen Toten dabeihatte. Der

Botschaftsmitarbeiter schlug dann auch kurzerhand vor, dass der Verstorbene als Teil unserer Reisegruppe von uns mit in den Zug genommen und in die DDR gebracht werden solle. Dort könne er in Dresden – da ja dann wieder als DDR-Bürger auf DDR-Territorium – ausgeladen werden. Mir tat es unendlich leid, wie herzlos mit dem Tod dieses Mannes umgegangen und wie dessen Witwe behandelt wurde, als habe sie ihren Koffer und nicht ihren Mann verloren. Was uns damals in Prag zugemutet wurde, machte mich wütend: Für mich war es nur ein Beispiel mehr, wie die DDR meinte, mit ihren Bewohnern umgehen zu können, wie rechtlos wir waren, wie demütigend und erniedrigend es war, sich selbst in einem der viel beschworenen Bruderländer nicht mal ein Wasser kaufen oder telefonieren zu können und sich die Fluglinie einen Dreck darum scherte, was mit den gestrandeten Passagieren geschah, wenn diese keinen westlichen Pass hatten. Damals schrieb ich am 3.1.1989 in mein Tagebuch: »Es ist zum Kotzen, Menschen 4. Klasse ohne Pass und Geld …«

Hatte ich schon vorher überlegt, wie wir gefahrlos aus dem Land kommen könnten, brachte dieses Erlebnis das Fass zum Überlaufen. Ich hatte den Eindruck, keine Luft mehr zu bekommen. Die Ärzte stellten fest, dass ich Atemnot hatte, konnten aber keine Ursache finden und empfahlen mir, mit dem Rauchen aufzuhören. Dafür hätte ich mit dem Rauchen aber überhaupt erst mal anfangen müssen.

Mit einem schwedischen Vater, den ich allerdings nie kennengelernt habe, da ihm nach dem Mauerbau die Einreise in die DDR verwehrt wurde, hatte ich mich in meiner schwedischen Identität eingerichtet und versucht, alles DDRige auszublenden und mir einzureden, dass ich nur vorübergehend hier sein würde. Das Problem war nicht nur, ohne Verhaftung rauszukommen; wir wussten viel zu wenig darüber, wie und wo man einen Antrag stellte; wie man es schaffen würde, nicht die ganze Familie in Gefahr zu bringen. Vor allem musste man sich vorher mit den Konsequenzen auseinandersetzen. Wir wussten zwar nichts Genaues, aber immer wieder hörte man von Leuten, die verhaftet und ins Gefängnis gekommen waren. Man wusste, dass die, die ausgereist waren, über Jahre, manchmal bis zum Tod der Eltern, nicht wieder in die DDR hatten einreisen dürfen. Und natürlich war die größte Sorge, was mit unserem Kind sein würde. Uns wurde eingetrichtert, dass jeder, der das Land verlassen wollte, ein Verräter war. Das hätte mich nicht gestört. Aber die Aussicht, meine Familie nicht mehr wiederzusehen, die Sorge um mein Kind, waren zumindest mir eine so schwere Bürde, dass ich zwar davon träumte, wegzukommen, aber keine konkreten Schritte unternahm. Vielmehr flüchtete ich mich in meinen schwedischen Traum: verschlang die wenigen Bücher, die es über Schweden in der DDR gab, tat so, als lernte ich die Sprache, und hoffte auf irgendwas, das sich ändern würde. Als das Musikerduo Wenzel und Mensching das Gedicht von Theodor Kramer vertonte, blieben mir die Zeilen: »Andere, die das Land so sehr nicht liebten, waren eher noch als ich bereit zu gehen. Ich doch müsste mit dem eignen Messer meine Wurzeln aus der Erde drehen.« Ich mochte den Staat nicht; nein, aber in dem Land waren die mir wichtigsten Menschen.

Nach der Geburt meines Sohnes hatte ich aufgehört zu arbeiten und war damit aus dem »sozialistischen Kollektiv«

entlassen. Auf den Spielplätzen war ich tagsüber meist allein, denn die übergroße Mehrzahl der Frauen arbeitete, und nur abends konnte man andere Frauen mit ihren Kindern auf den Spielplätzen treffen. Bis ich Inga kennenlernte. Auch sie war mit ihrem Sohn zu Hause, auch sie wollte ihrem Sohn nicht die Betreuung in einem sozialistischen Kindergarten zumuten. Ich weiß noch, dass ich meinen Sohn mit etwa zwei Jahren in eine Kinderkrippe brachte. Ich musste arbeiten, um Geld zu verdienen. In den ersten Tagen sollte er zur Eingewöhnung nur jeweils eine Stunde dort bleiben; ich allerdings sollte weggehen, damit er sich schneller zurechtfinden würde. Als ich ging, weinte er. Das sei normal, sagte die Erzieherin, ich solle mir keine Sorgen machen. Sobald ich weg sei, werde er aufhören und mit den anderen Kindern spielen. Ich habe die Stunde nicht durchgehalten und bin schon eher zurück. Er stand am Zaun und weinte immer noch. Niemand kümmerte sich darum. Als ich die Erzieherin darauf ansprach und fragte, ob er die ganze Zeit geweint habe, meinte sie, das wisse sie nicht. Sie könne sich schließlich nicht um alle Kinder kümmern. Irgendwann werde er aufhören, das sei bei allen so. Für mich war das unerträglich. Ich wusste genau, was ich nicht wollte: mein Kind dem aussetzen, ihn zum »Funktionieren« zu bringen, zusehen, wie er schließlich resignierte und vielleicht wirklich nicht mehr weinen würde.

Unsere Tage folgten meist dem gleichen Muster: Tagsüber mit dem Kind Alltag leben, abends an den Übersetzungen arbeiten, mit denen ich unseren Lebensunterhalt verdiente. Todmüde ins Bett fallen. Ich war neu in Berlin und kannte kaum jemanden. Auf der Suche nach Anschluss ging ich ausgerechnet in die Umweltbibliothek. Ich hatte gehört, dass man sich dort Informationen holen konnte, die sonst verschwiegen wurden. Natürlich hoffte ich, dort Anschluss zu finden, meinem diffusen Gefühl, etwas machen zu müssen, eine konkrete Richtung geben zu können. Natürlich kommt es mir heute naiv vor, dort hinzugehen und zu erwarten, dass man mich mit offenen Armen aufnehmen würde. Ich selbst war ja ein Muster an Misstrauen fremden Menschen gegenüber: War jemand zu freundlich, versuchte mich jemand in ein Gespräch zu verwickeln, überlegte ich sofort, ob er oder sie von der Stasi sei, mich aushorchen wolle, auf mich angesetzt sei, was damit bezweckt sei. Unbefangene Kontakte zu Unbekannten kannte ich nicht. Wir waren von Kindheit an so oft davor gewarnt worden, Fremden, und seien sie noch so freundlich, irgendetwas über unsere Familie, was wir taten oder dachten zu erzählen, dass ich das längst verinnerlicht hatte. Und seit wir vermuteten, dass eine uns sehr nahestehende Freundin Informationen über uns weitergab, bröckelte auch das Vertrauen in die Nächsten. Erst nach 1990 haben wir erfahren, dass unsere Vermutung nicht unbegründet war. Sie wurde als IMB geführt. Aber zurück zur Umweltbibliothek. Aus der Provinz kommend, mit engen familiären Verbindungen zu einem Pfarrhaus war ich es gewöhnt, im kirchlichen Umfeld nicht misstrauisch beäugt zu werden. Und so hoffte ich auch, in Berlin schnell Anschluss zu finden. Ich ging zwar weiterhin in die Umweltbibliothek, holte mir die Blätter und ging wieder.

Als sich die Kommunalwahlen im Mai 1989 näherten, war uns klar, dass wir ein Zeichen setzen wollten. Nur wusste niemand von uns, wie man richtig mit »Nein« stimmt. Eine Kirchgemeinde bot »Seminare« an, in denen wir lernen konnten, »richtig« zu wählen. Bringt eure eigenen Stifte mit; benutzt nicht die Bleistifte, die in den Kabinen liegen; streicht jeden Namen einzeln auf den Wahlzetteln durch; macht kein großes Kreuz quer über die Seite – das würde als große Zustimmung gewertet werden. Auf dem Spielplatz, auf dem sich abends noch andere Mütter dazugesellten, herrschte in den Tagen vor der Wahl euphorische Stimmung. Fast alle erklärten, mit »Nein« stimmen zu wollen. Umso größer war die Enttäuschung, als die Ergebnisse verkündet wurden: »Wahl. Fast alle, die ich kenne, wollten mit ›Nein‹ stimmen, aber nach dem Ergebnis ist es nur 1–2 Prozent, das macht bei 12,4 Mio etwa 120–240 000 Nein-Wähler für die DDR (…) Dann gehören wir zu der verschwindenden Minderheit von 1 Prozent! Trotzdem, als ich wählen war, gingen ALLE in die Kabine, um zu streichen. Aber die Kirche hat ja die Wahltricks vorher benannt. Ist vielleicht auch egal, es ändert sich ja durch die Wahl eh nichts, aber es wäre gut zu wissen, wie die wirklichen Prozent sind.« (Eintrag vom 7.5.1989) Als wir in den Tagen danach auf dem Spielplatz wieder zusammentrafen, waren Inga und ich die Einzigen, die zugaben, mit Nein gewählt zu haben. Jede der anderen Frauen hatte eine andere Erklärung, warum sie schließlich doch wieder mit Ja gestimmt hatte. Die Karriere des Mannes sollte nicht gefährdet werden, es würde ja doch nichts bringen, die Wahlergebnisse würden ja doch nicht ehrlich gezählt werden …

In den Wochen und Monaten nach der Wahl kamen immer neue Gerüchte auf: Das geteilte Berlin würde sich gemeinsam für die Olympischen Spiele bewerben und unter UN-Aufsicht gestellt werden. Alle Berliner dürften dann auch frei nach West-Berlin. Berliner würden Pässe bekommen und dürften ausreisen. Die meisten Gerüchte drehten sich darum, wie man aus dem Land rauskam. Nachdem Ungarn die Grenze geöffnet hatte, verschwanden immer mehr Menschen. Natürlich sagten sie vorher nicht Bescheid. Die Angst, verraten zu werden, war zu groß. Man bekam es oft nur dadurch mit, dass ihre Wohnungen verschlossen blieben, wenn man sie besuchen wollte. Auch wir überlegten, ob wir gehen sollten. Resignation machte sich breit. Ich ertrug die Nachrichten nicht mehr. Eine Freundin meinte, »die Welt sei aus den Fugen, überall Chaos, vor allem in den zwischenmenschlichen Beziehungen Chaos Chaos Chaos Chaos. Sie sei froh, keine Kinder zu haben«. (Eintrag vom 10.7.1989)

Wenn wir erfuhren, dass irgendwo ein nicht genehmigtes Konzert, eine Theateraufführung oder was auch immer war, versuchten wir hinzugehen. Dieser Hunger nach allem, was geistige Freiheit, einen Ausbruch aus den Vorgaben versprach. Wir gingen meist abwechselnd dahin. Wir wollten unseren Sohn nicht gefährden oder riskieren, dass er uns weggenommen und in ein Heim gesteckt würde. Ich weiß nicht, wie real diese Gefahr wirklich war, aber die Befürchtungen waren da. Irgendwie wusste man, dass es so nicht bleiben konnte, aber wann und wie sich etwas ändern würde, das war völlig unklar: »Prognosen fallen schwer. Öffnung? Schließung? Der Ablauf hält an. Ich glaube, die haben so die Nase voll, selbst wenn jetzt Liberalisierungen und Öffnungen einsetzten, würden sie nur als Ausgangspunkt zur Abschaffung des Sozialismus dienen können, kaum einer glaubt mehr an die Werte des Sozialismus; Resignation und Hass.« (Eintrag vom 29.9.1989) »Tausende in den Botschaften, immer deprimierender, aber von I. die Schreiben der Künstler gelesen, sehr gut formuliert, aber wie nutzen?« (Eintrag vom 1.10.1989) Ein neues Gerücht kam auf: Berlin würde ab 1995 UNO-Sitz und freie Stadt werden. Außerdem hieß es, man solle am 7.10. nicht mit Kindern auf die Straße gehen, da die Einsatzkräfte Schießbefehl hätten, und ich schrieb dazu: »Die Interpreten, die unterzeichnet haben, dürfen zwar noch gespielt werden, sicher, weil sonst kaum jemand übrigbliebe, der nicht unterschrieben hat. Wie lächerlich und gefährlich ist ein in Agonie liegendes Regime.« (Eintrag vom 1.10.1989)

Am 4. Oktober wurde die freie Ausreise in die ČSSR ausgesetzt, und ich hatte das Gefühl, in der Mausefalle zu sitzen, und zugleich war ich überzeugt, dass was passieren würde: »Es muss was passieren. Es wird!« und: »Ich weiß nicht, was es für ein Verbrechen sein soll, nicht in dem Land leben zu wollen, in dem man geboren wurde.« Die folgenden Wochen waren ein Wechselbad der Gefühle. Zur großen Demonstration am 4. November gingen wir gemeinsam; nicht ohne uns vor Ort umgesehen zu haben, wie wir im Fall der Fälle am schnellsten wegkommen würden.

Am 9. November musste ich nach Leipzig. Ich hatte dort eine Übersetzung abzuliefern. Meinen Sohn hatte ich mit mir, ich ging ohnehin nirgendwo ohne ihn hin. Den Mauerfall verschliefen wir. Und da ich weder Fernsehen noch Radio oder Telefon in dem Zimmer in Leipzig hatte, machte ich mich am nächsten Morgen ahnungslos auf, um meine Übersetzung abzugeben. Als ich in den Betrieb kam, war dort niemand. Das wunderte mich nicht sonderlich, denn es war immer wieder vorgekommen, dass ich dort warten musste, weil eine Versammlung angesetzt worden war, zu der alle mussten. Als schließlich jemand erschien, hieß es, alle anderen wären in Berlin, die Mauer sei offen. Ja klar, die Mauer ist offen – ich wusste nicht recht, ob das ein übler Witz war oder eine Provokation, die mich in eine Falle locken sollte. Wie sich herausstellte, war es kein Witz. Als ich am Nachmittag versuchte, wieder nach Berlin zurückzukommen, war der Bahnhof voller Menschen. Alle versuchten in die Züge zu kommen, um das Wunder des Mauerfalls selbst zu erleben. Ich selbst hielt die Maueröffnung damals für einen Trick: Man würde »Dampf aus dem Kessel« lassen, die Menschen wären damit beschäftigt, in den Westen zu fahren, und würden auch wegen des nahenden Winters nicht mehr zu den Demonstrationen gehen und im Windschatten der Ereignisse würde die SED ihre Macht erneuern, die Repression verschärfen und wir säßen wieder in der Falle. Wenn ich heute die Berichte aus Venezuela sehe, dann denke ich oft, auch so hätte es in der DDR werden können. Aber zum Glück kam es anders. Und der Rest ist Geschichte.

Ich war ein kalter Krieger

Uwe Spindeldreier

»Warum interessieren Sie sich eigentlich so für die DDR? Haben Sie drüben Verwandte?« Ein anderer Grund, sich mit der DDR zu befassen, als »drüben« Verwandtschaft zu haben, kam den meisten Westdeutschen in den 1970er- und 1980er-Jahren selten in den Sinn. Früher pflegte ich auf diese Frage oft zu antworten: »Nein. Ich kenne aber auch keinen Juso, der Verwandte in Vietnam hätte.« Das Gros meiner Alterskohorte regte sich über Menschenrechtsverletzungen in allen möglichen Erdteilen auf, nur nicht über die in unmittelbarer Nachbarschaft. Wer die Verstöße der SED-Diktatur gegen die Menschenrechte beim Namen nannte und für die Wiedervereinigung Deutschlands in Frieden und Freiheit eintrat, galt als Entspannungsfeind, als »kalter Krieger«.

Meine Freunde und ich gehörten zur Post-68er-Generation. Wir übernahmen die Diskussionsfreude unserer Vorgänger und trieben manche Erwachsene damit in den Wahnsinn. Mein Großvater Rudolf Suhre, ehemals Hauptlehrer an einer Dorfschule, kam mit meinem kritischen Hinterfragen noch am besten zurecht. Er war es auch, der mir seine antitotalitäre Gesinnung vererbte: Er war Gegner der Nazis gewesen, hatte regelmäßig BBC gehört und standhaft das Kreuz im Klassenraum einer katholischen Volksschule gegen einen eifrigen Nazi-Schergen verteidigt. Er schimpfte auf Leute, die von den Verbrechen der Nationalsozialisten nichts gewusst haben wollten, und lehnte jedwede Form von Verdrängung ab. Für ihn stand fest, dass man sich auch mit der sozialistischen Diktatur auf deutschem Boden nicht abfinden durfte.

In den hitzigen Debatten über die Ostverträge der Brandt-Regierung fand ich mich bald auf der Seite der Gegner. Mochte ja sein, dass die DDR damit nicht rechtlich anerkannt war, aber es stand zu befürchten, dass die Verträge der mentalen Anerkennung in Westdeutschland Vorschub leisteten.

Bei einer Klassenfahrt in den Harz standen wir 1972 an der »Zonengrenze«, wie man sie damals noch nannte. Ein Bundesgrenzschutzbeamter erläuterte uns die Grenzanlagen, zwei DDR-Grenzsoldaten beobachteten uns mit Ferngläsern. »Was ist das für ein Land, das es nötig hat, seine Bevölkerung einzusperren?«, fragten wir uns. Spätestens von diesem Moment an ließ mich das Schicksal der Menschen in der DDR nicht mehr los.

Mir war klar, dass meine Haltung nicht dem Zeitgeist entsprach. Seitdem er den Friedensnobelpreis bekommen hatte, wurde Willy Brandt von weiten Teilen der Westdeutschen nahezu vergöttert. Unter »Wandel durch Annäherung« (Egon Bahr) verstanden insbesondere Brandts jüngere Anhänger allerdings keine langfristige Überwindung der Teilung, sondern ein dauerhaftes Festhalten am Status quo. Eine Wiedervereinigung war für viele schon deshalb tabu, weil sie die deutsche Teilung als gerechte Strafe für die deutsche Kriegsschuld und die Ermordung der sechs Millionen Juden hielten. Mit ihren antikapitalistischen und antiwestlichen Parolen, wie sie etwa beim 1971er »Strategiekongress« der Jusos zu hören waren, erweckten die Jungsozialisten zudem den Verdacht, sie verstünden unter »Wandel durch Annäherung« eine »Systemüberwindung« in der Bundesrepublik und deren Annäherung an die DDR. Ja, es gab in der linken Szene – wie schon während der »Studentenrevolte« wenige Jahre zuvor – unterschiedlichste Strömungen, aber eines einte sie: die Ablehnung der freiheitlich-demokratischen Grundordnung, die sie als »FDGO« verspotteten. Ich dagegen war dankbar dafür, in einem freien Land aufwachsen zu können.

DDR-Kunde oder auch die völkerrechtlichen Aspekte der Deutschlandpolitik standen damals nicht auf dem Unterrichtsplan. Wer Kenntnisse darüber erlangen wollte, musste politische Bildungsseminare besuchen. Später organisierte ich solche Veranstaltungen selbst und leitete mehrere Studienfahrten nach Berlin. 1979 haben meine Freunde und ich uns auf der Aussichtsplattform am Brandenburger Tor gegenseitig versprochen, dafür zu arbeiten, »dass wir eines Tages mit einer unzensierten FAZ durch dieses Tor gehen können«. Wir, das war im Kern eine Handvoll Mitglieder der Jungen Union Westfalen-Lippe, die in Bonn studierten.

Am 7. Juli 1979, dem ersten Jahrestag der Verurteilung Niko Hübners, organisierten wir eine Demonstration für seine Freilassung vor der Ständigen Vertretung der DDR in Bonn. Der Gleichaltrige saß in Haft, weil er sich als Ost-Berliner – unter Berufung auf das Viermächtestatut – geweigert hatte, Dienst in der Nationalen Volksarmee zu leisten. Unsere Aktion fand bundesweit Resonanz in den Medien. Und spätestens jetzt gerieten wir ins Visier der Stasi. Zwei Jahre später erklärte mir der Mitarbeiter einer Westbehörde, ich täte gut daran, nur noch den Luftweg nach West-Berlin zu nutzen und auf Besuche im Ostteil der Stadt zu verzichten. Warum, das erfuhr ich nach der Wiedervereinigung aus meiner Stasi-Akte: Als »Mitarbeiter eines Zentrums für ideologische Diversion« – gemeint war die West-Berliner »Arbeitsgruppe für Menschenrechte« – hätte ich beim nächsten Grenzübertritt mit meiner Verhaftung rechnen müssen.

Meinen Freunden und mir war gemeinsam, dass wir uns mit der Verlautbarungspolitik der etablierten Parteien nicht zufriedengeben wollten. Auch die Unionsparteien taten sich schwer, über die allgemeinen Bekenntnisse zur Offenheit der Deutschen Frage und die Verurteilung der SED-Verbrechen hinaus zu denken. Mit seltenen Ausnahmen. Kurt Biedenkopf, damals Vorsitzender der CDU Westfalen-Lippe, klang geradezu prophetisch, als er auf dem CDU-Bundesparteitag 1978 sagte: »Die Tatsache, dass ein Pole zum Papst gewählt worden ist, dass er sich der Menschenrechtsfrage annimmt, (…) ist ein historischer Vorgang.« Die Menschenrechtsfrage bekomme einen neuen Stellenwert, so Biedenkopf. 1979 besuchte Johannes Paul II. sein Heimatland, 1980 entstand die unabhängige polnische Gewerkschaft Solidarność. Die Saat war aufgegangen, und selbst das 1981 ausgerufene Kriegsrecht konnte sie nicht mehr unterpflügen.

Eine besondere Rolle spielte für uns damals Reiner Kunze. Sein Buch »Die wunderbaren Jahre« entfaltete im Osten wie im Westen Wirkung – auch wenn weite Teile des westdeutschen Kulturestablishments einen großen Bogen um Kunze machten. Als der gleichnamige Film, bei dem Kunze selbst Regie geführt hatte, 1980 nach wenigen Vorstellungen aus dem Begleitprogramm der »Berlinale« gestrichen wurde, protestierten meine Freunde und ich mit Flugblättern dagegen auf dem Kurfürstendamm.

Dass auch in der DDR langsam etwas in Bewegung geriet, konnte, wer wollte, anhand mehrerer Ereignisse erkennen. Allen voran die Ausbürgerung Wolf Biermanns. Für unsere »Mutterpartei«, die CDU, war das kein Thema, denn Biermann war ein »Linker«. Die Partei tat sich schwer, sich mit ihm zu solidarisieren. Und übersah dadurch das Beben, das die Ausbürgerung in der DDR auslöste. Dass etliche Künstler, die sich an der Petition gegen Biermanns Ausbürgerung beteiligt hatten, die DDR verlassen mussten, war für uns ein Zeichen eklatanter Schwäche des SED-Regimes.

Die meisten der Autoren, die da kamen, träumten von einem anderen Sozialismus als dem real existierenden, von einem »Sozialismus mit menschlichem Antlitz«. Was keineswegs meinen eigenen Vorstellungen entsprach, mich aber nicht daran hinderte, Kontakte zu diesen Exil-Schriftstellern zu knüpfen – schon weil ich sie als Verbündete im Streit mit den Status-quo-Fetischisten sah.

»Die unbequemen deutschen Schriftsteller« überschrieb ich damals einen Aufsatz über sie. Wie unbequem sie waren, zeigte sich beim Marburger Literaturtag 1982, den Erich Loest initiiert hatte. Mit Verve gingen sie mit dem Verband deutscher Schriftsteller (VS) ins Gericht, von dem sie sich diffamiert und in die »rechte Ecke« gedrängt sahen. Den damaligen VS-Vorsitzenden Bernt Engelmann hielten sie für ferngesteuert – was sich Jahre später bewahrheiten sollte. Genauso deutlich kritisierten sie die westdeutsche Friedensbewegung mit den »ganzen Mumien aus der DKP-Kulturszene« (Wolf Biermann), die sich nahezu ausschließlich gegen die westliche Nachrüstung mit atomaren Mittelstreckenwaffen richtete und die Aufrüstung im Osten verschwieg.

Der Marburger Literaturtag war einer von mehreren Mosaiksteinen, die zeigten: Die Frage nach der nationalen Identität wurde außerhalb der großen Parteien zunehmend zu einem Thema. Was folgt daraus, dass wir noch eine Kulturnation sind? Wen meinen wir, wenn wir »wir« sagen? Von wo und von wem müssen Veränderungen ausgehen? An den politischen Rändern wie in den Feuilletons entwickelte sich in dieser Zeit ein Diskurs, der sich von der traditionellen Nationalrhetorik abhob. Bereits 1978 hatte Martin Walser beim Literaturfest in Bergen-Enkheim gefordert: »Wir müssen die Wunde namens Deutschland offenhalten.« Diesem Satz wuchsen bald Flügel. Hedwig Walwei-Wiegelmann benutzte ihn drei Jahre später als Titel für ein »Lesebuch zur deutschen Teilung«.

1980 schlossen sich in West-Berlin Linke unterschiedlicher Provenienz zu einer »Initiative Paktfreiheit, Einheit, Frieden für Deutschland« zusammen. Sie propagierten einen Nationalneutralismus, der auf ein »blockfreies« und wiedervereinigtes Deutschland hinauslaufen sollte.

Ich hegte zwar keine Sympathien für diese links-alternative Szene mit ihren sozialistischen Überzeugungen, aber etliche ihrer Angehörigen akzeptierten meine Neugier, betrachteten mich als nonkonformistischen Unionsmenschen. So kam es denn auch, dass ich 1984 als Beobachter am ersten und einzigen deutschlandpolitischen Kongress der Grünen teilnehmen konnte. Abends stand Wolf Biermann auf der Bühne und erklärte den Teilnehmern, die deutsche Einheit komme – und er habe auch schon die Hymne dafür. Sodann übte er mit ihnen Brechts Kinderhymne ein: »Anmut sparet nicht noch Mühe«. Die Reaktion des Publikums war sehr gemischt.

Was ich den Grünen damals hoch anrechnete, war, dass sie die einzige westdeutsche Partei waren, die Kontakte zur Jugendopposition in der DDR suchte und pflegte. Die ostdeutsche Friedensbewegung unter dem Motto »Schwerter zu Pflugscharen« gewann zwar – vor allem dank Jürgen Fuchs und Peter Wensierski – Aufmerksamkeit in den westdeutschen Medien, nicht aber bei den großen Parteien.

Die Sozialdemokraten pflegten ihre offiziellen Kontakte zur SED, die Christdemokraten beschränkten sich im Wesentlichen darauf, vor einem deutschen »Sonderweg« zu warnen. Eine Lösung der Deutschen Frage sei nur im Zuge einer europäischen Lösung möglich, hieß es gebetsmühlenartig. Nur wenige machten sich Gedanken, die über diese Feststellung hinausgingen.

Mit einigen Freunden gründete ich 1985 ein »Komitee für perspektivische Politik«, das sich schwerpunktmäßig mit der Deutschlandpolitik auseinandersetzen sollte. In den wissenschaftlichen Beirat hatten wir unter anderen Wolfgang Seiffert berufen. Der ehemalige Honecker-Berater verfügte auch nach seinem Wechsel in die Bundesrepublik noch über sehr gute Kontakte nach Moskau, und wann immer er dort Gespräche geführt hatte, berichtete er uns, die Deutschlandpolitik der UdSSR unterliege einem langsamen Wandel. Der Horizont, an dem sich Veränderungen auf der europäischen

Landkarte abzeichneten, rückte näher. 1987 verschickten wir an alle möglichen Funktionsträger »Thesen zur Deutschlandpolitik«, die Ulrich Schacht und ich entworfen hatten. Wolfgang Schäuble, damals Kanzleramtsminister, protestierte zwar gegen unsere Formulierung, die Deutschlandpolitik werde »seit Jahrzehnten von einem konzeptionslosen Pragmatismus bestimmt«, wollte seine Kritik allerdings als Ermutigung für unsere Arbeit verstanden wissen. Als sich Schacht nach der Wiedervereinigung auf die Neue Rechte zubewegte, trennten sich unsere Wege.

Welche Bedeutung die CDU Mitte der 1980er-Jahre der Deutschlandpolitik beimaß, bekam ich deutlich zu spüren, als ich 1986 für einige Monate Aushilfsreferent in der CDU-Bundesgeschäftsstelle war. Ich war der Meinung, die Union müsse zum 25. Jahrestag des Mauerbaus eine bundesweite Kampagne veranstalten, um das Bewusstsein um die Offenheit der Deutschen Frage zu fördern. Von allen Vorschlägen, die ich dazu machte, blieb am Ende einer übrig: Ich durfte eine Wandzeitung für die Schaukästen der Partei entwerfen.

Konnte ich dieses Desinteresse noch mit einem Kopfschütteln hinnehmen, brachte mich die nächste Begebenheit richtig auf die Palme. Als ich vom Slogan für den Bundestagswahlkampf 1987 erfuhr, stand ich sofort bei meinem Vorgesetzten im Zimmer: »Weiter so, Deutschland!« gehe gar nicht, erklärte ich ihm, denn »Deutschland« sei für die CDU ja wohl mehr als die Bundesrepublik, und ich könne mir nicht vorstellen, dass das »Weiter so« auch für die SED-Diktatur gelten solle. Die Antwort: Es sei zu spät, darüber zu diskutieren, der Parteivorsitzende habe den Slogan bereits abgesegnet. Und im Übrigen sei es doch so, dass »Deutschland« für die allermeisten Westdeutschen längst ein Synonym für »Bundesrepublik Deutschland« sei. Einer Meinungsumfrage zufolge traf das in der Tat auf 59 Prozent der Bundesbürger zu, aber ich hielt schon damals wenig davon, die Politik an der Demoskopie auszurichten.

Anderthalb Jahre später – ich war inzwischen Parlamentskorrespondent – stellte CDU-Generalsekretär Heiner Geißler einen Diskussionsentwurf »zur Außen-, Sicherheits-, Europa- und Deutschlandpolitik« für den 1988er-Bundesparteitag vor. Darin hieß es, die Lösung der Deutschen Frage sei »gegenwärtig nicht zu erreichen«. Ein Kollege, der auch kommunaler CDU-Mandatsträger war, lobte die Mitarbeiter der Parteizentrale: Das sei das »Godesberg der CDU«. Ich fragte Geißler, ob die Union damit die Wiedervereinigung auf den Sankt-Nimmerleins-Tag verschieben wolle. Geißler widersprach zwar, aber die Formulierung fand sich tags darauf in einer überregionalen Tageszeitung wieder. Die Proteste gegen das Papier waren so zahlreich, dass es vor dem Parteitag umformuliert werden musste. In der Endfassung fehlte die Formulierung »gegenwärtig nicht zu erreichen«.

Durch mein berufliches Engagement musste das ehrenamtliche in den folgenden Monaten zurückstehen. Doch auch als Journalist ergriff ich jede sich bietende Möglichkeit, mich mit deutsch-deutschen Themen zu befassen. Ich berichtete für einen kleinen Frühstücksfernsehsender, den es längst nicht mehr gibt, über die Bonner Reaktionen auf die Ausweisung von Freya Klier und Stephan Krawczyk, über eine

Tagung des »Arbeitskreises ehemaliger DDR-Wissenschaftler«, über die Initiative von SPD und SED für eine »Zone des Vertrauens und der Sicherheit in Zentraleuropa« und dergleichen.

Ende 1988 ging der kleine Fernsehsender in einem größeren auf, was mir die Chance bot, die Redaktionsleitung einer Fernsehproduktionsgesellschaft zu übernehmen. Ehemalige Mitarbeiter von CBS und CNN hatten sie gegründet. Als im Sommer 1989 die Fluchtbewegung aus der DDR einsetzte, waren die Amerikaner sofort zur Stelle und mieteten Equipment und Kameraleute des Unternehmens. Ein Kameramann begleitete eine Familie aus der DDR bei ihrer Flucht über die ungarisch-österreichische Grenze. Nach den ersten Montagsdemonstrationen schmuggelte einer der Firmeninhaber eine Super-8-Filmkamera nach Leipzig; das Material verkaufte er an CBS. Die Amerikaner, so mein Eindruck damals, hatten mehr Gespür für die Bedeutung der Ereignisse als die meisten westdeutschen Zeitgenossen.

Das Zusammenwachsen der beiden deutschen Staaten bot auch einem Fernsehreporter in Bonn reichlich Themen. So berichtete ich am Tag der ersten freien Volkskammerwahl über das Wahllokal in der Ständigen Vertretung der DDR, über das Versiegen der Finanzströme an die DKP oder auch den Streit in der SPD über die Anrede »Genossen«.

Die Wiedervereinigung am 3. Oktober 1990 wollte ich eigentlich privat in Berlin feiern, doch als der kleine Schweizer Hörfunksender »Radio Zürisee« erfuhr, dass ich vor Ort war, konnte ich den Urlaub streichen. Und so erfuhren die Schweizer beispielsweise, wem welche Verluste bevorstünden.

Etwa dem Bonner »General-Anzeiger«, der seinen Untertitel »Zeitung für die Bundeshauptstadt« nun um die Silbe »haupt« kürzen musste. Was mich mit einer gewissen Genugtuung erfüllte, weil ich Bonn immer nur für ein Provisorium gehalten hatte.

Kurz nach dem Jahreswechsel 1990/91 erhielt ich das Angebot, als Bonner Korrespondent für »Sachsen Radio« Leipzig tätig zu werden. Ich war das ganze restliche Jahr über vollends damit ausgelastet, den Hörerinnen und Hörern in Sachsen die Bonner Politik zu erklären. Das war nicht nur die übliche Berichterstattung, sondern immer auch ein Stück weit politische Bildung. Der spannendste Tag war der 20. Juni 1991: Über die Bonn-Berlin-Debatte, die Bundestagsdebatte über den künftigen Sitz von Regierung und Parlament, verfasste ich dreizehn Berichte – und gehörte am Ende zu den ganz wenigen Reportern, die Grund zur Freude hatten, weil es Berlin wurde.

Fürs Fernsehen drehte ich in dieser Zeit Beiträge über die Veruntreuung von FDJ-Vermögen durch die Gründung von GmbHs, über die Hartnäckigkeit, mit der sich SED-Genossen in einflussreichen Positionen der Stadt Schwerin hielten, oder auch die Umweltverschmutzung durch die Schweinezuchtmastanstalt in Neustadt/Orla.

Die provisorischen Landessender, hervorgegangen aus dem Staatsfunk der DDR, stellten ihren Betrieb Ende 1991 zugunsten der neuen öffentlich-rechtlichen Anstalten im ARD-Verbund ein. Ob ich mir vorstellen könne, das MDR-Fernsehen in Thüringen mit aufzubauen, wurde ich gefragt. Wer A sagt, muss auch B sagen. Meine beiden Söhne haben deshalb in Weimar das Licht der Welt erblickt. Beruflich waren die Jahre ab 1992 die aufregendsten und zeitweise auch nervenaufreibendsten. Aber das ist eine andere Geschichte …

2.

»DIE MAUER MUSS WEG!«

Aufbruch in die Freiheit

Neues Forum – was denn sonst!

Martin Klähn

Der Paulskirchenkeller in Schwerin war einer unserer Treffpunkte. Hier gab es Veranstaltungen der sozialdiakonischen Jugendarbeit – Lesungen, Diskussionsrunden und Musik. Einmal in der Woche ein offener Abend mit einem gemeinsamen Abendessen, zu dem alle etwas mitbrachten. Gelegentlich nahm ein Obdachloser teil, den es offiziell nicht gab.

1988 diskutierten wir hier u. a. über Ausländer in der DDR, über Wehrdienstverweigerung und über Rolf Henrichs Buch »Der vormundschaftliche Staat«, das aus dem Westen zu uns gekommen war. Darin ging es um die Zukunft des Sozialismus in der DDR. Das interessierte uns auch.

Uta Loheit, eine Freundin aus unserem Lesekreis, sang gemeinsam mit Rolf Henrich in einem Chor in Berlin. Sie überbrachte Mitte 1989 die Nachricht, dass sich in Berlin eine Gruppe konstituieren werde, die sich mit der Gestaltung von Zukunft in der DDR beschäftigen wolle, und sie sei eingeladen. Der 9. und 10. September war als Zeitpunkt genannt, bei Havemanns in Grünheide. Uta selbst war verhindert, und ich bat sie, mich anzumelden. Zurück kam die Nachricht, dass das nicht gehe: Verabredungsgemäß sollten nur Leute kommen, die mindestens einem der Organisatoren bekannt waren.

Siegbert Schefke fuhr mich nach Grünheide und stellte mich in der Küche Katja Havemann und Bärbel Bohley vor. Auf diese Weise war ich in der Runde dann doch akzeptiert.

Schefke beklagt heute noch, dass er dort nicht fotografieren durfte.

Es gab zwei Vorlagen, von Rolf Henrich und Jens Reich, die als Grundlage der weiteren Diskussion dienten. Die Überlegungen waren, eine DDR-weite Dialogplattform außerhalb der Kirche zu schaffen, die einen Reformprozess auf den Weg bringt, der so viele Menschen wie möglich einbindet und die Gesellschaft Schritt für Schritt verändern wird. Freiheit, Gleichheit und Brüderlichkeit war ein Grundkonsens. Frieden, Gerechtigkeit und die Bewahrung der Schöpfung – das Motto des konziliaren Prozesses – ein anderer.

Mit Erika Drees und Sebastian Pflugbeil fand ich mich in einer Arbeitsgruppe, die einen Teil des zu erarbeitenden Programms formulieren sollte. In dieser Gruppe konnte ich mal einen Gedanken oder einen Formulierungsvorschlag beisteuern, im Grunde aber saß ich neben den beiden und hörte zu.

Über die Inhalte der Diskussionen in Umwelt-, Friedens- oder anderen kirchlichen Gruppen wusste ich wenig. Da für meine Eltern – streng gläubige Kommunisten – Kirche ein Feindbild darstellte und ich in diesem Sinne erzogen worden war, hatte ich mit der kirchlichen Parallelgesellschaft in der DDR bis zu meiner Studienzeit wenig Berührung. Nach dem Studium entwickelten sich allmählich Kontakte über Freunde zu kirchlichen Gruppen, später zur Umweltbibliothek.

Während noch über den Text gesprochen wurde, dachte ich darüber nach, mit welchen Aktionen wir aus unserem Freundeskreis heraus die Verbreitung des Aufrufs in Schwerin starten könnten. Der Text würde sicherlich seine Wirkung entfalten. Und »feindlich« war er ohnehin – egal, wie er formuliert wurde.

Am Abend setzten wir die verschiedenen Textabschnitte zusammen und diskutierten sie. Eine Redaktionsgruppe überarbeitete den Aufruf in der Nacht und legte ihn am Morgen vor. Es wurde wieder diskutiert und formuliert, doch irgendwann stimmten alle zu. Das Ergebnis wurde mehrmals mit Durchschlägen abgetippt. Wir unterschrieben alle. Ich nahm mein Exemplar und fuhr nach Schwerin. Das nächste Treffen der Gruppe sollte Anfang Dezember stattfinden. Die Zeit war reif, aber – so dachten wir – ein Reformprozess brauche auch seine Zeit.

Noch am selben Abend begann ich, Unterschriften zu sammeln. Am 18. September meldeten wir das Neue Forum gemäß Vereinsgesetz der DDR als politische Vereinigung beim Rat des Bezirkes Schwerin, Abteilung Inneres, an.

Die Gründung des Neuen Forum in Schwerin

Der Name, die Adresse und der Beruf sollten auf der Unterschriftenliste eingetragen werden. »Ich unterstütze das Anliegen des Neuen Forum« stand oben. Bald lagen an verschiedenen Stellen in der Stadt Listen aus. Da mein Name auf dem Aufruf stand, kamen einige auch zu uns in die Semmelweisstraße. Mitarbeiter der Staatssicherheit bezogen ganz offensichtlich vor unserem Haus einen Dauerposten. Daraufhin gingen manche, die zum Unterschreiben kamen, vorsichtshalber weiter.

Es saßen trotzdem einige Leute auf unserem Sofa. Sie trugen sich in die Liste ein. »Was sollen wir jetzt tun? Gibt es ein Programm?«, fragten sie. »Es sollen Arbeitsgruppen gebildet werden«, sagte ich, »die für die Wirtschaft, die Bildung, die Ökologie, für Recht und Verfassung Alternativen zum Bestehenden entwickeln.« Diese Arbeitsgruppen würden sich dann DDR-weit vernetzen und so etwas wie Fachforen bilden. Schritt für Schritt würden wir der SED den Boden entziehen und die von uns erarbeiteten Alternativen an die Stelle des Bestehenden setzen. »Das kann ja Jahre dauern«, sagten sie dann. »Ja klar«, sagte ich, »das hier ist eine lebenslange Geschichte.« »Ach so – na, wir müssen dann erst mal los ...«

Eine Zeitlang wurde über das Neue Forum in Wohnungen, auf Zusammenkünften kleiner Gruppen informiert. So kamen wir nicht voran. Wir verabredeten einen Informationsabend im Gemeindezentrum der Paulsgemeinde, und auch dieser Raum erwies sich als zu klein. Nun sagte der Pastor: »Da müsst ihr halt die Kirche nehmen.«

Etwa 800 Menschen kamen. Es war ein historischer Augenblick, auf den sie gewartet hatten und der auf sich hatte warten lassen. Aber jetzt war er da und sie wollten ihn ergreifen und wollten sich endlich in ihre Angelegenheiten einmischen.

Der Aufruf wurde verlesen. »Das ist ja gut und schön«, sagten die Leute, »aber nun muss es praktisch werden. Womit fangen wir an?«

Mit der Schule! Nein, mit der Wirtschaft! Wir müssen etwas für die Umwelt tun! Mit dem Militär und der ganzen Militarisierung muss Schluss sein! Aber eine neue Verfassung brauchen wir auch ...

Etwa 800 Menschen liefen durcheinander. Manche stiegen auf Bänke oder stellten sich an die Pfeiler des Kirchenschiffes, boten ihre Wohnung als Treff an und dazu das Thema, an dem sie arbeiten wollten. Und die Menge sortierte sich, fand sich zu Gruppen zusammen und bestimmte miteinander ein Arbeitsthema. Dann verabredete man sich und verließ diskutierend die Kirche.

Es war die Freiheit des Beginnens, der Anfang von etwas Neuem, die Gründung der Bürgerbewegung Neues Forum in Schwerin.

Die erste Montagsdemonstration in Schwerin

Im Süden der DDR demonstrierten sie schon seit zwei Wochen. In Schwerin arbeiteten die Basisgruppen an einem neuen Schulsystem und an ökologischen Fragen. Auf der wöchentlichen Versammlung im Paulskirchenkeller sagte ein Arbeiter aus Schwerin-Süd: »Wenn wir hier heute keine Demo verabreden, dann organisieren wir das vom Plastmaschinenwerk allein!« Das Proletariat benannte die Defizite. Der 23. Oktober wurde bestimmt, 17 Uhr, Alter Garten, Museumstreppe. Und zur Einstimmung, zum Mutfassen und Angstüberwinden gab es zuvor ein Friedensgebet im Dom.

Handzettel wurden getippt, mit Durchschlägen. Darauf stand: »Mit Demokratie zum Sozialismus, Zulassung des Neuen Forum, uneingeschränkte Reisefreiheit, offene Medien, Meinungs- und Versammlungsfreiheit. Dafür demonstrieren wir gewaltfrei. Angehörige der Sicherheitskräfte: Unterstützt einen friedlichen Verlauf! Kinder werden in der Apothekerstraße 48 betreut. Kontakttelefon im Dombüro. Nach der Demo stehen einige Kirchen offen«.

Die Partei versuchte unsere Demonstration zu unterlaufen: Am Abend vor der Demo war plötzlich in der gesamten Stadt ein gedruckter Aufruf geklebt: »Heraus zur Kundgebung! Dialog und Tat – gemeinsam für Erneuerung in unserem Land – am 23. Oktober um 17 Uhr auf dem Alten Garten in Schwerin.« Darunter stand kein Name, kein Absender.

Unsere erste Demonstration in Schwerin wurde auch von zentraler Stelle ins unsichtbare Visier genommen. Erich Mielke sagte am 21. Oktober 1989 auf einer Beratung mit den Spitzen seines Ministeriums in Berlin:

»Zentral abgestimmt, wird am Montag in Schwerin eine Großkundgebung durchgeführt, auf der der 1. Sekretär der SED-Bezirksleitung, ein Vertreter der Blockparteien, ein Arbeiter und ein Angehöriger der Intelligenz sprechen. Diese Kundgebung wird an einem Ort stattfinden, an dem Kräfte des Neuen Forum eine Demonstration durchführen wollen. Wir werden sorgfältig auszuwerten haben, wie das verlief, was dabei erreicht wurde.« Diese Auswertung hätte ich gerne gehört, denn es lief nicht wie von ihnen geplant:

Mit Bussen ließ die Partei aus dem gesamten Bezirk Genossen nach Schwerin transportieren, zu ihrer Kundgebung. Und niemand hatte ihnen gesagt, dass wir zur selben Zeit, am selben Ort eine Demonstration beginnen würden. Als wir auf den Alten Garten kamen, war dort unter der Siegessäule des deutsch-französischen Krieges – gegenüber unserem Treffpunkt Museumstreppe – die Tribüne der SED aufgebaut. Militärmärsche klangen aus Armeelautsprechern.

Die Lage entwickelte sich dann folgendermaßen: Wir vom Neuen Forum versammelten uns auf der Treppe des

Museums. Punkt 17 Uhr fing der 1. Sekretär an zu sprechen, und wir fingen an zu demonstrieren. Als die zur SED-Kundgebung herbeigeschafften Leute die Situation erkannten, schlossen sich etliche unserem Demonstrationszug an. Wir freuten uns über die vielen Menschen. Es ging dann die Werderstraße hinunter, durch die Amtstraße zum Pfaffenteich. An der Bezirksbehörde der Deutschen Volkspolizei begannen Demonstranten, ihre Kerzen abzustellen. Die ersten Kerzen wurden von Polizisten noch weggetreten. Aber immer neue Wellen von Demonstranten brachten immer neue Kerzen. Ein Lichtermeer bildete sich. Wir waren um den Pfaffenteich herum. Aber noch immer strömten die Menschen.

»Wir sind das Volk!«, riefen die Menschen. »Keine Gewalt!«, »Neues Forum zulassen!« und »Schließt euch an!« »Stasi in die Produktion«, das kam später. Zwei Mädchen riefen: »Wir wollen einen neuen Sportlehrer!«

Der Demonstrationszug kehrte zum Alten Garten zurück. Die Armee baute bereits die Tribüne und die Lautsprecher wieder ab. Einige Demonstranten waren der Ansicht, dass jetzt der richtige Zeitpunkt für einen Dialog mit der Partei sei, und zogen vor die Bezirksleitung der SED.

Ich ging ins Dombüro. Am Abend telefonierten sie vom Neuen Forum in Berlin die Demo-Orte ab. Man wollte hören, wie es verlaufen sei und ob es Zwischenfälle gegeben habe. An diesem Abend rief Bärbel Bohley an. Bevor ich etwas sagen konnte, beschimpfte sie mich. Wir in Schwerin müssten doch wohl spinnen. Ob wir noch alle Tassen im Schrank hätten. Mit der SED eine Kundgebung zu machen. Sie hätte das in der Aktuellen Kamera gesehen. Ich kam nicht dazwischen.

Sie war sehr aufgebracht. Ich versuchte, ihr die Situation zu schildern, über unsere Demo zu berichten. Sie blieb misstrauisch. Mir fiel nichts weiter ein, als zu sagen, dass sie der Aktuellen Kamera sonst auch nicht glaube und warum sie es denn heute tue? Das stoppte zumindest den Redeschwall. Meine Euphorie war allerdings erst einmal dahin.

In der Zwischenzeit hatte sich die Lage vor der Bezirksleitung zugespitzt. Die Menge war der Meinung, wenn die Partei nicht herauskommt, dann gehen wir hinein. Nur mit Mühe gelang es, sie davon abzuhalten. Keine Gewalt war einer der Grundsätze, und so sollte es auch bleiben – jedenfalls von unserer Seite.

Nach der Demo im Dom

An diesem Abend ereignete sich für mich einer der bewegendsten Momente dieser friedlichen Revolution.

Es war eingeladen worden, nach der Demo in den Dom zu kommen. Ein Gesprächsangebot. In den Dom passte kein Mensch mehr hinein. Bis auf den letzten Stehplatz war er gefüllt. Ein offenes Mikrophon stand vorne am Altar. Zunächst traute sich niemand. Sehr zögerlich kamen die Ersten. Es schien, als wären sie selbst überrascht, dass sie nun vor der Menge standen und redeten. Einige konnten vor Aufregung nicht richtig sprechen: Sie hätten es nie für möglich gehalten, dass es in Schwerin, in der DDR, jemals so eine Demonstration geben und dass sie selbst daran teilnehmen würden. Dass sie jetzt hier stünden, vor so vielen Menschen. Dass ihre Gefühle sie überwältigten. Und sie das überhaupt nur mal sagen wollten.

In diesem Augenblick im Dom ließen die Anspannung, die Aufregung und die Angst, die die Menschen vor und während der Demonstration ergriffen hatte, wieder nach. Freude breitete sich aus über das Erlebte. Und es kam ihnen zu Bewusstsein, dass sie dabei gewesen sind. Unfassbar und überwältigend. Über etliche Gesichter liefen Tränen. Und viele wollten am liebsten nicht wieder gehen, wollten diesen Moment hier im Dom bis zuletzt auskosten.

Der 1. Sekretär im Marstall

Zwei Tage danach saß ich am Schreibtisch im Wohnungsbaukombinat. Es kam ein Mann, der sich als persönlicher Mitarbeiter von Heinz Ziegner, dem 1. Sekretär der SED-Bezirksleitung, vorstellte. Ob ich mich mit Herrn Ziegner treffen und mit ihm sprechen würde? Ja. Wann hätte ich Feierabend? 16.15 Uhr. Dann sollte ich bitte zu der Zeit in das Büro des Kombinatsdirektors kommen, Herr Ziegner werde dort sein …

Herr Ziegner saß in der Polsterecke des Kombinatsdirektors. Als ich kam, kochte der Parteisekretär des Kombinates im Vorzimmer Kaffee, stellte ihn uns hin und ging wieder.

An der Wand hingen Fotos vom Schweriner Plattenbauviertel Großer Dreesch. Herr Ziegner wies auf diese Bilder und sagte: »Was wir in der DDR alles geschaffen haben! Und jetzt kommen Leute und reden dies schlecht.«

Zwei Stunden lang habe ich mit Herrn Ziegner debattiert, und ich habe kaum eine Erinnerung daran. Mit Eifer und Naivität habe ich von einem Reformprozess gesprochen, den das Neue Forum in der DDR eingeleitet hat, einer Graswurzelbewegung, mit der wir die DDR basisdemokratisch auf den Weg hin zu einer allseits gerechten Gesellschaft bringen werden. Selbstverwaltung werde Einzug halten in Wirtschaft und Gesellschaft, der Umbau (Perestroika) werde nach dem Verfahren von Versuch und Irrtum laufen, mit ausgiebiger Fehlerdiskussion im Falle des Scheiterns und erneutem Versuch.

Ziegner hat später auf einer Zusammenkunft des Bezirksleitungsgremiums gesagt: »Von denen geht keine Gefahr aus. Die stellen nicht die Machtfrage.« So jedenfalls berichtete es Hans Brandt, Chefredakteur der »Schweriner Volkszeitung« und Teilnehmer dieser Runde. Ich denke, ich habe versucht, Herrn Ziegner zu erklären, dass wir das Beste sind, was dem Sozialismus in der DDR passieren kann. So wie ich in vielen Diskussionen mit meiner Mutter – einer Abteilungsleiterin an der SED-Bezirksleitung – an Punkten, an denen es argumentativ nicht weiterging, weil Glaubensfragen berührt wurden, darauf hinwies, dass wenn der Sozialismus scheiterte, dann nicht wegen Leuten wie mir, sondern wegen ihrer Genossen.

Ihre Genossen waren es dann auch, die in der Zeit der Friedlichen Revolution auf Distanz zu meiner Mutter gingen, sie auch von Versammlungen ausluden und ihr nahelegten, sie vorläufig nicht zu besuchen. Nennt man das nicht Sippenhaft? Sie selbst war davon überzeugt, dass sie diese miese Behandlung verdient habe, denn sie hatte versagt und ihre Kinder nicht richtig sozialistisch erzogen.

Der Traum von der Selbstverwaltung

Am 9. November 1989 traf sich der Vorbereitungskreis der Montagsdemonstrationen abends in der Kantine des Schweriner Staatstheaters. Es wurde geplant, welche Marschroute wir nehmen und wer sprechen sollte. Jemand kam an den Tisch und fragte, ob wir mitbekommen hätten, dass die Mauer auf sei? »Welche Mauer?« »Wieso?« »Na, die Mauer, ihr Hornochsen.« Wir liefen mit ihm hinüber in den Schankraum, wo überm Tresen ein kleiner Russenfernseher Junost im Regal stand. Es lief ein Bericht aus Berlin, in welchem von der Bornholmer Brücke berichtet wurde. Einigermaßen fassungslos starrte ich auf den Bildschirm.

Dann saßen wir wieder am Tisch. Einerseits euphorisch und andererseits auch deprimiert. »Jetzt lassen sie den Druck vom Kessel.« »Wer kommt denn jetzt noch zur Montagsdemo? Das können wir uns doch schenken …«

»Egal, wir organisieren das jetzt wie immer und werden sehen.« Der Kreis löste sich ziemlich bald auf, und ich ging mit gemischten Gefühlen nach Hause.

Ende des Jahres 1989 war ich eingeladen, auf einer Belegschaftsversammlung im VEB Hydraulik zu sprechen. Wohl dreißig Minuten erzählte ich den Kollegen in der Betriebskantine also etwas über Selbstverwaltung. Dann unterbrach mich jemand: »Pass mal auf, Jungchen, du kannst dir dein intellektuelles Gequatsche sparen. Wir waren alle drüben. Wir wissen jetzt, wie es aussehen muss. Uns haben sie hier vierzig Jahre belogen und betrogen. Und wenn wir uns auf deinen Mist einlassen, dann geht's uns am Ende wieder beschissen.«

Andere Arbeiter stimmten zu: »Richtig, den Blödsinn kann man sich ja nicht mit anhören.«

Ich wurde wütend und sagte: »Wem von euch geht es denn existenziell schlecht? Ihr habt doch alle Autos, Farbfernseher und eine Datsche. Und was belogen und betrogen anbetrifft, da gehören noch immer zwei dazu – und wer das vierzig Jahre mit sich machen lässt, bei dem muss doch was nicht in Ordnung sein!« »Jetzt haut dem jungen Schnösel was aufs Maul! Das müssen wir uns nicht bieten lassen«, rief jemand. In diesem Moment sagte ausgerechnet der BGL-Vorsitzende: »Ich glaube, es ist besser, Sie gehen jetzt. Sie sehen ja, die Leute wollen Ihnen nicht weiter zuhören.«

Mit der Arbeiterklasse kam ich nicht zusammen. Enttäuscht ging ich nach Hause.

Der Bahnhof war völlig verwüstet

Annette von Stieglitz

Als ich im August 1989 das Visum für einen lange geplanten Besuch bei meinen Freunden in Dresden beantragte, ahnte niemand, in welch atemberaubender Geschwindigkeit sich die Satellitenstaaten des Warschauer Pakts auflösen würden. Es war reiner Zufall, dass meine Aufenthaltsgenehmigung vom 5. bis 10. Oktober 1989 in die Zeit fiel, in der sich die Ereignisse überschlugen. Freunde und Familie diesseits und jenseits der innerdeutschen Grenze fragten ungläubig, ob ich angesichts der immer unübersichtlicheren politischen Situation tatsächlich vorhabe, das Visum zu nutzen und in die DDR zu reisen, zeigte doch die wachsende Beteiligung der Bevölkerung an den Montagsdemonstrationen in Leipzig, wie brisant die Situation in der DDR inzwischen war. Doch die Reise nach Dresden anzutreten stand für mich nie in Frage. Als Kind und Jugendliche hatte ich nicht nur den Ostberliner Alexanderplatz kennengelernt, sondern bei zahlreichen Besuchen auch die »echte« DDR auf dem Land in der Mark Brandenburg. Damit war ich unter den Gleichaltrigen in meiner Schule eine große Ausnahme, denn diese hatten – wenn überhaupt – bis zur Wende, anlässlich der obligatorischen Klassenfahrten nach Berlin, meist nur eine eintägige Stippvisite in Ost-Berlin mit sehr begrenztem Aktionsradius unternommen. Außerdem hatte ich 1980 den Aufstand der Danziger Werftarbeiter in Polen erlebt und die damals wahrgenommene Aufbruchsstimmung der Bevölkerung noch in intensiver Erinnerung.

Donnerstag, 5.10.1989

So startete ich am 5. Oktober 1989 in einem verschlossenen D-Zug und, wie sich bald herausstellte, als einziger Fahrgast von Hannover nach Dresden. Von den in der Nacht zuvor am Dresdner Hauptbahnhof stattgefundenen gewalttätigen Auseinandersetzungen wusste ich zu dieser Zeit noch nicht. In einem Rechtsstaat sozialisiert, konnte ich mir das Ausmaß staatlicher Repression kaum vorstellen, mit dem ich in den kommenden Tagen konfrontiert werden sollte.

Das westdeutsche Fernsehen hatte zwar die Situation der Botschaftsflüchtlinge in Prag ausführlich begleitet und natürlich auch über die Sonderzüge, die seit dem 1. Oktober mit mehreren tausend Flüchtlingen von Prag über Dresden nach Hof gefahren waren, berichtet. Was sich jedoch in der Nacht vom 4. bis 5. Oktober entlang der Bahnstrecke ereignet hatte, war auch im Westen am Morgen des 5. Oktober noch weitgehend unbekannt. Ich fuhr also mit dem Gefühl, dass sich bis vor kurzem noch für unvorstellbar gehaltene Veränderungen anbahnten, los, wusste aber nicht, in welche Situation ich geraten würde. Rückblickend erscheint es immer noch unglaublich, dass ich nicht spätestens in Helmstedt den Zug verlassen musste, denn während ich ungehindert in die DDR einreiste, wurde zeitgleich in West-Berlin mehreren tausend Besuchern die Einreise verwehrt; jeder Westbesucher wurde offenbar als potenzieller Unruhestifter der nur noch mühsam aufrechterhaltenen öffentlichen Ordnung betrachtet. Ich hingegen reiste im verschlossenen Zug ohne Kontrolle in die DDR ein, sogar mit einem Paket Westzeitungen ausgestattet. Ein Umstand, der normalerweise bei einem Grenzübertritt in die DDR zu schweren Sanktionen geführt hätte, in der aktuellen Ausnahmesituation offenbar jedoch schon keine Rolle mehr spielte.

Als ich am Nachmittag des 5. Oktober auf dem Dresdner Hauptbahnhof eintraf und als einziger Passagier den D-Zug verließ, traf ich auf mich erstaunt musternde Volkspolizisten, da der Bahnhof für Reisende inzwischen komplett gesperrt war. Eine Handvoll Uniformierter patrouillierte auf dem Bahnhofsgelände, das ein Bild völliger Verwüstung bot und aussah wie nach einem Bombenangriff. Sämtliche Scheiben, auch die Dachverglasung, Vitrinen und Fahrkartenautomaten waren demoliert, das Pflaster vor dem Bahnhof aufgerissen, die Hälfte der Pflastersteine fehlte. Dieser erste Eindruck wurde durch eine beklemmende Stille noch gesteigert; die auf den Höhepunkt zusteuernde Krise war mit dem Verlassen des Bahnhofs schlagartig körperlich spürbar. Es lag eine für alle Beteiligten unabsehbare Entwicklung in der Luft und die Angst, dass mit dem Einsatz der Volkspolizei ein Blutvergießen unvermeidbar würde, war mit Händen zu greifen.

Westbesuch war in dieser Situation besonders auffällig und riskant, und ich danke meinen Dresdner Freunden bis heute dafür, dass sie mir meine Reisepläne nicht ausgeredet haben. Der Hausvertrauensmann in der Erfurter Straße, der das Hausbuch führte, empfing mich in Feinripp und voller Neugier, die er nur mühsam zurückhalten konnte. Wir trennten uns freundlich – ebenso reibungslos verlief meine innerhalb der ersten 24

Stunden erforderliche Anmeldung bei der Volkspolizei, doch auch dort traf ich auf Erstaunen über meinen Besuch.

Freitag, 6.10.1989

Gespannte Ruhe lag über der Stadt, als ich mich am Freitagmorgen auf den Weg machte, um zu Fuß die Innenstadt rund um die Ruine der Frauenkirche zu erkunden. Schon nach kurzer Zeit fielen mir zwei Männer auf, die unauffällig auffällig meinen Weg im Abstand von etwa fünfzig Metern begleiteten und, während ich auf einer Bank vor dem Albertinum saß, mich aus ihrem beigefarbenen Wartburg heraus beobachteten. Schnell wurde deutlich, dass wir uns gegenseitig identifiziert hatten, doch dies hielt die beiden nicht davon ab, mich weiter ganz offensichtlich zu »beschatten«. Freunde aus der DDR erläuterten mir später, dass ich sofort – auch in nach meinem Verständnis unauffälliger Kleidung – an meinem Auftreten als Westbürgerin erkannt wurde. Ich fragte mich natürlich, weshalb gerade ich observiert wurde? Offensichtlich war die Situation so angespannt, dass Westbesucher auch ohne konkreten Anlass sofort Argwohn provozierten.

Freundlich und völlig unspektakulär verlief hingegen am Nachmittag des 6. Oktober mein Besuch im Sächsischen Staatsarchiv in Dresden, um dort Akten der Hof- und Zentralverwaltung des Kurfürstentums Sachsen einzusehen. Ich war erstaunt, dass ich als völlig »normale« Benutzerin behandelt wurde – im Rückblick erscheinen mir die Situation und die Stimmung im Archiv wie abgekoppelt von der sie umgebenden politischen Großwetterlage.

Sonnabend, 7.10.1989

Mit Spannung wurde auch in Dresden der vierzigste Jahrestag der DDR am 7. Oktober 1989 erwartet. Während sich das SED-Regime in Berlin mit Paraden und Parolen selbst feierte und ein letztes Mal Staatsoberhäupter aus den sozialistischen Bruderländern einflogen, wie Ceauşescu aus Rumänien und Gorbatschow aus der Sowjetunion, wuchs der Unmut auf der Straße. Unmittelbar nach dem Ende der offiziellen Feierlichkeiten wurden in Berlin hunderte Demonstranten festgenommen. Geradezu hellseherisch hatte die Töpfermeisterin in der Schauwerkstatt der Meißener Porzellanmanufaktur, die meine Dresdner Freunde und ich am Morgen des 7. Oktober besuchten, den berühmten Ausspruch Gorbatschows: »Gefahren warten nur auf jene, die nicht auf das Leben reagieren« vorweggenommen. Inmitten ihrer Präsentation hielt sie die Töpferscheibe an, blickte auf die gut zwanzig Personen umfassende Besuchergruppe und sagte: »Ich weiß gar nicht, weshalb ich das hier überhaupt noch mache, um uns herum sinkt alles in Schutt und Asche – niemand weiß, was noch kommen wird. Ich höre jetzt auf und gehe!« Was sie dann auch tat. Wir Besucher blieben sprachlos zurück. Während der anschließenden Dombesichtigung in Meißen erfuhren wir von den brutalen Auseinandersetzungen der vergangenen Tage. In Freiberg, das wir anschließend besuchten, lähmte triste Stimmung die auf dem Markt stattfindenden, offiziellen Jubiläumsfeierlichkeiten.

Die Lage war in Dresden am 7. Oktober längst nicht so explosiv wie in Berlin, die Nachrichten von den die offiziellen Feierlichkeiten begleitenden Polizeieinsätzen drangen erst verspätet durch. Grund hierfür war der mangelnde Informationsfluss in einer Zeit ohne Twitter und Facebook; gerade Dresden blieb aufgrund seiner topographischen Lage immer in einem »Tal der Ahnungslosen«; ihre Bevölkerung erfuhr stets erst verspätet von den Ereignissen in Leipzig oder Berlin. Doch auch in Dresden lag, vor dem Hintergrund der gewalttätigen Auseinandersetzungen in der Nacht vom 4. zum 5. Oktober, eine fast mit Händen zu greifende knisternde Spannung in der Luft.

Ich weiß nicht mehr, welche Überlegungen uns in die Spätnachmittagsvorstellung des Rundkinos an der Prager Straße führten. Wahrscheinlich war es die Unruhe, die über der Stadt lag und die damit verbundene Ahnung, dass sich fundamentale Veränderungen anbahnten. Schon auf dem Weg vom Hauptbahnhof zum Rundkino bemerkten wir, dass ein massives Polizeiaufgebot in voller Montur aufmarschierte, um den hinter Straßengittern wachsenden Menschenauflauf auf dem Bahnhofsvorplatz zurückzudrängen. Während im halbleeren Kino eine heitere, in den gebotenen Grenzen regimekritische Persiflage über die Unzulänglichkeiten des sozialistischen Alltags gezeigt wurde (»Zwei schräge Vögel«) – das Kinoprogramm damit eine geduldete, vielleicht sogar bewusst eingesetzte Ventilfunktion übernahm –, kam innerhalb von zwei Stunden auf der Prager Straße, auf der etwa 1,3 Kilometer langen Fußgängerzone zwischen Bahnhofsvorplatz und Altmarkt, eine unübersehbare Menschenmenge zusammen. Wir hatten während der Vorstellung keine Ahnung, was sich vor der Tür abspielte, und ich erinnere mich bis heute lebhaft an die uns ergreifende Kombination aus Schreck und Faszination, als wir nach dem Ende der Vorstellung auf die Prager Straße hinaustreten wollten und buchstäblich keinen Fuß an die Erde bekamen.

In der Zwischenzeit waren tausende Menschen zusammengekommen, und die Prager Straße war so voll, dass es kein Durchkommen mehr gab. Alle Altersgruppen waren vertreten, junge Familien mit kleinen Kindern an der Hand und Kinderwagen ebenso wie alte Menschen, denen der Weg vor die Tür sichtlich schwerfiel. Nur durch Mundpropaganda hatte sich die Information verbreitet, dass vor dem Hauptbahnhof »etwas los« sei.

Die Menschenmenge umgab eine durchweg friedliche Stimmung und keine Spur von Aggression; Neugier, das Bedürfnis, nichts zu verpassen, und die deutlich wahrnehmbare Botschaft, nicht mehr nur Objekt einer dirigistischen, repressiven Politik zu sein, bildeten den atmosphärischen Grundton des Menschenauflaufs. Deutlich spürbar war der emanzipatorische Impuls, das Schicksal in die eigenen Hände zu nehmen und nicht mehr über sich bestimmen zu lassen. Sehr schnell stellte sich jedoch ein Gefühl der Bedrohung ein, denn ein riesiges Polizeiaufgebot, bei dem nicht klar war, ob es den Zug nur begleitend beobachtete oder massiv eingreifen würde, provozierte Ängste und ein latentes Gefühl existentieller Gefahr. Es war klar, dass wenige unbedachte Aktionen oder Äußerungen zu einer unvorhersehbaren Eskalation führen würden. Die Wahrnehmung, sich in einem rechtsfreien Raum zu befinden, ist die Erinnerung, die sich mir bis heute nachdrücklich eingeprägt hat. Von einem Moment zum anderen wurde mir die Dramatik der Situation schlagartig klar, vor allem, dass uns allen um Haaresbreite ein Blutvergießen bevorstand. Die Angst wuchs, als ich um mich herum beobachtete, dass Zivilisten, die meine Dresdner Freunde als Stasi-Mitarbeiter enttarnten, handgreifliche Auseinandersetzungen provozieren sollten, um die friedlich Demonstrierenden in Aufruhr zu versetzen. Die vermeintlichen, (schlecht) getarnten »Zivilisten« waren blitzschnell um uns, zogen mit einem Griff einen kurzen Gummiknüppel aus der linken Jackeninnentasche und versetzten – Zack – den neben und vor ihnen Gehenden knappe, heftige Schläge auf den Kopf. Die Getroffenen drehten sich ärgerlich überrascht um, konnten aber nicht erkennen, wer sie attackiert hatte. Das taktische Ziel dieses Vorgehens bestand eindeutig darin, den friedlichen Menschenauflauf in eine aggressive Stimmung zu versetzen und die auf diese Weise gewonnenen Bilder medial im Sinne des Regimes zu instrumentalisieren und damit auch den Vorwand für das Eingreifen der Polizei zu erhalten.

Besonders bedrückend war eine Szene, in der eine alte Frau, rechts und links mit zwei Plastiktüten beladen, unmittelbar neben mir auf die Situation schaute und sagte: »Das ist ja wie bei den Nazis!« Sie hatte kaum ausgesprochen, als ein Stasimann auch dieser sehr alten Frau seinen Gummiknüppel mit voller Kraft auf den Kopf hieb. Eine andere Frau weinte und wimmerte, dass ihr Mann verschleppt worden sei und nun auch noch ihr Sohn. Bei meinen Freunden und mir wuchs die Panik – wir hatten Angst davor, ebenso angegriffen und willkürlich verhaftet zu werden. Sofort versteckten wir unsere Taschenschirme, damit diese nicht als falsch interpretierte passive Bewaffnung den Vorwand für einen körperlichen Angriff oder eine Verhaftung boten.

Dass die Menge trotz fortwährender gewalttätiger Irritationen ruhig blieb und mutig weiterlief, ist bis heute bemerkenswert. Der Menschenauflauf wurde, ungeachtet der offensichtlichen Provokationen, sogar immer größer, und es wurde deutlich, dass das jahrzehntelange Einschüchtern der Bevölkerung nicht mehr funktionierte. Alles, was bei der Polizei an mobilem Gerät verfügbar war, parkte in den Nebenstraßen zur Prager Straße – darunter zahlreiche Sanitätsfahrzeuge, weil offenbar die Parteiführung selbst unsicher war, wie weit die Eskalation des Konflikts gehen würde. So wurde nicht nur wahllos auf einzelne Passanten eingeschlagen, sondern zahlreiche Demonstranten wurden auch herausgezerrt und auf die in den Querstraßen stehenden Polizeipritschenwagen geworfen. Diese parkten mit heruntergeklappter Ladefront, und die wahllos gegriffenen Passanten wurden im Lastwageninneren weiter verprügelt. Das durch die Luft schneidende Geräusch der Gummiknüppel und die Schreie der Getroffenen gingen in dem lauten Getümmel nahezu unter. Dass es in dieser unübersichtlichen, emotional hochgradig angespannten Situation nicht zum Schusswaffengebrauch der Polizei und damit zu einem Blutbad kam, grenzt, auch aus der Rückschau betrachtet, an ein Wunder.

Wir versuchten, die Gefahrenzone so schnell wie möglich zu verlassen, was angesichts des massiven Polizeiaufgebots außerordentlich schwierig war, denn der Befehl lautete offensichtlich, die Menschenmenge geschlossen zusammenzuhalten. Wir drei hakten uns unter und gelangten auf Schleichwegen schließlich an der Schlossruine vorbei zur Dimitroff-Brücke (heute Augustusbrücke) und blickten dort in die Geschützmündungen der vor der Dresdner Hofkirche aufgefahrenen Panzer. Damit war uns der direkte Weg zurück in die Dresdner Neustadt auf das andere Elbeufer versperrt. Erst ein weiter Umweg führte uns am späten Abend zurück in die Erfurter Straße. Im Staatsfernsehen lief die Übertragung der Jubiläumsfeierlichkeiten in einer Endlosschleife, parallel dazu wurden Bilder über den vermeintlichen »Polizeiterror« in den USA gezeigt. An Schlafen war nach den Erlebnissen der vorangegangenen Stunden nicht zu denken!

Sonntag, 8.10.1989

Nach einem Ausflug in die Sächsische Schweiz kehrten wir bei regnerischem Wetter zurück. Das gesamte Dresdner Stadtzentrum war abgesperrt, und die Fahrt über den Theaterplatz nach Hause nicht möglich. Eine bleierne Atmosphäre lag über der Stadt. Im Staatsfernsehen fiel kein Wort über die Ereignisse des vergangenen Tages – im Gegenteil, alles war in schönster Ordnung.

Es bleibt nachzutragen, dass eine Radtour von Dresden nach Moritzburg am 9. Oktober und meine Ausreise am 10. Oktober 1989 ohne Schwierigkeiten verliefen. Mit dem Eindruck, dass die Entwicklung der vergangenen Wochen und Monate nicht aufzuhalten war, verließ ich zum letzten Mal die DDR. Als ich im Frühsommer 1990 auf einer Radtour die Grenze von Niedersachsen nach Thüringen überquerte und meinen Personalausweis zeigen wollte, winkte der Grenzsoldat nur noch müde ab. Bis heute vermittelt mir jeder »Grenzübertritt« das Gefühl, dass die Deutschen in Ost und West gemeinsam Unglaubliches erreicht haben!

Berlin holt mich ein

Burkhart Veigel

»Warum weint Papa?«, hörte ich meine große Tochter fragen.

»Er hat die ganze Nacht vor dem Fernseher gesessen und nicht geschlafen. Die DDR hat die Mauer geöffnet.«

»Und deshalb weint er?«

»Ja, vor Freude. Weil die Ost-Berliner jetzt rüber dürfen und ganz Berlin Party macht. Ich bin trotzdem schon um zwölf ins Bett gegangen.«

»Ich verstehe aber immer noch nicht, warum er weint.«

»Er hat damals, da warst du noch nicht geboren, Menschen aus der DDR in den Westen geholt.«

»Was?!«

Ich saß immer noch vor dem Fernseher, stellte aber den Ton leiser. Meine zwanzigjährige Tochter, die in Frankfurt Pharmazie studierte, war am Wochenende nach Stuttgart gekommen, weil sie meinte, sie könne sich zu Hause besser auf ihre Zwischenprüfung vorbereiten als in ihrem lauten Studentenheim. Sie setzte sich auf die Armlehne meines Sessels.

»Du musst jetzt noch ein bisschen schlafen, bevor du in die Praxis gehst. Ich rufe an, dass du eine halbe Stunde später kommst, und wecke dich um acht.«

»Okay, meine Große!«

Der Tag in der Praxis wurde mühsam, weil ich die Stunde vom Morgen nicht aufholen konnte. Meine Helferinnen legten mir zweimal einen Zettel in die Durchreiche, auf den sie einen am Galgen baumelnden Menschen gezeichnet hatten, was hieß: »Wir hängen! Ein bisschen mehr Tempo bitte!« Ich ratterte mein Pensum herunter, hier eine Spritze, da ein Verband, dort eine Brustwirbelsäule einrenken, dann ein längeres Gespräch mit einer alten Dame, der ich empfohlen hatte, ihren Führerschein abzugeben; aber sie widersprach: »Dann komm ich ja gar nicht mehr raus.«

Ich versuchte, mich zu konzentrieren, aber meine Gedanken kreisten ständig um das Wunder von Berlin. Unfassbar! Seit heute Nacht konnte »jeder Bürger der DDR«, wie Günter Schabowski im Fernsehen gesagt hatte, »ausreisen«, und Hunderttausende hatten von diesem Recht Gebrauch gemacht. Nur einen Tag vorher wären sie vielleicht als Grenzverletzer erschossen worden, wie 1962 einer meiner Freunde. Aber wieso konnte das »unverzüglich« eines Politbüromitglieds die Schranken der bestgesicherten Grenze der Welt so rasch öffnen? Hatten die Westmedien dazu beigetragen, weil sie schon bald nach 20 Uhr meldeten, die Grenze sei offen, und dadurch die Ost-Berliner ermutigten, an die Grenze zu gehen? Und was würde jetzt am Wochenende passieren? Würde die NVA aufmarschieren und die Grenzen wieder schließen, um eine geregelte Ausreise mit Pass und Visum zu erzwingen? Alles schien möglich. Ich fühlte mich hilflos und inkompetent. Praxis und Software-Entwicklungen, berufspolitische Aktivitäten und die Organisation eines Orchesters hatten mir wenig Zeit gelassen, die politischen Veränderungen zu verfolgen.

Natürlich hatte ich mitbekommen, dass es seit dem Sommer im Ostblock gärte, dass es montags immer Demonstrationen in Leipzig gab, dass die Ungarn und die Tschechoslowaken ihre Grenzen gegen den Westen nicht mehr so engmaschig kontrollierten, irgendwann hatte ich auch Genschers Rede in Prag gehört, die im Jubel der Massen unterging, aber das war für mich alles sehr weit weg gewesen. Ich hatte gerade mit einem EDV-Ausrüster für Arztpraxen einen Vertrag geschlossen; ab jetzt liefen die von mir entwickelten Facharztprogramme auf seiner Verwaltungssoftware, was zum Verkauf von einigen hundert Systemen innerhalb weniger Monate führte. Aber meine Praxis war und blieb der Mittelpunkt meines Lebens. Anderen zu helfen, war meine Passion.

Am Tag zuvor, am 9. November 1989, hatte mich meine Frau gegen 23 Uhr in der Praxis angerufen: Die Mauer sei offen! Eben hätten sie im Fernsehen berichtet, dass alle Bürger der DDR, nicht nur Rentner, ausreisen könnten, und es seien auch schon einige über die Böse-Brücke herübergekommen. »Das musst du dir ansehen!«

Einen Moment argwöhnte ich, dass sie mich nur nach Hause locken wollte, aber solche Nachrichten hätte meine Frau sich nicht ausdenken können. Ich schloss das Diktat des Gutachtens ab, ließ die Datensicherung laufen und machte mich auf den Weg.

Noch in der Tür hörte ich die skandierten Rufe »Wir kommen wieder! Wir kommen wieder!« und »Tor auf! Tor auf!« Dann sah ich die Bilder: Einzelne Personen, dann ganze Gruppen tauchten aus dem Dunkel der langen Brücke auf und wurden auf der Westseite von West-Berlinern in Empfang genommen. Ich spürte fast körperlich ihre Unsicherheit; würde die Staatsgewalt sich in irgendeiner Weise an ihnen rächen, weil sie protestiert und sich durchgesetzt hatten? Würde man ihnen die Rückkehr verweigern? Die West-Berliner rückten bis an die Schlagbäume vor, standen jetzt weit im Osten, ein Grenzer öffnete den großen Schlagbaum, Tausende Menschen und Hunderte Trabis, hupend und »abgeklatscht« von den Fußgängern, quetschten sich durch den engen Durchlass und schoben sich langsam über die Brücke nach West-Berlin. Jetzt gab es nur noch Jubel, keine Unsicherheit mehr.

Die West-Berliner, viele mit Sektflaschen in der Hand, bildeten ein Spalier für ihre »Brüder und Schwestern aus dem Osten«; ich sah die weinenden und lachenden Menschen, hörte ihr »Wahnsinn!«, sah die Verbrüderungsszenen zwischen Wildfremden, sah, wie sie sich in die Arme nahmen und küssten – aber ich sah auch, wie die überrumpelten Grenzer betreten und hilflos danebenstanden und die Welt nicht mehr verstanden. Die hätten sich ja mal früher darüber informieren können, was die Leute wirklich denken und wie beliebt Grenzer, Vopos und die Soldaten der NVA in der Bevölkerung sind, dachte ich. Ich genoss die Verzweiflung in ihren Gesichtern, wie sie mit den Schultern zuckten und wegguckten. »Ihr habt ausgedient, ihr dürft euch jetzt auf die Schulbank setzen und üben, wie man mit Menschen umgeht«, hätte ich ihnen gern zugerufen. Wie sich der Sozialismus mit all seinen hohlen Versprechungen und seiner Misswirtschaft überhaupt so lange hatte halten können, war mir sowieso ein Rätsel.

Zwischendurch erzählte meine Frau, sie habe ihre Mutter in Berlin angerufen und ihr vorgeschlagen, sich in ein Taxi zu setzen und zum Brandenburger Tor zu fahren. Das habe diese aber weit von sich gewiesen; sie sei zu alt und müsse sich den Ansturm ihrer ungeliebten früheren Nachbarn nicht in natura ansehen. »Und du?«, fragte ich. »Nein«, sagte meine Frau. Sie fahre jetzt definitiv nicht nach Berlin, sie wolle nicht mitfeiern und auch nicht die Stätten ihrer Kindheit wiedersehen; die habe sie über dreißig Jahre nicht vermisst, die könnten auch noch eine Weile auf sie warten. Sie müsse mir aber noch was Ernstes erzählen: Im Bundestag hätten sie die Nationalhymne gesungen, stehend; das habe sie zwar nicht selbst gesehen, es sei aber schon zwei Mal in Kommentaren erwähnt worden. Und die West-Berliner seien offensichtlich schon sehr früh und in Massen an die Mauer gegangen; sie hätten als Erste die Öffnung der Grenze verlangt, lange bevor die Ost-Berliner überhaupt dort aufgetaucht seien.

Am Brandenburger Tor kletterten zwei West-Berliner auf die hier gehwegbreite Mauer; die Grenzer versuchten, sie mit Löschwasser aus Feuerwehrschläuchen herunterzuholen, aber die jungen Leute schlossen nur ihre Anoraks und hielten stand. »Bleibt oben; denen geht gleich das Wasser aus!«, wurde ihnen zugerufen, und: »Aufhören! Aufhören!« – »Die Mauer muss weg! Die Mauer muss weg!« Dann war vielleicht tatsächlich das Löschwasser aus, jetzt enterten Massen von West-Berlinern die Mauer, mit »Räuberleitern« von unten und an den Armen von oben hochgezogen, bald drängten sich die Menschen hier ähnlich dicht wie auf den Straßen. Jetzt gab es keine gepanzerten Wasserwerfer wie in den Tagen nach dem 13. August 1961, keine Westpolizisten, die die West-Berliner von der Grenze ferngehalten hätten wie damals, als sie – unter dem Kommando der Alliierten – eine

Kette vor dem Stacheldrahtverhau gebildet hatten. Jetzt war alles friedlich, nur laut und aufgeregt, überschäumend vor freudiger Erwartung.

Mich holte meine Vergangenheit ein. Vor zwanzig Jahren hatte ich mit meiner Fluchthilfe aufgehört, war mit meiner damals noch kleinen Familie nach Hannover gezogen und nach diesen verrückten zehn Jahren als Fluchthelfer ein ganz normaler Mediziner geworden. Aber die Bilder im Fernseher versetzten mich sofort in »mein« Berlin zurück, in die Zeit meines Kampfes gegen die geistige Enge des Kommunismus. Damals lebte ich allerdings im Verborgenen, um der Stasi nicht in die Fänge zu geraten, und ersann Tricks, wie ich unbemerkt von den Grenzern Menschen in Freiheit bringen konnte; jetzt fühlte ich mich als Sieger, zusammen mit allen Flüchtlingen, die ich in den Westen gebracht hatte. Mein und ihr Wunsch nach Freiheit und unsere Art zu denken waren stärker als die Stasi und die Grenzer und die Vopos und ihre ganze verlogene Ideologie!

Meine Gedanken schweiften ab beim Anblick von so viel Glück auf dem Bildschirm. So hatte ich in jener Nacht auf dem Parkplatz in Österreich für einen Moment die junge Frau in den Armen gehalten, sie hatte mich genauso geküsst und gedrückt, nachdem ihr Mann, versteckt im Armaturenbrett des Cadillacs, aus der Tschechoslowakei über die Grenze gekommen war. Wir hatten sie als Erste geholt, wie immer bei Ehepaaren die Frau zuerst; zwei Stunden vorher war sie aus dem Cadillac geklettert, der Fahrer hatte gesagt: »Alles okay« und sich wieder auf den Weg zurück in die ČSSR gemacht, um ihren Mann zu holen. Ich hatte die Wartezeit überbrückt, ihr die Sternbilder erklärt, sie gefragt, wohin sie jetzt ziehen wollten, und sie immer wieder beruhigt, dass auch die Flucht ihres Mannes gelingen würde. Als sie im ankommenden Cadillac dann ihren Mann erkannte, war sie mir in die Arme gesprungen. Ein fröhlicher Schlusspunkt ihrer Flucht. Doch zwei Monate später, als ich die beiden an die Bezahlung ihrer Schulden erinnerte, zeigten sie mich an, ich hätte ihnen gedroht, sie wieder in die DDR zu bringen, wenn sie die Unterschrift unter den mit ihren Angehörigen im Westen abgesprochenen Schuldschein verweigerten. Kein Wort davon stimmte, aber wem würde der Richter glauben und wie lange würde das Verfahren dauern? Solange ich unter Anklage stand, durfte ich kein Staatsexamen machen. Zum Glück erkannte der Richter schon in der ersten Verhandlung, dass sich die beiden nur um die Bezahlung ihrer Schulden drücken wollten, und sprach mich frei. Aber Umarmungen sah ich seitdem eher mit gemischten Gefühlen.

Dann zogen mich die Freude und das Glück über die neue Freiheit in Berlin wieder in Bann. Als eine schwangere Ost-Berlinerin beim Passieren der Grenzlinie einen stocksteif dastehenden Grenzer abküsste, musste ich unwillkürlich an die Schwangere im neunten Monat denken, deren Umarmungen und Küsse bei der Ankunft ihres Mannes auf dem Parkplatz an der Grenze zwischen der ČSSR und der Bundesrepublik wegen ihres dicken Bauchs eindeutig dezenter ausgefallen waren. Sehr gefreut hatte ich mich dann über ihre Postkarte nur zwei Wochen später, gestern habe sich ihre Tochter Patrizia mit einem lauten Schrei befreit, ohne Ausreisegenehmigung und Stempel.

Im Lauf der nächsten Stunde öffneten sich – wie ich im Fernseher verfolgte – alle Grenzübergänge zwischen Ost und West; selbst durch den Übergang an der Glienicker Brücke, der nur für Alliierte offen gewesen war, kamen jetzt Menschen aus der Zone, aus Potsdam. Immer wieder wurden auch der Ku'damm und die Gedächtniskirche eingeblendet, wo sich die Ost-Berliner sammelten und Trabi-Korsos bildeten, gemischt mit westlichen Großkarossen. Vermutlich kannten die Neuankömmlinge, im Gegensatz zu meinen Flüchtlingen in den 1960er-Jahren, nichts von West-Berlin, nur den Kudamm und diese Kirche vom Hörensagen.

Als meine Frau gegen Mitternacht ins Bett ging, sagte ich ihr, ich käme gleich nach.

Die Fragen der Reporter an die Befreiten waren banal: »Wo gehen Sie jetzt hin?« Häufig kam es daraufhin zu emotionalen Ausbrüchen: »Endlich!« – »Nach so vielen Jahren!« – und immer wieder »Wahnsinn!« Kameraschwenks auf Transparente mit »Willkommen!« und »Test the West« und hinein in Kneipen, in denen Freibier ausgeschenkt wurde.

Ich weinte, freute mich, wie die Sektflaschen wechselseitig geleert wurden, versank in Erinnerungen, wurde durch die ständig wechselnden Schauplätze wachgehalten, überlegte, wie es jetzt wohl weitergehen würde, alles gleichzeitig und durcheinander. Wie viele Menschenleben hatte die Mauer gekostet! War das jetzt vergeben und vergessen? Wie viele Milliarden hatte die DDR in dieses monströse Bauwerk gesteckt? Musste sie deshalb um Kredite im Westen betteln?

Jetzt wurden auch Bilder von der innerdeutschen Grenze gezeigt, Trabis, die, vollgepackt mit Menschen, Richtung

Hamburg und Hannover fuhren. An allen Grenzübergängen wurde gefeiert, mit Sekt, mit Bier, mit Blumen, mit Cola, mit strahlenden Gesichtern. Die ersten Rückkehrer: »Unsere Kinder sind ja noch drüben. Natürlich gehen wir zurück!« »Und was war heute das Schönste für Sie?« »Allet! Und morgen kommwa wieda!«

Ich war müde, konnte mich aber nicht aufraffen, den Fernseher abzustellen. Irgendwann kam dann meine Tochter und schickte mich ins Bett.

Inzwischen war es Freitagnachmittag, ich schloss die Praxis ab und eilte nach Hause. Obwohl meine Frau, meine beiden Töchter und mein Sohn noch beim Mittagessen saßen, lief – eine Todsünde in unserer Familie! – der Fernseher; er lief auch weiter, als ich mich dazusetzte. Die Fünfzehnjährige monierte: »Wenn in Berlin was passiert, dreht ihr gleich durch!«

»Na ja«, lachte ich, »im Moment ordnet sich doch die Welt neu. War das denn in der Schule heute kein Thema?«

»Nö.«

Meine beiden Großen wunderten sich: »Bist du so berührt, weil du Leute aus der DDR in den Westen gebracht hast.«

»Ganz sicher.«

»Du hast uns nie davon erzählt.«

»Ich wollte euch nicht belasten. Aber jetzt könnt ihr mich alles fragen.«

»Aber was sollen wir denn fragen? Wir wissen doch gar nicht, um was es geht!«

»Wie ihr ja wisst, wurde die Berliner Mauer gebaut, um den Flüchtlingsstrom aus der DDR zu beenden. Bis zum

13. August 1961 waren Millionen Menschen aus ihrer Heimat geflohen, jeder vierte Einwohner, auch Bauern, Ärzte, Lehrer und ganz viele junge Menschen, die die DDR dringend als Arbeitskräfte gebraucht hätte. Nach der Schließung der Grenze zwischen Ost- und West-Berlin, dem letzten Schlupfloch, durch das Flüchtlinge in den Westen entkommen konnten, waren die Bürger der DDR eingesperrt wie in einem Gefängnis. Das konnte und wollte ich nicht akzeptieren. Deshalb habe ich zehn Jahre lang Menschen bei der Flucht geholfen. Und heute Nacht ist mein Traum wahr geworden – alle sind frei!«

»Weißt du noch, wie vielen du geholfen hast?«

»Etwa 650.«

»Du hast ein Doppelleben geführt!«

»Sicher. Stört euch das? Bin ich jetzt ein anderer?«

Meine große Tochter lachte. »Überhaupt nicht. Ich habe dich bisher immer für ein bisschen spießig gehalten. In die Schublade passt du jetzt nicht mehr.«

»Ich werde euch mal nach Berlin einladen, euch etwas über Fluchttunnel erzählen und euch den Bahnhof Friedrichstraße zeigen, wo ich immer kurz vor Mitternacht meine Flüchtlinge über die Grenze gebracht habe. Wir könnten ein Stück an der Mauer entlanggehen, auch in der Bernauer Straße; ihr kennt ja die Bilder mit den Häusern dort, deren Fenster zugemauert waren. Ich möchte euch unbedingt auch den Grenzübergang Heinrich-Heine-Straße zeigen, wo eine meiner pfiffigsten Fluchttouren lief. Und nach Frohnau hinaus könnten wir fahren; da lag ich in einer kalten Nacht am Grenzzaun, und die Grenzer mit ihren Kalaschnikows patrouillierten nur drei Meter von mir entfernt vorüber und entdeckten mich nicht. Wollen wir die Osterferien ins Auge fassen? Im Winter ist es in Berlin zu kalt.«

»Toll! James Bond als Vater! Das habe ich mir immer gewünscht«, jubelte mein Sohn. »Darf ich das meinen Freunden erzählen, oder wäre das nicht gut für die Praxis?«

»Vielleicht posaunst du es nicht gleich in der ganzen Welt herum. Okay?«

»Weißt du«, sagte meine große Tochter nachdenklich, »wann du mir wirklich fremd warst? Nein? Als ich dich mal in der Praxis besuchte und hörte, wie du dich mit einem Patienten im breitesten Schwäbisch unterhalten hast. Das warst nicht du, das war ein anderer. Das hat mir einen echten Schock versetzt. Aber Fluchthelfer finde ich cool.«

Sie stürmten unsere Bank

Brigitte Dienst

Am 9. November 1989 hatten wir Mitarbeiterinnen einer Zweigstelle der Staatsbank im Neubaugebiet von Leipzig am Abend eine Kollektivveranstaltung. Wir ergatterten uns in einer damals guten Gaststätte für eine getanzte Modenschau mit einem Vier-Gänge-Menü Karten. Das Geld dazu hatten wir Frauen uns »erarbeitet«, indem wir unsere Zweigstellenfiliale selbst reinigten. Die getanzte Modenschau hatte immer gute Kritiken, und wir waren froh, dass wir diese Plätze bekamen, es fing auch recht vielversprechend an. Das Essen war lecker, die Stimmung gut, das Kulturprogramm entsprach unseren Vorstellungen, und bis zur Pause waren wir restlos glücklich. Doch plötzlich war alles wie umgewandelt, ein Kellner ließ sich nur noch selten blicken, auch bei den Tänzerinnen schien irgendwie die Luft raus. Nachdem wir das letzte Glas getrunken hatten, gingen auch wir in Richtung Heimat. Da unsere Arbeit um sieben Uhr begann, hat keine von uns Frauen noch irgendwelche Nachrichten gehört oder gesehen – und das war unser Fehler. Am Folgetag, einem Freitag, dachte ich, ich sehe nicht recht, als ich gegen 6.45 Uhr den Personaleingang der Bank öffnen wollte. Vor der Bank hatte sich eine Schlange gebildet! Für den November völlig ungewöhnlich, unsere Filiale war eine Filiale für Reisezahlungsverkehr, und der November war absolut kein Reisemonat. Als wir 7.30 Uhr die Bank öffneten, stürzten die Massen in die Schalterhalle, legten statt eines Reisepasses ihren Personalausweis vor und wollten 15 Mark der DDR in DM umtauschen … Und das ohne Genehmigung der Volkspolizei. Als wir dieses Ansinnen ablehnten, kam es natürlich zu sehr hässlichen Diskussionen und Anfeindungen, ob wir wohl keine Nachrichten sehen würden usw. Wir baten unsere große Chefin in der Zentrale um Hilfe. Am Telefon bekamen wir dann die aktuellen Arbeitsanweisungen für die kommende Zeit. Und die sahen so aus, dass wir allen, die ihren Ausweis vorlegen, nach einem Vermerk im Personalausweis, die 15 DM 1:1 tauschen sollten. Dieser Umtausch konnte auch für die im Personalausweis der Eltern stehenden Kinder vorgenommen werden. Da die Kinder sowohl beim Vater wie bei der Mutter eingetragen waren, musste auch da eine Einheit geschaffen werden, denn die Eltern kamen zeitversetzt und tauschten noch einmal um, also Umtauschvermerk bzw. Umtausch für die Kinder nur bei der Mutter. Das Ergebnis waren wieder sehr heftige und primitive Anfeindungen gegenüber den Mitarbeiterinnen der Bank.

Es kam der 10. November 1989. Eine planmäßige Schließung um 12 Uhr wäre an diesem Tag unmöglich gewesen, man hätte uns gelyncht. So baten wir nach 16 Uhr unsere Ehemänner, uns als Pförtner zu unterstützen, denn an diesem Tag konnten wir die Bank erst unter Protest der noch Wartenden gegen 20 Uhr schließen. Es war der helle Wahnsinn! Am folgenden Samstag, eigentlich kein Öffnungstag für die Bank, hatten wir geöffnet, und nach Aussage von Kunden, wir selbst hatten ja keine Zeit zum Schauen, war die Schlange diesmal hundert Meter und länger. Wir haben in diesen Tagen eigentlich nur noch mechanisch funktioniert, über das, was die Grenzöffnung für uns bedeutet, haben wir gar nicht nachdenken können, das kam dann später. Aber eines hat sich in diesen Tagen gezeigt: was für ein tolles Kollektiv wir waren! Ja, wir waren noch ein Kollektiv, kein Team, und natürlich, wie das bei der Staatsbank üblich war, in diesem Dienstleistungsbereich nur Frauen. Und die Frauen hatten Kinder in allen Altersstufen, doch für uns alle war es selbstverständlich, auch an so einem außerplanmäßigen Sonnabend wie diesem gemeinsam zu arbeiten, die dazugehörenden Ehemänner brachten Verständnis auf, kümmerten sich um die Kinder und versorgten uns mit Kaffee und belegten Brötchen.

Nach zehn Tagen sackte dann alles etwas, und die Freude über das Wunder nahm Gestalt an. Und die »Wende« war ein Wunder, so unvorstellbar, auch wenn man auf einmal hörte: »Ja, das habe ich schon immer gewusst, dass es so nicht weitergehen konnte, dass sich die Grenzen öffnen.« Ja, gewusst haben wir das alle, dass es so nicht weitergehen kann, aber was sollte geschehen? Die Teilnahme an den vorangegangenen Montagsdemonstrationen war immer mit sehr viel Angst verbunden. Wenn einer die Nerven verloren hätte … Die Gebete vorher in den verschiedenen Kirchen der Innenstadt kamen aus innerstem Herzen, das Zusammentreffen der Demonstranten auf dem damaligen Karl-Marx-Platz gab Kraft und Zuversicht, man fühlte sich nicht allein, aber an offene Grenzen wagte keiner zu denken.

Ende November, unsere Bank hatte wieder normale Öffnungszeiten, kam auch bei mir und meiner Familie der Wunsch nach einer Reise in den Westen auf. Wir entschieden uns für eine Cousine meines Mannes, die im westlichen Harz, fast unmittelbar an der Grenze wohnte, und fuhren mit dem Trabi, beladen mit meinem Mann, meiner Schwägerin und deren Freundin und mir in Richtung Walkenried/Wiedau. Da es nur Landstraße war, konnte man auch gut fahren, und der Grenzzaun bei Ellrich war einfach aufgeschnitten worden. Von den westdeutschen Grenzern bekamen wir erst mal eine superdicke Bildzeitung, wir hätten Tage gebraucht, um sie zu lesen. Bei der Durchfahrt durch Wiedau wurden wir auf einmal von einem jungen Mann ins Haus gewunken. Welch Erstaunen und Verwundern und dann Lachen, als wir feststellten, dass es der Mann von der Cousine war. Sie wussten nicht, dass wir kommen – die Telefonverbindungen waren ja damals noch sehr schlecht –, hatten sich aber vorgenommen, dass sie den ersten »Trabi-Fahrer« an diesem Tag zum Frühstück einladen, und das waren wir! Uns erwartete ein reich gedeckter Frühstückstisch.

Der 9. November, für verschiedene Anlässe ein Tag des Gedenkens, ist auch seit vielen Jahren Anlass für den Propsteichor in Leipzig, in der Thomaskirche das »Requiem« von Mozart aufzuführen. Meist am Sonntag nach dem 9. November. Langjährige Messefreunde, die zu jeder Frühjahrs- und Herbstmesse uns besucht hatten, haben diese Besuche auf das Traditionskonzert noch ausgeweitet. Nach dem Konzert bei einem Glas Wein meinte Freund Peter, ein begeisterter Spanien-Fan: »Jetzt, da die Grenzen offen sind, kannst du im kommenden Frühjahr auch mit uns nach Spanien fahren!« Wir hatten uns immer über die Urlaubsgrüße aus Spanien gefreut, fanden Meer und Landschaft wunderschön, wussten ansonsten aber nicht allzu viel von dem Land, nur was vom Erdkundeunterricht vor Jahrzehnten hängengeblieben war. Es war für uns auch immer unvorstellbar, mal dort zu sein, und nun diese Einladung. Das sind dann diese Momente: Man ist sprachlos und kann seine Freude gar nicht richtig zum Ausdruck bringen. Nachdem ich mir vorher einen Reisepass in Duisburg besorgt habe, bin ich mit der großen Truppe mitgefahren und habe jeden einzelnen der 21 Tage in mich aufgesogen, die Landschaft, die Kultur und die Freundschaft, die ich durch Peter, seine Familie und all seine Freunde in dieser Zeit erleben durfte.

Es war ein Geschenk von besonderer Bedeutung. Und so habe ich noch viele Geschenke erhalten, wobei Geschenk nicht immer das richtige Wort für die ungewohnte Freiheit ist, vieles war auch mit Arbeit und einer gewissen Disziplin verbunden. Wir befanden uns zudem in einer permanenten Lernphase. Wie schon erwähnt, viele Begriffe trennten uns in Ost und West: Kollektiv und Team zum Beispiel. So ist für uns auch der Begriff »Mann« als eine Gruppe von Leuten, Männlein und Weiblein, selbstverständlich gewesen, keine Frau hätte sich da beleidigt oder nicht angesprochen gefühlt. Bei einem Rundgespräch mit westdeutschen Frauen sollte ich einen Situationsbericht über eine Veranstaltung abgeben und ich sagte u. a., dass die Beteiligung an dieser Veranstaltung mit ca. dreißig Mann gut war … Ich wurde unterbrochen mit der Bemerkung: Und wie viele Frauen?

Mit der Wende, mit der geplanten Einführung der D-Mark, änderte sich auch im Bankwesen so einiges, erst einmal der Name. Die großen Banken von Köln und München fühlten sich für Leipzig verantwortlich, und in der Folge wurde die Staatsbank mit Gebäuden einschließlich Filialen und Mitarbeitern aufgeteilt. Wir hörten nun Dialekte, die wie Musik in unseren Ohren klangen. Was für ein Glück für mich, ich wurde Mitarbeiterin der Dresdner Bank, im Hinterkopf hatte ich noch so vieles aus meiner Banklehre gespeichert, die von 1953 bis 1956 gewährt hatte, unsere Lehrausbilder waren zu der Zeit noch alte, ehrwürdige Bankhasen, und nun konnte ich vieles wieder ans Licht holen. Es war eine stressige, aber auch eine schöne Zeit, und es war eine Herausforderung, der ich mich gern gestellt habe. So konnte ich am Ende meiner Berufstätigkeit mit Eintritt in die Rente nach 46 Jahren auf vier verschiedene Banken zurückschauen, es hatte sich nur der Name geändert. Und beworben habe ich mich nur einmal, nämlich 1953 um eine Lehrstelle zum 1. September 1953.

Die Veränderungen, die die Wende mit sich gebracht hatte, betrafen jeden einzelnen Bürger, ob Alt oder Jung. Da war der Alltag, in dem man nicht mehr an den Schalter der Sparkasse oder Post ging, um Geld abzuheben, man ging an den Geldautomaten. Die Staatsbank, die nur eine Bank für die Wirtschaft und den Reisezahlungsverkehr war, hatte sich mit den neuen Namen Deutsche Bank und Dresdner Bank für die Privatkundschaft geöffnet. Gerne erzähle ich von meinem ersten Kreditantrag, den mir ein Kunde vorlegte. Er wollte ein Auto auf Kredit kaufen, für uns vorher unvorstellbar, wir warteten ja vorher fünfzehn bis zwanzig Jahre auf einen Trabi oder Wartburg. Die Kreditwürdigkeit war bei dem Kunden gegeben, und ich fragte nach der Marke des Autos, »Mitsubishi«, bekam ich zur Antwort, und meine Reaktion war: »Wie schreibt man denn das?« Die scherzhafte Antwort des Antragstellers: »Wegen Ihnen konnte ich ja keinen Opel kaufen.«

Traditionen verschwanden, an die wir uns in den vierzig Jahren DDR gewöhnt hatten. Es war u. a. der Haushaltstag, den berufstätige Mütter einmal im Monat bekamen. Eine gute Erfindung, wir wussten es erst zu schätzen, als es den nicht mehr gab. Dafür kam nun die Gleitzeit, man gewöhnte sich schnell daran. Der Frauentag am 8.3., der in einer Institution mit fast achtzig Prozent Frauenanteil immer würdevoll begangen wurde, fiel weg.

Aber man übernahm Feiertage oder Gedenktage aus der BRD, erstmals wurde ab 1991 nun auch der 17. Juni 1953 wieder in die Öffentlichkeit gerückt. Es begann im kleinen Kreis mit Gedenkveranstaltungen, organisiert von Opfern des 17. Juni 1953, und ich erinnere mich an Veranstaltungen im neuen Rathaus und in der Handelsbörse. Als Hinterbliebene eines Opfers des 17. Juni nahm ich an den Veranstaltungen teil, sie waren für mich Verpflichtung. Denn das jüngste Opfer des Volksaufstandes in Leipzig war mein fünfzehnjähriger Bruder Paul. Wie erstaunt und erschüttert war ich, als bei solch einer Gedenkveranstaltung das Leben eines Fünfzehnjährigen geschildert wurde. Mir war sofort klar, es war mein Bruder, dessen Schicksal hier beschrieben wurde! Ich gab mich als ältere Schwester zu erkennen und war fortan in der Verpflichtung, wenn es um eine Gedenkveranstaltung zum 17. Juni ging. Das waren oft sehr emotionale Momente, die meine ganze Kraft kosteten. Ich war auf einmal wieder in das Jahr 1953 versetzt: Damals vierzehn Jahre alt, war ich die

Letzte unserer sechsköpfigen Familie, Eltern und vier Kinder, die meinen Bruder gesehen und gesprochen hat, ehe er sich den Tumult in der Innenstadt ansehen wollte und von dort nicht mehr zurückkam.

Mein Bruder war tot, und in unserer Familie war nichts mehr wie früher. Es hieß, er sei bei den Unruhen durch einen Schuss getötet worden. Die Wahrheit erfuhren meine Eltern durch den Pfarrer unserer katholischen Kirchgemeinde. Zwei Jungen, die mit meinem Bruder in der katholischen Jugend aktiv waren, sahen, wie er von einem russischen Offizier auf einen LKW gezerrt wurde. Vorausgegangen war, dass mein Bruder ein Plakat, das den sofortigen Ausnahmezustand in Kraft setzte, abreißen wollte. Sein ausgeprägter Gerechtigkeitssinn konnte so eine Maßnahme nicht hinnehmen. Diese zwei Jugendlichen gaben das Gesehene an unseren Pfarrer weiter.

Der sinnlose Tod meines Bruders Paul hat fortan unser Leben bestimmt. Er war immer noch bei uns und wurde nie totgeschwiegen, obwohl wir, seine drei Schwestern, das mehr unbewusst taten. Bewusst wurde es mir vor ca. fünfzehn Jahren. Eine Enkeltochter musste in Geschichte eine Belegarbeit schreiben. Die Schüler bekamen Zeitabschnitte vorgegeben, und Susanne schrieb über das Schicksal ihres Großonkels, sehr zum Erstaunen ihrer Geschichtslehrerin. Dieses Datum hatte noch kein Schüler beschrieben, und sie wollte wissen, wie Susanne zu diesem Fachthema gekommen sei. Das Ergebnis war eine Anfrage der Lehrerin an mich, ob ich in Geschichte das Thema 17. Juni 1953 behandeln könnte. Ich habe mich durchgerungen und habe es, trotz vielem Herzklopfen und der Einnahme von Beruhigungstabletten, nicht bereut. Vor fünfzehnjährigen Jungen und Mädchen über den sinnlosen Tod eines Gleichaltrigen zu sprechen, lässt eine Klasse ruhig werden. Ich konnte mit keinem festen Konzept in die Unterrichtsstunde gehen, jede Klasse reagierte anders, und oft war es für mich emotional schwierig, die Fragen der Schüler zu beantworten. Die Frage einer Schülerin hat mich lange beschäftigt: Ob ich Hass gegenüber dem empfinde, der meinen Bruder erschossen hat. Nein, Hass ist für mich aus christlicher Sicht ein Fremdwort. Aber eine Frage beschäftigt mich schon seit Jahrzehnten. Wie kommt »einer« damit zurecht, der einen fünfzehnjährigen Jugendlichen erschießt? Kann man damit leben? Ich habe diese Stunde noch viele Male gehalten, und habe immer wieder gespürt, wie wichtig ein Angehöriger eines Opfers als Zeitzeuge bei einem geschichtlichen Thema ist.

So ein Schicksal in der eigenen Familie macht einen auch sensibel für jede Gewalt. Hinter jedem sinnlosen Tod steht eine Familie, die ein Leben lang um das Opfer trauert.

Gedanken zur Mauer

Guy Stern

Große Ereignisse werfen oft ihre Schatten voraus, wie ein deutsches Sprichwort besagt. Mit dem Bau der Mauer 1961 war ihr künftiger Fall – irgendwann – bereits vorhersehbar.

Dieses von vielen gehasste Bauwerk, welches von den Diktatoren der Deutschen Demokratischen Republik als »antifaschistischer Schutzwall« befohlen wurde, teilte ein Land, riss auseinander, entfremdete und brachte viel Unglück.

Ich war nicht »drüben« in Europa, als das geschah. Aber ich hatte eine unerwartete Berichterstatterin in Berlin, die mir von Zeit zu Zeit ihre Beobachtungen mit der Post zukommen ließ. Sie hieß Cindy G. und war eine meiner Studentinnen, als ich Assistenz-Professor an der Denison Universität in Ohio für deutsche Sprache und Literatur war. Sie hatte ein Stipendium von der Freien Universität ergattert und berichtete vom ersten Monat an, was sie – für sich – alles entdeckt hatte. Zunächst waren es eher alltägliche Begebenheiten, allerdings gewürzt mit der Frische und Begeisterung einer Zwanzigjährigen, zum ersten Mal weit entfernt von der Enge einer Kleinstadt. Aber dann kam, zwei Wochen nach dem Mauerbau, ein auf Englisch abgefasster Brief von einer über Nacht herangereiften Person: »Professor Stern, ich beobachtete, wie eine Großstadt auseinandergerissen wurde. Um mich herum weinten Kinder und Greise, Gesunde und Kriegsverletzte. Und manche schrien Verfluchungen …«

Eine Woche später wurde ich gebeten, in der Swaysey Kapelle, wo sich Fakultät und Studenten jeden Montag versammelten, über die historische Bedeutung dieser gewaltsamen Maßnahme zu sprechen. Ich erzählte gleich zu Anfang, dass eine unserer Studentinnen jetzt in Berlin sei; ein Brief, den ich zu verlesen gedenke, werde so ziemlich alles sagen. Ihre Worte rissen die Zuhörer mit. Betroffen sah ich, wie meinem Kollegen, dem Historiker Wally Chessman, Tränen in den Augen standen. Ich beendete meinen fragmentarischen Vortrag mit einem Gedicht des amerikanischen Schriftstellers Robert Frost: »Something there is / that hates to see a wall.«

Und wo war ich beim Mauerfall? Auch meine Darstellung der Ereignisse im November 1989 kommen aus zweiter Hand. Nun, ich hatte eine geräuschvolle Vorschau: Tags zuvor war ich in einem Hotel in Boston am letzten Abend der alljährlichen Tagung der American Association of Teachers of German (AATG). Mein Zimmer war größer als das meiner Kollegen – ich hatte fleißig die gutscheinähnlichen »Punkte« der Hotelkette gesammelt. Deren Einlösung erbrachte Vorteile! Jetzt wollte ich nach all den Vorträgen und Debatten des Tages endlich zu Bett. Da klopfte es an der Tür. Mehrere Kolleginnen und Kollegen hatten vor einigen Minuten die Apparate in ihren Zimmern eingeschaltet und konnten kaum glauben, was sich in Berlin zutrug: Die DDR stand auf schwachen Füßen. Die Kolportagen überschlugen sich. Nun baten sie, nein, verlangten, dass sie diese historischen Ereignisse gemeinsam auf einem besonders großen Bildschirm verfolgen wollten, wie er in meiner Suite zu erwarten war. Als gemeldet wurde, dass sogar schon einige »Mauerspechte« am Werk seien, da schlug ein jugendlicher Germanist vor Freude ein Rad. »Ich meine, Sie kommen wohl aus der DDR oder haben enge Verwandte dort«, sagte einer der Anwesenden zu ihm. »Ach was«, antwortete er, mit hörbar amerikanischem Akzent, »ich komme aus Chicago!« Immer mehr Kollegen strömten in mein Zimmer. Es war keine einheitliche Gruppe, die sich bei mir versammelt hatte. Da waren die ganz Jungen, die sich von ihren Erstvorträgen ein gewaltiges Echo erhofften. Dann waren wiederum Bekannte aus Deutschland, eingewanderte Germanisten zugegen; ebenfalls Kollegen und Kolleginnen wie Professor Carl Bayerschmidt, Abteilungsleiter der Germanistik an der Columbia Universität und mein ehemaliger Vorgesetzter. Aber unter allen war die gleiche Stimmung zu verspüren, ein Hochgefühl hatte jeden von uns ergriffen. Es herrschte eine begeisterte Stimmung in der Suite. Ich hatte meinen Gästen nichts anzubieten, bestellte also einige Getränke. Erst nach Mitternacht kam ich ins Bett, schlief lange nicht ein und träumte schließlich davon, dass Friede auf Erden eingekehrt sei.

Die Gesichter meiner (uneingeladenen) Gäste werde ich nie vergessen. Die weiteren Ereignisse verfolgte ich voller Aufregung und Freude an meinem Fernseher zu Hause in Cincinnati.

Etwa ein halbes Jahr später kam ich selbst an den »Tatort« jener Befreiung zurück. Mit dem Mauerfall hatten sich auch Probleme eingestellt. Die sind aus Geschichtsbüchern bekannt, sicher auch in den Beiträgen zu diesem Buch zu lesen. Eine langjährige Trennung, wie sie zwischen der Bundesrepublik und der DDR herrschte, lässt Gefühle zurück, die man nicht einfach so überwinden kann. Zwar feierte man noch in vielen Häusern die Vereinigung, aber ich hörte auch Klagen und Beschwerden. Aus einem Porzellangeschäft stürzte ein Kunde und rief mir aufgebracht zu: »Sparen Sie sich das Hineingehen. Die Regale sind fast leer! Diese Ossis fallen über unsere Läden her wie die Heuschrecken.« Und in einem Restaurant hörte ich einen Witz über die oft als unsensibel wahrgenommenen Wessis: »Einer von uns Ost-Berlinern ist mit großen Anstrengungen durch eine Mauerspalte gekommen, wirft sich dem ersten besten Wessi in die Arme und ruft lauthals: ›Wir sind ein Volk!‹ Der Wessi antwortet, recht unterkühlt: ›Wir auch!‹«

Im Laufe der Jahre mussten sich Wessis und Ossis in einem geeinten Deutschland zusammenraufen – was bis heute nicht unproblematisch ist. Mein Eindruck war jedoch immer – gerade bei den Jugendlichen früher –, dass die Freude über die Wiedervereinigung die Herausforderungen überwiegt.

In Spandau, so erfuhr ich, gebe es eine »Wild West Bar«, die einer unserer ehemaligen »Trustees« bei den Ritchie Boys gegründet hatte. Das wollte ich mir ansehen. Die Skepsis stand mir ins Gesicht geschrieben. »Wild West? Na ja …«

Aber da tanzten Jugendliche beider Seiten zu den neuesten amerikanischen Schlagern. In seinem Gedicht »The Ballad of East and West« schreibt Rudyard Kipling »Oh, East is East, and West is West, and never the twain shall meet …« Auf *diese* Situation traf es nicht zu. Es hatten sich glückliche Ost/West-Pärchen gebildet.

Und wie war das in meinen amerikanischen Klassen und Seminaren nach dem Mauerfall? Die ersten Gaststudenten aus dem vereinten Deutschland hielten sich ganz offensichtlich »single apart«. Spätere Ankömmlinge aus Deutschland fanden oft Gefallen aneinander. Auch Mauern im Kopf können stürzen. Und so sollte es ja auch sein.

»Nein, eine Grenze hat Tyrannenmacht«, schreibt Friedrich Schiller. Auch das wurde mir konkret vorgeführt: Mein Sohn Mark hatte mich gebeten, ein Mauerstück als Andenken aus Berlin mitzubringen, als dieses Thema nicht mehr hochaktuell war. Solche Mauerüberreste wurden z. B. von einem Geschäft angeboten, das einmal direkt an der Mauer gestanden hatte. Ich kaufte zwei Bruchstücke. Als ich Berlin per Flugzeug verlassen wollte, wurde mein Gepäck überprüft. Das Suchinstrument stieß auf einen harten Gegenstand. »Was haben Sie denn da?«, fragte der Beamte. Ich klärte ihn auf. »Ach so, das passiert kaum noch, dass jemand so was mitschleppen will.« Ich war erfreut und hoffte, dass nicht nur die Mauer im Kopf, sondern auch ihr hässliches Vorbild einer besseren Zukunft weichen würde. Natürlich müssten die Gedanken, die sich an den Mauerfall knüpfen, immer wieder aufgefrischt werden, um Schillers Leidensbild von einer tyrannisierten Gesellschaft zu demonstrieren. Weitere Beispiele könnten wir aus Leben und Lyrik entnehmen. Im Jahr 2014 hatte ich mich ganz in der Nähe des Leipziger Platzes einquartiert. Dort fand eine Gedächtnisfeier anlässlich des Mauerfalls statt. Aber die intensive Stimmung, die ich damals in meinem Hotelzimmer in Boston erlebt habe, war einer fröhlichen Jahrmarktsstimmung gewichen. Die Tyrannenherrschaft hatte einer besseren, unbefangeneren Stimmung Platz gemacht.

Im »Tränenpalast«

Carola Stach

Im Jahr 2000 fuhr ich mit Freunden nach Berlin zu einer Veranstaltung, die im »Tränenpalast« stattfand. Darauf hatte ich mich schon sehr gefreut. Dort angekommen, schaute ich mich in dem Trubel der vielen Besucher voller Aufregung und Vorfreude um.

Dieser Raum erschien mir mit der Anordnung der eingemauerten Verkaufsstände seltsam bekannt. Es kam eine unangenehme Empfindung auf. Ich war schon einmal hier. Aber wann? Und was war damals hier los? Ich strengte meine Zellen gewaltig an. – Ein Schreck durchfuhr mich. Natürlich war ich schon einmal hier! Nur war dies zu einem völlig anderen Anlass. Und der Raum hatte sich in seinem Aussehen und erst recht in seiner Verwendung grundlegend geändert. Die Situation von damals stand bildlich vor mir:

Diese Halle, in gleißendem, kalten Neonlicht. An den Wänden Kameras, Scheinwerfer, Monitore. Lange Tischreihen, an denen noch längere Menschenschlangen wie aufgefädelt standen, hinaus bis auf die Friedrichstraße, zwischen Absperrungen. Auch ich hatte mich eingereiht in die Wartenden, im Dezember 1989. Mein Ziel war der Weihnachtsmarkt im Westteil der Stadt.

Ich studierte Werbeökonomie an der Fachschule für Werbung und Gestaltung in Oberschöneweide. Nach Ende der Vorlesung hatte ich meine Unterlagen in die Umhängetasche gestopft und war mit der S-Bahn zum Grenzübergang gefahren. So oft war ich bereits mit der Bahn an dieser hässlichen grauen Mauer entlanggefahren, immer in dem Bewusstsein, vielleicht nie die andere Seite davon zu sehen. Niemals unbeschwert den Ku'damm entlangzuschlendern, den ich nur vom Fernsehen her kannte. Die vielen Wünsche, die den Drang nach Freiheit begleiteten.

Nun stand ich hier und wartete auf meine »Abfertigung« durch das frustrierte Personal des Zolls. Die Leute in den Uniformen sahen uns mit hasserfüllten Blicken an. In ihren Augen spiegelte sich die ohnmächtige Wut wider, ihre Machtposition ein für alle Mal verloren zu haben. Sie mussten gewähren lassen. Ein letztes Aufbäumen ihrer dahinschmelzenden Tyrannei waren vereinzelte Schikanen an den »Ausreisewilligen«.

Wie schon so oft, musste ich wohl ein dickes Kreuz auf der Stirn tragen, das geradezu nach der nächsten Bestrafung des Lebens schrie. Ich war fällig! Mein Puls raste ohnehin in einer wahnsinnigen Geschwindigkeit. Da hörte ich das Kommando: »Tasche auf! Was ist da drin?« Zögernd erzählte ich brav, dass ich einige Hefter dort verstaut hatte. Dabei hatte ich mir nun gar nichts gedacht. Der Inhalt meiner Studienunterlagen hätte der westlichen Wirtschaft höchstens unter Beweis gestellt, dass unsere »tolle« Planwirtschaft das Nonplusultra war. Ein Vorzeigemodell!? Die Tatsache, dass ich so verräterisches Material mit mir trug, reichte schon aus. »Mitkommen!«, schrie mich diese uniformierte Zicke an. In Gedanken schrie ich zurück. Aber nur ganz leise! Die hätte mich sonst womöglich wegen Hochverrats sofort standrechtlich erschossen. Sie führte mich am Arm mit einem Zangengriff in einen gemauerten Raum, der in die große Halle ragte. Dort war es eiskalt. Ich weiß nicht, ob die winterlichen Temperaturen schuld daran waren oder die hell gefliesten Wände diesen Eindruck hinterließen. »Los, Tasche ausräumen! Aber plötzlich!«, hörte ich den nächsten Befehl. Mir fiel auf, dass diese widerliche Person kein einziges Stück meines Hab und Gutes selbst anfasste. Wahrscheinlich durfte sie das nicht. Ich kramte also meine Sachen gehorsam auseinander. Sogar meine Papiertaschentücher musste ich aus der Packung nehmen und einzeln ausschütteln. Mein Portemonnaie musste ich ausleeren. Für diverse Weihnachtseinkäufe hatte ich zweihundert Mark eingesteckt. Das war damals zwar viel Geld für mich, aber kein Vermögen. Die Zollbeamtin schrie mich an, ob ich etwa das Geld im Westen zu inakzeptablen Kursen tauschen wollte. Ich antwortete nur trocken, dass mir mein sauer verdientes Gehalt dafür viel zu schade sei. Mir fielen in dem Augenblick nur Hass und meine Hilflosigkeit ein. Dann stockte mir fast der Atem, als die nächste Weisung kam. »Ausziehen!« Nein!!! Das glaubte ich nicht. War ich versehentlich in einem Spionagethriller gelandet? »Na, wird's bald? Runter mit den Sachen! Und die Taschen leer machen!«

Ich krempelte wie in einem traumatischen Zustand meine Hosentaschen um und zog Stück für Stück meiner Kleidung aus. Da stand ich nackt und frierend, wie ein Häufchen Elend zwischen meinen verstreuten Sachen. Neben mir, auf einem blanken Tisch, lagen meine auseinandergehefteten Papiere. Mitten in diesem Durcheinander ein paar Stifte, ein Haufen Alu-Kleingeld und meine Taschentücher.

Ich hätte laut losheulen können. Das war eine Demütigung höchsten Ausmaßes. Den Gefallen, vielleicht doch eine einzige Träne zu verlieren, tat ich diesem aufgeplusterten Weib aber nicht. Niemals! Mir hämmerten die Gedanken wild in meinem Kopf durcheinander. Zu einer klaren Überlegung war ich kaum noch fähig. Nur unter Anstrengung behielt ich meine Fassung. Das musste diese Frau anscheinend bis zur Weißglut treiben. Doch sie hatte nichts gegen mich in der Hand. Und ich gab ihr keinen Anlass dazu. So durfte ich mich wieder anziehen. Ich wurde jetzt in einem Eiltempo dazu angetrieben. Nur die Peitsche fehlte ihr dazu. (Heute dürfte sich diese Person wohl im Job einer Domina bestens aufgehoben fühlen!)

Nachdem ich wieder meine Klamotten trug, wahrscheinlich zum Teil falsch herum, sollte ich mich wieder hinten in die Reihe der Wartenden eingliedern. Hunderte von Augenpaaren waren beim Verlassen dieses todbringenden Verlieses auf mich gerichtet. Mir war jegliche Lust auf einen Bummel über den feierlichen Weihnachtsmarkt vergangen. Ich nahm im Schutzwall der Anwesenden allen Mut zusammen und folgte nicht der Anordnung, sondern drehte mich zu den machtbesessenen Uniformträgern herum und gab sachlich zur Antwort: »Tut mir leid. Dieser Weisung werde ich nicht folgen. Diesmal haben Sie es vielleicht geschafft, mir den Spaß an einem Besuch im Westteil Berlins zu verderben. Ein zweites Mal wird das Vergnügen auf meiner Seite sein. Ihre Zeit ist vorbei!«

Meine fast verloren gegangene Selbstachtung hatte ich wiedergefunden und trug meinen Kopf stolz nach oben. Das würde niemand ein zweites Mal mit mir wagen! Keiner hatte ein Recht dazu! Mit zitternden Knien, aber nach außen selbstsicher wirkend, verließ ich über die nach oben führende Treppe diesen unfreundlichen Raum.

Das war elf Jahre her. Der »Tränenpalast«! Jetzt wunderte ich mich über diesen bis eben kurios anmutenden Namen nicht mehr. Wie viele Leute mussten wohl während der Gewaltherrschaft dieses Unrechtsstaates die seelischen Misshandlungen der Staatsdiener ertragen? Es waren bestimmt reichlich Tränen geflossen.

Obwohl ich warm angezogen war, überliefen mich Kälteschauer. Die Erinnerung hatte mich quälend eingeholt. Wie gerne würde ich in meinem Gedächtnis diese erlebten Situationen auslöschen. Auf meinem Computer war das kein Problem. Weg mit dem Müll in den Papierkorb, Löschtaste drücken, und fertig. Speicherplatz für neue Erlebnisse. Ja, schön wär's!

Doch das durfte niemand vergessen! Im Gegenteil. Darüber sollte ich laut reden!

Inzwischen lebe ich mit Mann und zwei Hunden auf einem Bauernhof im ländlichen Bremervörde. Ich arbeite als freie Grafikerin und betreibe eine »Kreativ-Scheune« mit handgefertigten Unikaten für Einrichtung und Dekoration.

Ich bedauere oft, dass sich mein jetziges Umfeld nur sehr oberflächlich für die Geschichte des Ostens interessiert. Deshalb halte ich meine Rückblenden auf verschiedenste Situationen der Vergangenheit fest und teile sie in aufgeschlossenen Kreisen. Manche Erinnerungen holen mich quälend ein.

Die Retrospektive stellt mich aber selbst auch vor die Frage nach dem richtigen Handeln während der DDR-Zeit. Was war richtig und was falsch? Aus heutiger Sicht hat mir oft der Mut gefehlt, mich aktiv gegen das System zu stellen. Ich habe häufig nur akzeptiert, entgegen meiner inneren Überzeugung.

Eine einschneidende Angst vor Drangsalierung mir und meiner Familie gegenüber oder die Furcht vor beruflichen Einschränkungen hatten mich gelähmt und schweigen lassen. Diese Unsicherheit kannte ich bereits durch meine Eltern und bin damit aufgewachsen.

Dieses Gefühl werde ich niemals gänzlich abstreifen können.

Erinnerungen an die Wendezeit 1989/90

Oliver Das Gupta

Zuerst habe ich die Mauer gehört.

Ein Klicken und Klacken, kurz und hell und unzählbar oft. Woher kamen diese Geräusche? Ich habe meinen Kopf herausgereckt aus dem Autofenster, raus in die kalte Luft, während unser Familienauto langsam durch den Berliner Tiergarten rollte. Da waren Bäume ohne Laub, der Himmel hing schwer und schmutzig herab. Und plötzlich dieser Anblick: Hier der wuchtige Block des Reichstagsgebäudes, dort hinten das Brandenburger Tor, dazwischen trennend die Berliner Mauer.

Diese Szenerie im fahlen Licht dieses Abends Anfang Januar 1990 hat sich mir eingebrannt. Bunt und lebendig wurde das Ganze durch die vielen Dutzend Menschen, die sich unablässig an der Betonwand abmühten: mit Hacken, mit Hämmern und Meißeln, klick-klack-klack, hell und kurz und unzählbar oft. Manchmal hörte man ein tiefes Geräusch von dem runden Mauerabschnitt am Brandenburger Tor, ein Klang, der mich an einen Gong erinnerte. Der entstand, weil ein Mann mit einem Vorschlaghammer immer wieder gegen die Mauer haute.

Wir parkten, ich öffnete den Kofferraum und holte mein Mitbringsel heraus: einen Geologenhammer, mit dem ich zu Hause schon Flusskiesel zertrümmert hatte. Nun schlug ich erwartungsfroh so fest ich konnte gegen die Mauer. Der Erfolg war mäßig. Es spritzten nur ein paar kleine Splitter weg, die ich sammelte und einsteckte. Stolz empfand ich trotzdem an diesem allerersten meiner Berliner Abende: Denn nun war ich ein echter Mauerspecht, zumindest ein kleiner.

Wenn ich heute an den Fünfzehnjährigen zurückdenke, der ich damals war, stelle ich verblüfft fest, wie tief mich die Wendezeit geprägt hat. Es ist sogar sehr wahrscheinlich, dass ich heute kein politischer Journalist wäre, wenn ich nicht die epochalen Umwälzungen von 1989/90 so eingehend verfolgt hätte.

Als Sohn einer dezidiert preußischen Mutter und eines in Indien geborenen Vaters habe ich mich schon früh für Politik und Geschichte interessiert. Einerseits war der deutsche Osten weit entfernt von unserem oberbayerischen Heimatdorf nahe dem Starnberger See. Auf der anderen Seite war das Bewusstsein für das geteilte Land und die Lage in der DDR in meiner Familie stets vorhanden – und auch schon früh bei mir persönlich.

Mein deutscher Großvater sorgte dafür, dass sich mein Interessenfokus im jungen Teenageralter von den alten Römern und dem Ägypten der Pharaonenzeit auf ein anderes Historienthema verschob: die deutsche Geschichte des 20. Jahrhunderts. Mein Großvater war 1914 geboren, er erzählte mir von seinen Eltern, die den Kaiser wiederhaben wollten, von seiner Zeit als Wehrmachtssoldat bei der Flugabwehr, vom furchtbaren Krieg, den er ohne Kratzer überstanden hatte – auch von den monströsen deutschen Verbrechen, allen voran an den Juden Europas. Er erklärte mir auch, warum unser Land aus zwei Staaten besteht, was sie unterscheidet. Dass wir Deutschen im Westen in Freiheit leben, während die Deutschen im Osten nicht einmal die Freiheit haben, ob sie dort oder woanders leben wollen – weil es ihnen nicht erlaubt wird. So habe ich gelernt, dass eine nahezu undurchdringbare Grenze zwischen diese beiden Deutschlands gezogen wurde. Wüst beschrieben hat er die DDR nicht, er blieb immer recht sachlich.

Dass sich die deutsch-deutsche Grenze tatsächlich hunderte Kilometer durch die Landschaft frisst, konnte ich mir erst vorstellen, als ich sie mit eigenen Augen gesehen habe. Während eines Besuchs bei meiner Tante in Unterfranken fuhren wir zu einer Stelle, von der man einen weiten Blick nach »drüben« hatte. Es war ein seltsames Gefühl, vor dem Schild mit dem Schriftzug »Achtung Grenze« zu stehen und dem schwarz-rot-gelb gestreiften Betongrenzpfahl. Dahinter begann der Todesstreifen mit seinen Zäunen, Minenfeldern und Wachtürmen. Was mich damals besonders beschäftigt hat, waren die Selbstschussanlagen. Man konnte vom Westen auch ein Dorf auf DDR-Seite sehen, aber keinen einzigen Menschen – auch keine Grenzpolizisten.

Familiäre Bezüge zum Osten habe ich auch: Meine Großeltern hatten sich vor dem Krieg in Magdeburg kennengelernt, dort kam wenig später auch meine Mutter zur Welt. Nach Gründung der DDR hatte ich kaum noch Verwandte im Osten. Alle anderen machten »rüber«, auch meine Magdeburger Urgroßmutter, auf deren Eichenbuffet ich schaue, während ich diese Zeilen schreibe. Auch meine Mutter hat damals dazu beigetragen, dass ich früh ein Sensorium für deutsch-deutsche Angelegenheiten entwickeln konnte.

Als sich im Mai 1989 Protest in der DDR regte, weil die Kommunalwahlen allzu dreist gefälscht wurden, war das Thema am Esstisch. Die weitere Entwicklung in diesem turbulenten Jahr wurde in der Familie regelrecht durchgesprochen. In dieser Zeit habe ich angefangen, Zeitung zu lesen – die »Süddeutsche« wurde fortan unter Vater, Mutter und ältestem Kind wechselnd aufgeteilt. Ich habe damit begonnen, Artikel aufzuheben, später schnitt ich Radiosendungen auf Kassetten mit. Als der Strom der flüchtenden DDR-Bürger über andere Ostblockstaaten immer größer wurde, klebte ich vor dem Fernseher. Ich erinnere mich noch gut, wie meine Eltern und ich die Bilder aus der deutschen Botschaft in Prag sahen, wo Tausende DDR-Bürger im Garten campierten. Ihr ohrenbetäubender Jubel darüber, dass Genscher ihnen die Ausreise in die Bundesrepublik verkündete, haben uns in unserem oberbayerischen Dorf die Augen feucht werden lassen. Am Abend, als die Mauer fiel, schickten mich meine Eltern zum Schlafen aufs Zimmer, schließlich war am nächsten Tag Schule. Ich hatte von der Pressekonferenz gehört, auf der untertags der SED-Funktionär Schabowski irgendwie über Reisefreiheit für DDR-Bürger schwurbelte. Also lauschte ich bis in die Nacht hinein meinem Radiowecker, heimlich und leise, stundenlang. Und so hörte ich irgendwann davon, dass tatsächlich Ostdeutsche in Berlin in den Westteil der Stadt gelassen werden. Am Morgen danach wurde mir klar: Die Mauer ist durchlässig geworden!

Zu meiner Überraschung waren die weltgeschichtlichen Ereignisse am nächsten Tag in meiner Schule kein Thema. Einige Lehrer hatten etwas mitbekommen, das merkte man, aber geredet haben sie erst in der Woche darauf. Besonders lebendig ist mir die Reaktion meines damaligen Deutschlehrers in Erinnerung. Der gebürtige Sachse war von der Stasi über Jahre drangsaliert, eingesperrt und schließlich von Westdeutschland gegen harte Devisen »freigekauft« worden. Nun schimpfte er auf die Ostdeutschen, die bislang nicht wie er sich offen gegen das Regime gestellt hatten. »Duckmäuser« seien die meisten, grollte er, sie würden jetzt so tun, als ob sie immer supermutig gewesen waren.

Meine Mitschüler ließ die Nachricht von der friedlichen Umwälzung in der DDR ziemlich kalt. Manche hatten damals sicherlich noch gar nicht mitbekommen, was sich da nachts in Berlin getan hatte, waren aber grundsätzlich im Bilde, was die Vorgänge in Ostdeutschland betraf. Einige wussten offensichtlich aber überhaupt nicht, um was es ging, als ich aufgeregt vom Fall der Berliner Mauer sprach. Das Mädchen, in das ich damals – es blieb platonisch – verknallt war, sah mich nur mit großen Augen an. Bei meinen Dorfkumpels war das Desinteresse noch stärker ausgeprägt, es tendierte Richtung Ablehnung. Einer der Jungs, mit denen ich montags Volleyball und dienstags Fußball spielte, reagierte besonders genervt. »Des is mia wurscht!«, herrschte er mich an, als ich über die Wende-Ereignisse redete. Das war ziemlich demütigend, auch weil keiner der anderen Jungs mir zur Seite sprang. Die Älteren unter den alteingesessenen Bayern nannten die DDR nur »die Zone«, besonders zu stören schienen sie die Zustände dort nicht.

In den Wochen nach der Grenzöffnung habe ich so viel Information wie möglich aufgesaugt, von meinem nicht gerade üppigen Taschengeld habe ich Zeitungen und Magazine gekauft – ich wollte einfach alles wissen. Das hat auch der Rest der Familie mitbekommen: Meine Tante aus Nordbayern schenkte mir einen kunstvoll beklebten Ordner voller Zeitungsartikel zur Wendezeit, den ich immer noch besitze.

Zu Weihnachten 1989 machten mir meine Eltern ein großartiges Geschenk: eine Fahrt nach Berlin! Wir fuhren am 2. Januar 1990 mit dem Auto hin. Ich staunte, wie sehr sich die Transitautobahn von der im Westen unterscheidet, das Dadank-Geräusch der Platten beim Drüberfahren, Häuser und Brücken – alles wirkte so ältlich. Dazu waberte ab und zu ein etwas beißender, unangenehmer Geruch ins Auto, den ich noch nicht kannte: verbrannte Braunkohle.

Kurz vor West-Berlin standen wir erstmal im Stau: Die DDR-Polizisten am Übergang Vierlinden schauten streng, verschwanden lange mit unseren Pässen – und alles dauerte gefühlt stundenlang. Bis dahin kannte ich nur die kleinen Grenzübergänge nach Österreich und Italien, wo die Uniformierten oftmals schäkerten und fragten: »Na Kleiner, willst du einen Stempel in den Pass?« Aber das hier in Vierlinden war etwas anderes. Die kopierten unsere Pässe.

West-Berlin wirkte auf mich strahlend, entsprechend toll war das Hotel, das wir in Charlottenburg bezogen. Es kam mir vor, als ob wir von einem ganz fernen Land wieder nach Hause zurückgekehrt wären. Danach fuhren wir in den Tiergarten, zu den Mauerspechten. Und am nächsten Tag gleich nochmal.

Diesmal drehte mein Vater ein paar Videosequenzen: Einmal hebe ich meinen jüngeren Bruder hoch, damit er über die relativ niedrige Mauer am Brandenburger Tor schauen kann.

Ein anderes Mal schlüpfe ich durch ein durch Mauerspechte relativ groß ausgehauenes Loch kurz in den Osten. Eine etwas leichtsinnige Mutprobe war das, wenn auch nur für ein paar Sekunden. Ich weiß noch, wie ich mir damals ausgemalt habe, dass mir jemand in den Rücken schießt. Vopos gingen auf dem breiten Mauerstück auf und ab und scheuchten Leute herunter, die nach oben geklettert waren – etwas hilflos wirkten sie dabei. Immerhin hatte einer von ihnen Humor: Der hat nämlich eine Kamera eines Schaulustigen von unten gereicht bekommen und hat von oben ein Foto gemacht – und sie dann wieder zurückgegeben.

Als Geschichtsfreak, der ich damals schon war, wusste ich natürlich von den Mauerkreuzen hinter dem Reichstagsgebäude. Ich stand lange dort und las die Namen, entdeckte Einschusslöcher am Parlamentsgebäude und anderen Häusern auf der Ostseite. Damals habe ich mich mit meiner Mutter über die Geschichtsträchtigkeit dieses Ortes unterhalten. Noch wenige Wochen zuvor war dieser Platz im Herzen der Stadt recht unheimlich gewesen. Es war ein Ort, der das Zentrum der Teilung von Stadt, Land, Kontinent, ja der ganzen Welt symbolisierte. Was hatte sich hier nicht alles abgespielt: der Reichstagsbrand 1933, den die Nazis zum Vorwand nahmen, Grundrechte außer Kraft zu setzen. Und die Schlacht um Berlin 1945, für die das Foto vom gehissten Sowjetbanner über dem Parlamentsgebäude steht. Dann der Mauerbau 1961, die unzähligen Versuche von Ostdeutschen, in den Westen zu gelangen. Die vielen, die es nicht geschafft haben, weil sie weggeschleppt und drangsaliert wurden. Oder verblutet sind, oft nur wenige Meter von der Freiheit entfernt.

Meine Mutter wollte unbedingt in die Bornholmer Straße damals, also sind wir hin und dort im leichten Schneefall herumgelaufen. Besonderen Eindruck machten auf mich die Häuser, die wie abgeschnitten in der Gegend herumstanden. Die Mauer war dort wie andernorts mit buntem Graffiti überzogen, allerdings wies sie kaum Schäden auf.

Dann endlich sind wir rüber nach Ost-Berlin und stießen auf einen Grenzer mit unübersehbar schlechter Laune. Dem Mann fiel das Autotelefon meines Vaters auf, er wusste allerdings nicht so recht, wie mit dieser damals noch neuen Technik umzugehen ist. Zunächst verbot er, das Telefon zu nutzen, und ließ meinen Vater den Hörer und die Antenne abmontieren. Danach wollte er für die Nichtbenutzung des Telefons noch 50 Westmark haben. Mein Vater, der sich eher über so etwas aufregt, blieb ganz ruhig und freundlich, zahlte das Geld. Er sagt heute noch, dass ihm der Grenzer irgendwie leidgetan hat.

In Ost-Berlin habe ich gestaunt, wie heruntergekommen einzelne Straßenzüge waren. Und dass an vielen Fassaden auch noch die Einschusslöcher aus dem Häuserkampf am Ende des Zweiten Weltkriegs zu sehen waren.

In den Geschäften gab es in meiner Erinnerung nur Ramsch zu kaufen. Mein Vater ging in einen Shop und wollte etwas Bestimmtes haben. Hatten sie nicht. Da fragte er nach etwas anderem. Hatten sie auch nicht. Die Gesichtsausdrücke der Verkäuferinnen wurden immer grimmiger.

Gegessen haben wir im Osten mehrmals. Damals habe ich mich gewundert, wie günstig alles war. Ich hätte auch mit meinem kargen Taschengeld locker für die ganze Familie zahlen können. Meine Gulaschsuppe bestand nur aus Sauce und ganz wenig Einlage.

Einige Monate später haben wir wieder meine Tante in Unterfranken besucht, diesmal war die Grenze offen. Wir fuhren hinüber, in ein Thüringer Dorf. Dort wirkte alles karg, die Straßen schlecht, die Häuser grau, nur manche waren frisch gestrichen, aber wie! Eines hatte ein blau gestrichenes Dach – dieselbe Farbe wie der Gartenzaun davor. Meine Mutter erklärte mir, dass die Leute in der DDR eben das verwendet hatten, was sie bekommen konnten. Und wenn die Farbe eben blau war, aber gut gedeckt und geschützt hat, dann hat man sie halt nicht nur für den Zaun, sondern auch für das Dach verwendet.

Vorsichtig habe ich mir auch die verlassenen Grenzanlagen etwas genauer angesehen. Der Wachturm war inzwischen sichtlich ramponiert, die Reste der Fensterscheiben hingen in den Rahmen. Der so undurchdringliche Todesstreifen hatte seinen Schrecken verloren. Ein Stück des Drahtzaunes habe ich damals noch mühsam losgetreten, ich besitze diesen Teil des Eisernen Vorhangs immer noch.

Dann kam der 3. Oktober 1990, der Tag der Deutschen Einheit. In meinem Dorf habe ich keinerlei nennenswerte Reaktion auf das historische wie freudige Datum in Erinnerung. Was ich allerdings noch weiß: Mein Vater hat extra die weiß-blaue Bayern-Flagge den Fahnenmast im Vorgarten hinaufgezogen. Gut möglich also, dass dieser eingebürgerte Indo-Deutsche damals einer der wenigen Menschen war, der in meinem Heimatdorf die deutsche Einheit öffentlich gewürdigt hat.

3.

»ZWEI WELTEN TREFFEN AUFEINANDER«

Deutschland in Zeiten der Wiedervereinigung

Herzenssache Wiedervereinigung

Bernd Dietmar Kammerschen

Ich habe keinerlei Verwandte in Ostdeutschland: Meine Vorfahren kommen aus dem Rheinland und aus der Eifel. Inzwischen habe ich mehr Verwandte in den USA als in Deutschland: Im Jahre 1884 ist einer meiner Vorfahren mit seiner Frau und damals dreizehn Kindern aus der Eifel ausgewandert, sie haben sich in Michigan niedergelassen, an den Großen Seen im Mittleren Westen, in der Nähe von Chicago. Und dieser Zweig der Familie ist so fruchtbar gewesen, dass es heute in den USA mehr Menschen mit dem Namen Kammerschen gibt als in Deutschland.

Von daher kam mein besonderes Interesse am anderen Teil Deutschlands nicht. Es war ein besonderes Ereignis, mit dem alles begann: Ich habe im Jahr 1981/82 mit einem Stipendium der Begabtenförderung der Konrad-Adenauer-Stiftung in Wien studiert. Ich war damals 23 Jahre alt. Und in dem Haus, in dem ich in Wien lebte, arbeitete auch der Korrespondent der katalanischen Tageszeitung »l'avantgardia« aus Barcelona, der von dort aus über Mittel- und Osteuropa berichtete. Zwischen uns entwickelte sich über die Monate ein sehr intensiver Kontakt, und im Herbst 1981 überzeugte er mich, im Winter des Jahres eine längere Reise nach Polen anzutreten. Es war die Hochzeit von Solidarność, und im Dezember 1981 erlebte ich auch den Putsch von Staatschef Jaruzelski mit, die Ausrufung des Kriegsrechts. Im Monat zuvor war ich in Krakau bei dem Neffen des Papstes Johannes Paul II. zu Gast. Johannes Paul war seit 1978 Papst. Und sein Neffe war Professor an der Jagiellonen-Universität. Seiner Familie ging es wirtschaftlich ziemlich schlecht: Es war eisig kalt, Krakau tief verschneit, und alle waren krank, als ich dort eintraf. Sogleich stellte ich mich spätabends an, um Milch für die Familie zu besorgen. Milch war Mangelware, dafür musste man sich in einer Schlange anstellen. Und so habe ich durch tapferes Anstehen Milch für die Familie des Papstes beschafft.

Tagsüber war ich mit Studentinnen und Studenten der Jagiellonen-Universität zusammen. Die gingen, als ich dort in Krakau ankam, gleich mit mir zu einem Denkmal der Schlacht bei Tannenberg: Ihnen war es ein Bedürfnis, mir – dem Deutschen – als Allererstes zu zeigen, dass es auch Zeiten in der Geschichte gegeben hatte, in denen die Polen oben und die Deutschen unten waren.

Verstanden haben wir uns gut, und ganz nebenbei konnte ich die Studenten durch den extrem günstigen Umtauschkurs ein bisschen verwöhnen: In einem der wenigen Gasthäuser, die überhaupt offen waren, habe ich mal einen Trupp Studenten eingeladen, darunter auch einige DDR-Studenten, insgesamt etwa achtzehn Leute. Wir haben gegessen und getrunken, und das Ganze hat dann etwa 7 DM gekostet.

In dieser heißen politischen Situation sprach ich mit den polnischen Studenten natürlich über Gott und die Welt, darunter auch über die Deutsche Frage. Bis dahin hatte ich zwar eine positive Grundeinstellung zu einer etwaigen deutschen Wiedervereinigung – mehr aber auch nicht, die Frage stand ja 1981 gar nicht an. Im Gegensatz zu mir war es für die polnischen Studenten aber völlig klar, dass Deutschland sich eines Tages wiedervereinigen würde – das stand für sie außer Frage! Und zwar »schneller, als man denkt!«, meinten sie. Ihre Sicherheit gab dann auch mir einen Schub, die Wiedervereinigung nicht mehr in einer unabsehbaren Ferne zu vermuten. Von da an begann ich, aktiv für die Wiedervereinigung einzutreten.

Von Krakau aus brach ich nach Warschau auf und schlief dort mit den polnischen Studenten in der Uni – sie besetzten gerade die Universitäten des Landes, um gegen das Kriegsrecht zu protestieren. Es herrschte eine ungeheure Aufbruchsstimmung. Die heiße Phase erlebte ich direkt auf der Werft in Danzig, an der Seite eines Deutsch sprechenden Solidarność-Mitgliedes. Es war ein Widerstand gegen das kommunistische Regime, der mich total beeindruckte.

1983 kehrte ich von meinem Studium in Wien nach Deutschland zurück, machte mein Examen und bekam von der Konrad-Adenauer-Stiftung mit einem Stipendium die Möglichkeit, zwei Jahre in die USA zu gehen, dort zu forschen und zu lernen. Das passte: Meine damalige Frau war Bankerin und konnte in dieser Zeit bei der Dresdner Bank in der Wall Street arbeiten. Ich hielt mich in New England auf und forschte in Vermont über den ehemaligen deutschen Reichskanzler Heinrich Brüning – ein Katholik aus der Zentrumspartei im Reichstag, der nach seinem Sturz und dem Machtantritt der Nationalsozialisten hier bis zu seinem Tod im Exil lebte.

Als es in der DDR zu rumoren begann, war ich schon wieder zurück aus den USA. Und jetzt kam Bewegung in die innerdeutsche Debatte! Es war bekannt, dass ich ein Anhänger der Wiedervereinigung war. Im Herbst 1989 sollte ich nun in Bonn mein Wissen in puncto deutsche Wiedervereinigung einbringen – entweder im Ministerium für innerdeutsche Beziehungen oder in der CDU/CSU-Bundestagsfraktion. Ich erhielt ein Angebot von Dorothee Wilms, damals Ministerin für innerdeutsche Beziehungen. In ihrem Umfeld sollte ich als Regierungsrat anfangen. Zur gleichen Zeit bekam ich aber auch ein Angebot vom CDU-Fraktionsvorsitzenden Alfred Dregger für die Bundestagsfraktion. Ich ging in die Bundestagsfraktion, arbeitete zunächst für zwei West-Berliner Abgeordnete und wurde dann Referent für Deutschlandpolitik der CDU/CSU.

Konkret war ich im November 1989 so etwas wie der Chef vom Dienst: Ich saß im Langen Eugen in Bonn, dem Hauptstandort für die Büros der Abgeordneten, und schaute nicht auf den Rhein, sondern auf den TV-Monitor, las die dpa-Meldungen und andere Berichterstattungen. Zur gleichen Zeit tagte das Plenum des Bundestages. Und plötzlich sah ich auf dem Monitor Menschen durch die Berliner Mauer strömen!

Ich habe das zunächst für einen Film gehalten. Ich habe sofort einen Abgeordneten im Plenum angerufen, mitten im Plenum, und ihn aufgefordert, sich Zugang zu einem Fernseher zu verschaffen. Die waren bereits aufgewühlt, denn es stimmte – die Mauer war offen!

Es gab kein Halten mehr – die Sitzung des Bundestages wurde gegen 21.10 Uhr beendet, mit dem Absingen der Nationalhymne. Ich war an diesem Abend gewissermaßen ein Bote der guten Nachricht.

Wie ein Strahl schoss mir nun die Situation aus dem Jahr 1981 wieder ins Gehirn, in Krakau, mit den polnischen Studenten. Und ich dachte: »Jetzt tritt genau das ein, was ich damals nicht glauben, mir einfach nicht vorstellen konnte.« Was mich aber dazu gebracht hat, mich immer aktiver mit der Frage der Wiedervereinigung zu beschäftigen.

Nun drehen wir die Zeit mal ein paar Monate weiter: Inzwischen war die Volkskammerwahl, und wir befanden uns kurz vor den Kommunalwahlen, die Anfang Mai 1990 stattfanden. Ich war mittlerweile der Referent für Deutschlandpolitik der CDU/CSU-Bundestagsfraktion und arbeitete zusammen mit Eduard Lindner, einem fränkischen CSU-Bundestagsabgeordneten, der seinen Wahlkreis direkt an der thüringischen Grenze hatte. Und da kam Ottfried Hennig, der Parlamentarische Staatssekretär für innerdeutsche Fragen, auf mich zu und fragte, ob ich nicht Lust hätte, im Vorfeld der Kommunalwahlen der DDR mit ihm nach Sachsen zu reisen.

Wir fuhren mit einer kleinen Delegation für etwa vier Tage nach Dresden – und dort habe ich schon fast alle der CDU-Bürgerrechtler getroffen, mit denen ich später zu tun hatte: Erich Iltgen, Dieter Reinfried, Herbert Wagner und noch eine Reihe anderer, von denen die meistens erst vor ganz kurzer Zeit der CDU beigetreten waren, wie Arnold Vaatz, der vorher im Neuen Forum war. Bei den Gesprächen in diesen drei, vier Tagen schilderten mir Vaatz und Iltgen die verzweifelte Situation, in der sich die Bürgerrechtler der CDU befanden. Denn es war damals schon so gut wie sicher, dass der langjährige CDU-Bezirkschef von Karl-Marx-Stadt, Klaus Reichenbach, ein Nomenklaturkader, der künftige Ministerpräsident von Sachsen werden und seine beiden Kollegen Bezirkschefs von Dresden und Leipzig ebenfalls hohe Funktionen in der kommenden Regierung einnehmen sollten. Kurz: Es waren bereits alle wichtigen Posten an Kader der Blockflöten-CDU vergeben. Das löste bei mir einen starken Prozess des Umdenkens aus, weil ich zuvor – wie alle in Bonn – ausschließlich auf Ost-Berlin fixiert war. Bis zu diesem Moment spielte alles Wichtige im Zusammenhang mit der Wiedervereinigung in Berlin, vor allem in Ost-Berlin.

Von Dresden flog ich mit dem Gefühl nach Bonn zurück, dass wir alle auf dem falschen Ast saßen. Die Bonner konzentrierten sich auf Lothar de Maizière und all die Typen, die da in Berlin herumliefen, und hatten die Länder null im Blick, null! Insofern war der Riecher von Ottfried Hennig richtig.

Wenige Wochen später wiederholte sich der Vorgang, diesmal mit Carl Carstens; auch er wollte nach Dresden und fragte mich, ob ich wieder mit will. Ich glaube, das war Anfang Juni. Die Situation im Osten hatte sich nicht groß verbessert: Die CDU-Bürgerrechtler waren sehr pessimistisch gestimmt, weil alles schon verteilt schien. Geplant war die Gründung und Überführung eines Freistaates Sachsen in die alten Umstände: Überall hätten Nomenklaturkader aus der Blockflöten-CDU gesessen. Die Situation stellte sich als düster dar.

Wir Bonner konzentrierten uns nun auf meine Initiative hin auf diesen Klaus Reichenbach, der Ministerpräsident von Sachsen werden sollte – der war zu dieser Zeit Chef des Ministerpräsidentenamtes unter Lothar de Maizière.

Ich flog mit einer Interflugmaschine nach Ost-Berlin und wurde von einem Auto der DDR-Regierung abgeholt. Wir fuhren ins Amt des Ministerpräsidenten. Die Türen dort hatten außen keine Klinken, es konnte nur von innen geöffnet werden. Das war noch der alte Ministerrat der DDR. Ich hatte mehrere Gänge und Flure zu durchschreiten, bis ich schließlich in das Zimmer von Klaus Reichenbach gelangte, wo ich warten musste. Nach etwa zehn Minuten kam dieser Herr Reichenbach herein, hatte einen großen Teller Pommes in der Hand, dazu eine Wurst mit Ketchup und Majo drauf. Während er aß, redete er ununterbrochen auf mich ein und entschuldigte sich, er komme sonst nicht zum Essen. Er war bereits der CDU-Vorsitzende von Sachsen und auch schon der inoffiziell nominierte Ministerpräsident.

Dem stand ich also nun gegenüber. Und immer, wenn ich etwas sagte, was ich von den Bürgerrechtlern wusste, dass es zu tun sei, antwortete er: »Das hat der Lothar schon alles organisiert.« Damit meinte er nicht etwa Lothar de Maizière, sondern den baden-württembergischen Ministerpräsidenten Lothar Späth. Ich hatte mir einen Zettel gemacht, mit fünfzehn Punkten, die ich jetzt nacheinander vortrug, und jedes Mal antwortete der stereotyp: »Das hat der Lothar schon alles organisiert.« Ich hatte von diesem Klaus Reichenbach den denkbar schlechtesten Eindruck.

Lothar Späth hatte schon zu DDR-Zeiten einen engen Kontakt zu Erich Honecker aufgebaut, er hatte dann auch bald einen engen Kontakt zu Modrow und Berghofer.

Es gab in Bonn diese Verschwörerclique, die im Sommer 1989 Helmut Kohl wegputschen und gleichzeitig die Forderung nach der Wiedervereinigung aus der Präambel des CDU-Grundsatzprogramms streichen wollte. Das waren Lothar Späth, Heiner Geißler, Kurt Biedenkopf, Rita Süssmuth – und Späth war der, der anstelle von Kohl neuer CDU-Vorsitzender werden sollte. Helmut Kohl hat diesen Putsch überstanden, denn Lothar Späth traute sich schließlich nicht, gegen ihn zu kandidieren. Er konzentrierte sich von nun an auf die Wirtschaft der DDR – und zwar auf die bis 1945 neben dem Ruhrgebiet wirtschaftlich stärkste Region Deutschlands, auf Sachsen. Und hier wiederum besonders auf Dresden, Leipzig und Karl-Marx-Stadt. Er hatte schon Emissäre von Baden-Württemberg nach Sachsen geschickt, von denen einige eine sehr gute Rolle gespielt haben. Und andere eine weniger gute.

Doch zurück zu Klaus Reichenbach. Ich flog mit Interflug wieder nach Bonn und begann, vor ihm zu warnen – nicht nur, weil ich ihn als ungehobelten Barbaren empfunden hatte, sondern vor allem, weil er ein Nomenklaturkader des DDR-Regimes war. Und außerdem hing er an dem gescheiterten Umstürzler Lothar Späth. Wobei ich betonen will, dass Lothar Späth später in Jena eine sehr positive Rolle gespielt hat.

Ich informierte in Bonn auch Alfred Dregger und Volker Rühe und lenkte den Blick insgesamt auf die Bürgerrechtler in der CDU. Und ich sagte meinem Vorgesetzten: »Ich kann jetzt hier nicht mehr in Bonn herumsitzen und auf den schönen Rhein schauen – die ganze Chose läuft bereits in Dresden!« Mir drohte, dass ich den Kontakt verlor, man konnte ja damals nicht mit Bürgerrechtlern telefonieren, nicht mit ihnen korrespondieren, und ich wurde nicht freigestellt. Ich nahm also mit Zustimmung meiner Frau meinen Jahresurlaub und brach nach Dresden auf. Meine Frau hatte ich zuvor nach Südfrankreich gebracht, zu einem Französischkurs. Und ich fuhr nun in den Wirbel des Umbruchs …

Mein Hauptkontakt in Dresden war Erich Iltgen, der 1989 als Bauamtsleiter des Bistums Dresden-Meißen arbeitete. Ich musste mich möglichst inkognito in der Stadt bewegen, die Hotels waren voll – und so lud er mich ein, bei ihm und seiner Familie unterzukommen. Er wohnte damals mit seiner Frau und vier Kindern in einer bescheidenen Sechzig-Quadratmeter-Wohnung. Kurzerhand wurde eine Matratze für mich ausgelegt, und ich konnte von dort aus im Sommer 1990 sechs Wochen lang agieren. Familie Iltgen hatte aber kein Telefon. Und auch sonst musste ich mich ein bisschen umstellen. Als Westdeutscher war ich es zum Beispiel gewohnt, jeden Tag zu duschen. Das war unter diesen Umständen überhaupt nicht möglich: Es wurde Wasser heiß gemacht, und dann gingen nacheinander Vater Iltgen, Mutter Iltgen und vier Kinder in die Badewanne … Und am Schluss ich. Das erinnerte mich an meine Westkindheit in den 1960er-Jahren: Da mussten wir samstags alle in die Badewanne. Es wurde heißes Wasser eingelassen, dann gingen nacheinander Vater, Mutter und der Größe nach die Kinder ins Badewasser.

Die Leute von der Evangelischen Kirche, die ich damals traf, suchten fast alle noch nach dem Dritten Weg. Mittlerweile gab es aber schon die Wirtschafts- und Währungsunion, und auch die Wiedervereinigung am 3. Oktober stand bereits fest. So kam es, dass ich vor allem mit Katholiken zu tun hatte, auch wenn es dort wenige gab. Und natürlich mit Bürgerrechtlern wie Arnold Vaatz.

Die entscheidende Frage war zum einen: Wie kriegen wir es hin, gegen Reichenbach etwas aufzubauen. Und zweitens: Wie kann man die Bonner – also die Regierung und die CDU/CSU-Bundestagsfraktion – von ihrer falschen Fährte in Berlin auf Sachsen umlenken?

Durch Erich Iltgen und Arnold Vaatz kam ich mit jenen drei Journalisten in Kontakt, die bereits damit beschäftigt waren, Klaus Reichenbach Stück für Stück zu demontierten: Sie hatten mutige Artikel über ihn verfasst, durch die er seine Reputation schon weitgehend verloren hatte. Sie hatten seine ganzen alten Untaten ausgegraben, und so musste er von seinen Ambitionen als zukünftiger Ministerpräsident ablassen. Diese Artikel tauchten nun auch im Pressespiegel des Bundestages auf. Im August 1990 kam Volker Rühe nach Dresden, es gab im Blockhaus eine CDU-Versammlung. Und dort kam es zu einer fast geschlossenen Demonstration der Genossen: »Für Klaus!« Volker Rühe zog beinahe kreidebleich ab. Und auch die Bürgerrechtler standen nicht weniger kreidebleich da. Kampf war angesagt. Dass Reichenbach sich am Ende zurückzog, war vor allem den drei Journalisten in der »Union« zu verdanken, die nun aufblätterten, wie der Blockflöten-Funktionär stets für die DDR-Diktatur geschwärmt hatte. Am Ende wurde Kurt Biedenkopf nominiert.

Bei aller Bescheidenheit: Ich habe maßgeblich mitverhindert, dass in Sachsen eine »Altlast« Ministerpräsident wurde – so wie in anderen östlichen Bundesländern. Das bleibt auch im Rückblick von dreißig Jahren so. Außerdem habe ich zusammen mit Arnold Vaatz im Jahr nach der Regierungsbildung noch dafür gesorgt, dass eine Reihe von Regierungsmitgliedern aus der alten Nomenklatura zurücktrat. Ich habe den entscheidenden Parteitag der CDU 1991 in Annaberg organisiert und geleitet, auf dem von 45 Mitgliedern des CDU-Vorstandes 42 abgewickelt wurden. Es blieben nur übrig: Arnold Vaatz, Horst Rasch und Matthias Rößler. Ein neuer Landesvorstand mit ungefähr zwanzig Leuten wurde nun gebildet, in dem nur noch Unbelastete saßen. Das waren die beiden Momente, bei denen ich ein bisschen ins Rad der sächsischen und deutschen Geschichte eingegriffen habe.

Danach bekam ich das Angebot von Eduard Lindner, meinem damaligen Vorgesetzten in Bonn, mit ihm ins Bundesministerium des Innern zu wechseln, dort sein Büroleiter zu werden. Ich entschied mich aber, weiter in Sachsen zu wirken. Diese Entscheidung habe ich nie bereut. Und auch heute noch sind für mich der Tag des Mauerfalls und der Tag der Wiedervereinigung die politisch wichtigsten Fixpunkte. Ich bin auch der Meinung, dass die anschließenden Entscheidungen – der Wechselkurs und die Abwicklung der Altstrukturen in der nun schon nicht mehr existierenden DDR – im Großen und Ganzen richtig waren. Man hätte sie nicht wesentlich anders machen können, sonst hätten wir heute wie im restlichen Ostblock stinkreiche Oligarchen aus der DDR-Nomenklatur. Falsch war, auf dem Land die alten Strukturen beizubehalten. Dadurch wurden aus den sozialistischen LPG-Chefs nun Rote Barone, die heute noch tausende Hektar unter sich haben und richtig reich geworden sind – im Unterschied zu den vielen einfachen Bauern, die ja einstmals zwangsweise ihr Land und Vieh in die LPGs einbringen mussten. Das war sicher ein schwerer Fehler.

Dennoch, selbst im Rückblick bleibt die Wiedervereinigung ein Glücksfall in der deutschen und europäischen Geschichte.

Kaltwelle und Essenkehrer

Katrin Maaß

Sommer 1989 – wir leben in Frankfurt am Main. Ich arbeite bei einem Touristikunternehmen, mein Mann Henrich studiert noch. Viele Male haben wir unsere Cousine Rigi in den letzten Jahren in Weimar oder in Gießen gesehen. Sie ist aus Berlstedt/Thüringen und darf zu Familienfeiern in den Westen reisen, weil sie einen kleinen Sohn hat. Ein Pfand, welches die Rückkehr der Mutter verbindlich macht. Sie überlegt jetzt, über Ungarn auszureisen, und wir gehen alle Möglichkeiten durch. Sie hält es nicht mehr aus im Osten und will gemeinsam mit ihrem Sohn den Schritt wagen. Mit einem Kind über Ungarn zu flüchten – das ist gefährlich.

9. November 1989 – die Mauer fällt. Wir fahren sofort zur Schwiegermutter nach Gießen, denn uns ist klar: Rigi wird noch heute Richtung Westen losfahren.

Wir kaufen ein, richten ein Zimmer her und bringen Lichterketten am Haus an. Die Nachbarschaft ist involviert, und wir sind alle sehr aufgeregt. Wir haben keine telefonische Verbindung und sind doch so sicher. Und dann kommt das Telefonat, sie haben die Grenze passiert, ihr Schwager bringt sie samt Sohn Gunar mit dem Trabi. Wir warten, es ist bereits spät, aber das ist unwichtig.

Und dann knattert es. Ein Trabant fährt vor, und aus dem Auto schälen sich vorne Cousine Rigi und Schwager Stefan, hinten drin liegt inmitten eines Bettenbergs ein kleines Kind samt Kuscheltier – friedlich schlafend. Da ist der Jubel groß, doch auch die Anspannung. Wird sich die Grenze wieder schließen? Wird es ohne Gewalt weitergehen? Wird sie ihre Familie wiedersehen können? Ihre Freunde? Werden ihre Eltern Repressalien spüren? So viele Fragen steigen mit aus dem Trabi und bewegen uns alle, die wir gekommen sind, um Rigi und Gunar zu empfangen. Und noch heute, knapp dreißig Jahre später, kommen mir bei der Erinnerung daran die Tränen. Dieser Tag hat an uns allen gerüttelt.

Zwei Jahre später beendet Henrich sein Studium der Volkswirtschaftslehre und wird völlig überraschend von seinem Professor gefragt, ob er als wissenschaftlicher Mitarbeiter an die Technische Universität nach Dresden mitkommen möchte. Sehr schnell zündet dieser Gedanke. Rigi hat es uns vorgemacht. In Henrich schlummern ostpreußische und sächsische Gene, ich bin je zur Hälfte Anhaltinerin und Niedersächsin.

Wir werden ins Gästehaus der TU am Großen Garten eingeladen und können uns umschauen. Dieses Gästehaus verströmt mit seinen großen roten Sesseln und einem bestimmten Bodenbelag den Geruch des puren Ostens. Ein Geruch, den ich nicht benennen kann, aber der mich viele Jahre später in Bonn im Haus der Geschichte wieder einholt, als ich die dort ausgestellten Passkontrollen passiere.

Henrich zieht 1992 zunächst allein nach Dresden, er wird in einem Haus der TU auf der Südhöhe einquartiert. Es ist Winter. Echter Winter, nicht so ein Frankfurt-am-Main-Winter. Es gibt in jedem Raum einen Kohleofen, aber für uns ist es unvorstellbar kalt. Es zieht wie Hechtsuppe, und wir bekommen einen ersten Eindruck von einem Dresden-Winter. Auch mein Arbeitgeber lässt mich Richtung Osten ziehen, gibt mir aber für alle Fälle ein tragbares Telefon mit – ein Riesen-Trümmer, damit ich bei Fragen erreichbar bin.

Wir mieten ein kleines Häuschen in einer klassischen Arbeitersiedlung in Zschieren mit einem Garten, einem Gewächshaus und einem Kachelofen im Wohnzimmer. Dies ist die einzige Wärmequelle im Haus. Meine Schwiegermutter steuert ihren heißgeliebten Beistellherd bei, und so heizen und kochen wir fortan auf diesem alten, sehr gemütlichen Herd. Okay, wir stellen uns blöd an, mal ist es zu heiß, mal geht das Feuer wieder aus. Die Glut hält nicht lange vor, aber Kälte macht erfinderisch, und unsere Nachbarn geben uns die richtigen Tipps. Bald schon kriegen wir es dank feuchtem Brikettwickel am Abend hin, dass die Glut durchhält bis zum nächsten Morgen.

Wir legen los und stürzen uns in unser neues Leben. Drei Karnickel mit Namen Thanner, Schimanski und Hänschen müssen her. Der vorhandene Kaninchenstall will gefüllt werden. Eine schwarze Katze wird über eine Zeitungsanzeige gefunden und übernommen. Nach langem hin und her wird der Name »Gräfin Cosel« für gut befunden, doch nach drei Tagen wird sie »Maunz« gerufen und bleibt acht Jahre lang ihrem Namen treu.

Paprika, Gurken und Tomaten wollen wir im Gewächshaus ernten. Es wird gesät. Stolz betrachten wir die kleinen Pflänzchen, die da recht schnell an die Luft stürzen. Irritierend nur, dass diese kleinen Pflänzchen auch an den Stellen herauspurzeln, wo wir *nicht* gesät haben. Ich buddele ein

Pflänzchen aus und bringe es zur Begutachtung zur Gärtnerei in Zschieren. Das vernichtende Urteil lautet lapidar: »Das sind Ringelblumen!« Henrich nimmt es mit mehr Gelassenheit und will in die Ringelblumencremeherstellung einsteigen, weil inzwischen der gesamte Garten mit Ringelblumen bedeckt ist.

Unser Häuschen liegt am Anfang einer Sackgasse, und wir sind die »Besitzer« der Empfangsanlage für das Fernsehsignal für alle Häuser der Straße. Sprich, wir können den Fernsehkonsum der anderen steuern. Das Ganze erweist sich bald als stressig, denn sobald wir mehr als einen elektronischen Heizofen laufen haben, springt meist direkt die Sicherung raus, was wir nicht sofort merken. Dann trommelt es an der Tür, denn die Türklingel hat ihr Tun auch eingestellt: »Mensch, macht mal die Sicherung wieder rein, wir wollen das Formel-1-Rennen zu Ende sehen!«

Gibt es Sprachprobleme? Ja, klar, da gibt es viele Begriffe, bei denen ich nur dumm aus der Wäsche schaue: Kaltwelle oder Essenkehrer. Ganz am Anfang benötigen wir eine Impfung für eine Reise nach Kenia und werden vom Arzt weitergeschickt ins »Drogeninstitut« in Dresden. Mein Mann kriegt da bereits eine Krise: Spritzen ängstigen ihn, und allerlei Gedanken kommen ihm in den Sinn. Es wird mehrere Tage lang – auch mit Verwandtschaft und Besuchern – darüber diskutiert, was es für Gründe geben könnte, dass wir für eine Impfung in ein Drogeninstitut müssen.

Wir fahren also hin zu diesem Institut und da steht »TROPENINSTITUT«. Wir schauen uns nur an und fangen laut an zu lachen.

Viele unserer Freunde nutzen uns als Anlaufstelle, um endlich auch mal in den Osten zu fahren. Dabei gibt es blöde und abstruse Fragen wie: »Gibt es denn da auch Körnerbrot oder soll ich mir das mitbringen?« Das irritiert uns anfänglich, später fühle ich mich angegriffen – das ist der Zeitpunkt, wo ich angekommen bin.

Ich gehe in Zschachwitz in die Kirche. Am Ende des Gottesdienstes fragt Pfarrer Krause, ob es ein Gemeindemitglied gibt, das einer Familie mit kleinen Kindern etwas aushelfen könne. Der Vater der Familie ist krank. Ich habe Zeit, ich mag Kinder, ich bin hier fremd, und so gehe ich nach dem Gottesdienst nach vorne und melde mich.

Wenige Tage später. Ich stehe nahe dem Friedhof an einem Gartentor und klingle. Ich bin aufgeregt, denn ich weiß nicht, was mich erwartet. Das Gartentor geht schwer auf. Ich werde herzlich empfangen, und meine Hilfe wird angenommen. Mutter Regina versucht allen gerecht zu werden: ihrer Tochter im Pubertätsalter, ihren einjährigen Zwillingen und ihrem Mann. Ich lerne die gesamte Familie in kürzester Zeit kennen. Wir gehen mit den Kindern spazieren und reden viel. Wir leben unseren Alltag im Austausch, und sehr bald schon ist eine Freundschaft entstanden.

Wir gründen eine Mittwochs-Krabbelgruppe und lernen viele neue Frauen kennen, inzwischen bin ich schwanger. Wie füttere ich zwei hungrige Zwillinge, wie tröste ich zwei Kinder gleichzeitig, und wie wichtig ist eine Mittwochssuppe? Denn die steht immer mittwochs bereit, wenn wir mit müden, glücklichen und hungrigen Kindern in die Küche einfallen.

Durch Regina und ihre Familie lerne ich viele Einheimische kennen.

Der Anfang meiner ersten Schwangerschaft bringt mich seelisch an eine Grenze, es geht mir nicht so gut, und ohne meine kleine rote Spuckschüssel kann ich mich nicht fortbewegen. Mir fehlt meine Familie, mir fehlen meine Freunde. So weit weg im Osten. Kein Telefon. Kein Internet. Nur diese gelbe Telefonzelle, die heute Kinder oftmals nur noch als Bücherschrank identifizieren, an der man sich anstellen und in die man Münzen reinwerfen muss zum Sprechen. Es ist kalt, dunkel, heiß, grell, je nachdem, in welcher Jahreszeit man sich befindet. Und man steht immer in der Öffentlichkeit – und der Nächste kommt bestimmt und will auch telefonieren. Einen Telefonanschluss haben wir sofort bestellt, aber das ist nicht so einfach, denn es gibt lange Wartezeiten. Und so werden wir erst nach mehr als zwei Jahren ein eigenes Telefon nutzen können.

Ich erinnere mich an einen Mittwoch, an dem ich samt rotem Schüsselchen im Bett lag und mich körperlich wie seelisch quälte. Es war Krabbelgruppe, und ich konnte mich nicht abmelden. Kurze Zeit nach Ende der Krabbelgruppe fährt ein blauer Kombi vor mit heulenden Zwillingen im Heck (sie wollten ihre Mittwochssuppe). Regina schaut nach mir und fragt, was sie für mich tun kann. Es hatte ihr keine Ruhe gelassen, dass ich nicht aufgetaucht bin. Nach diesem Drei-Minuten-Besuch fühle ich mich besser und nicht mehr so allein.

Dieser Besuch trotz Mittagsstress ist für mich in Erinnerung geblieben. Dieses Miteinander, dieses aufeinander Achten, diese Solidarität unter den Menschen, das hatte ich so noch nie erlebt und ist für mich fest verbunden mit Dresden.

Wir bekommen 1994 unsere Tochter Hannah im Diakonissenkrankenhaus. Als wir abends endlich völlig erledigt auf dem Zimmer sind, stehen zwei Schwestern mit Blockflöten im Türrahmen und schenken uns mit ihrer Musik einen Moment des Innehaltens.

Unsere Krabbelgruppe wächst und gedeiht. Mit Regina, Undine, Elke, Heike und all den anderen habe ich Menschen gefunden, um die ersten tausend Fragen rund um Baby Hannah durchzukauen. Sehr schnell wird auch ein Babysitter benötigt, Regina kann den Kontakt zu Schülerin Annegret herstellen, die unsere Hannah abends betreut, als wir zu einer Hochzeit müssen, und sie außer Muttermilch nichts zu sich nimmt. Mit Liedern wird sie beruhigt, und wir sind froh, solch eine gute Seele für unser Kind gefunden zu haben.

Jahre später wird Annegret mit Mann und Motorrad bei uns in Korschenbroich um die Ecke biegen, und noch ein wenig Leben später wird sie mit Mann und vier kleinen Mädchen nahe München leben, und wir können uns revanchieren und auf ihre Kinder aufpassen.

Unsere Öfen haben wir inzwischen im Griff, die Kohle- oder Brikettlieferungen werden mit anderen »Westlern« (sie finden es abenteuerlich) in Angriff genommen – nach dem Motto: Erst Briketts schleppen, dann Grillwürstchen futtern.

Problematisch werden unsere Öfen nur dann, wenn wir verreisen. Und die Strecken nach Wunstorf oder nach Gießen sind zu dieser Zeit noch ätzend und zeitverschlingend. Das

Haus kühlt an einem Tag ohne Heizen bereits so sehr aus – das konnte ich mir vorher nicht vorstellen.

Nicht vorstellen konnte ich mir auch, dass unser Nachbar, Herr Kliche, der unsere gute Maunz bei unserer Abwesenheit liebevoll versorgt, dass eben dieser Nachbar den Ofen am Sonntag anheizt, damit wir es bei Ankunft im Haus wieder warm haben. Ohne Absprache, ohne Dankeserwartung, seine Fürsorge macht unser Häuschen mit zu einem warmen Zuhause.

Durch die Einfachverglasung werden wir auf die künstlerischen Kapriolen des Winters aufmerksam, denn wer kennt eigentlich noch wunderschöne Eisblumen? Das gesamte Fenster ist mit diesem wunderlichen Muster benetzt. Bei Sonnenschein mache ich unser Schlafzimmerfenster auf und lasse die warme Sonne ein. Kurze Zeit später haben wir Eisplocken auf unseren Federbetten. Die Sonne hat das Eis verflüssigt, und die Kälte lässt es im Schatten sofort wieder gefrieren. Hammer. Ein Eiszapfenbett.

Im Bett ist es kuschelig warm, doch überlege ich oft, wie ich meine Nase schützen könnte vor der eiskalten Luft, und bastele mit meiner Schwiegermutter: Eierkarton mit Schnur oder ein Nasengehäkeltes – wir lassen unsere Ideen aufgrund der missglückten Praxisversuche wieder fallen.

Und immer wieder bekommen wir Gäste, die die schöne Stadt Dresden besuchen möchten, die uns eine Stadt spiegeln, die wir so gar nicht mehr wahrnehmen, weil es Alltag ist, weil wir zuhause sind.

Ich erinnere mich noch sehr an die Diskussionen, ob die Frauenkirche wiederaufgebaut werden soll. Es gab für beide Varianten gute Argumente, ich verfolgte all das mit großem Interesse. Der Zusammenhalt, die Spendenaufrufe, die Konzerte, die Spendenbereitschaft, die Logistik und immer wieder dieser Zusammenhalt oder auch das Zusammenwachsen mit dem Wiederaufbau. Diese vielen, unendlich vielen, nummerierten Steine an den Elbwiesen, diese langen Reihen, diese Sisyphusarbeit – das alles hat mich bewegt und sehr beeindruckt.

Unser Sohn Justus erblickt sächsisches Licht, und unsere Tage werden turbulent, aber dank vieler Freunde und anreisender Familienmitglieder machbar.

Tochter Hannah geht in den Kindergarten in Zschachwitz. Wenn ich sie morgens bringe, geben wir uns alle die Hand und begrüßen uns – was für eine schöne Geste.

Wir lernen die Baggerseen nicht nur im Winter fürs Schlittschuhlaufen kennen, nein, wir werden ans Nacktbaden herangeführt. Anfangs sind wir irritiert, dann genießen wir's, später fehlt es uns.

Wir fühlen uns wohl in der sächsischen Hauptstadt. Inzwischen unterrichte ich abends und samstags bei der IHK einige Kurse, alles könnte so weitergehen.

Da ergibt sich 1997 kurzfristig eine Möglichkeit für meinen Mann, in Düsseldorf zu arbeiten. Wir entscheiden uns, dorthin zu ziehen.

Auf geht es in den tiefen Westen. Wir verabschieden uns, und das Gartenfest mit den Nachbarn muss aufgrund von sintflutartigem Regen in die Garage verlegt werden. Sie geben ihre anfänglichen Vorbehalte und Bedenken preis und bringen manch eine Geschichte auf den Tisch. Mit einer Nachbarin komme ich just an diesem Abend so sehr ins Gespräch, dass wir noch nachts am Spülen und Schwatzen sind und eine Basis legen für weitere Kontakte. Wir schreiben und besuchen uns.

So ein Abschied ist manchmal auch dafür gut, dass bewusst wird, mit wem man eine Verbindung, einen guten Draht hat. Es wird Wertschätzung ausgetauscht. Für mich sind diese Gespräche – so traurig ich auch bin – eine echte Bereicherung und ein guter Trost.

Und dann landen wir in Düsseldorf, und alle wundern sich: Die kommen aus Sachsen und sprechen gar nicht so. Viele Rheinländer sind noch nicht so weit Richtung Osten gekommen und sind eher Richtung Holland orientiert. Daher fühlen wir uns wie Exoten.

Ein Onkel aus Düsseldorf will mir erklären, wie toll Düsseldorf ist, aber er kommt bei mir nicht weit. An Dresden kommt Düsseldorf nicht ran.

Tochter Hannah kommt in den Kindergarten in Oberbilk, und ich gehe wie selbstverständlich am Morgen herum und gebe jedem die Hand, um die Menschen zu begrüßen. Die Irritation kriege ich wohl nicht mit, denn am nächsten Morgen werde ich darauf hingewiesen, dass es nicht nötig wäre, jeden per Handschlag zu begrüßen. Schade, ich hatte mich gerade so daran gewöhnt.

Unsere Planungen, ganz oft zu Besuch nach Dresden zu fahren, werden über den Haufen geworfen. Da kommt irgendwie das Leben dazwischen: Sohn Justus erkrankt schwer, wir sind lange nicht mobil. Unser Sohn Moritz wird geboren, und kurze Zeit später werden die Großmütter nacheinander zum Pflegefall. Ja, es reicht für Kurzbesuche – aber leider nicht zu mehr.

Im Oktober 2018 starte ich in eine fünfmonatige persönliche Auszeit und habe so einige Orte und Menschen auf meiner innerlichen Liste. Und so geht meine Reise los über Niedersachen und Bremen Richtung Osten in die Schorfheide. Und dann bin ich endlich mal wieder in Dresden. Ohne Familie, ohne Zeitdruck, herrlich.

Ich stehe nahe dem Friedhof an einem Gartentor und klingle. Ich bin aufgeregt, denn ich weiß, wer mich erwartet. Das Gartentor geht schwer auf. Es hat sich so viel rund um das Haus getan, und doch kenne ich es. Ich werde herzlich empfangen und fühle mich sofort zuhause. Von dort versuche ich, mich vor Ort zu orientieren – ganz schön schwierig nach so vielen Jahren. Ich bekomme Unterstützung vom erwachsenen Zwilling Judith, die mich bereitwillig auf ihre Hundespaziergänge mitnimmt und mir alle Fragen beantworten kann.

Ich suche die Ringelblumengärtnerei, kann sie aber nicht finden. Dort ist ein riesiges Wohngebiet entstanden, »meine Gärtnerei« gibt es schon lange nicht mehr. Und dann komme ich an alte Ecken, die noch genauso aussehen wie vor vielen Jahren, und es ist ein eigenartiges Gefühl, so nah und doch so weit weg von meinem Alltag. Da stehe ich vor meiner Bäckerei, und es kommen so viele Erinnerungen an doppelte Brötchen hoch – Mist, wie heißen die denn nochmal?

Ich schaue spontan bei meinen Freunden und Nachbarn vorbei und erwische fast jeden – was für eine Freude auf beiden Seiten. Es tut mir so gut, sie alle wiederzusehen. Waren die Jahre in Dresden durch die Geburten der Kinder so intensiv?

Mit meinem Rad fahre ich den Elberadweg rein in die Innenstadt und inmitten des schönen Oktoberwetters 2018 genieße ich die Strecke und die wunderbare Sicht. Ich habe eine Verabredung in der Neustadt, will zu unseren guten alten Freunden: Jürgen hat mit mir studiert und dann nach der Wende eines der ersten Reisebüros in Dresden eröffnet, in einem Container auf dem Postplatz. Seine Frau Heike kommt gebürtig aus Dresden, wir haben viele gemeinsame Grillabende und Wanderungen mit vier Kindern (später sechs) in unserem Erinnerungsschatz. Auch die Neustadt ist fremd und vertraut zugleich, weil sich so viel verändert hat. Mit Heike im Schlepptau fällt die Orientierung leichter.

Auf dem Rückweg habe ich wieder diese wunderbare Elbe vor mir und sehe in der Erinnerung die vielen Frauenkirchenteile hier liegen. Ich radle zurück und bestaune die vielen Menschen, die unterwegs sind. Was für ein wunderbarer Flecken Erde – vielleicht hätten wir hierbleiben sollen …

Wie ich Inge Viett in Magdeburg aufsuchte

Astrid Proll

Ende der Achtzigerjahre arbeitete ich in Hamburg in einer Redaktion mit vielen jungen Journalisten. Ich war Bildredakteurin bei einer neuen Zeitschrift geworden.

Den Herbst 1989 erlebte ich meist vor dem Fernseher, in der Redaktion mit den anderen Kollegen. Da wir im Unterschied zu den West-Berlinern nicht nach getaner Arbeit abends als Schaulustige an die Grenzübergänge gehen konnten, fuhren wir jetzt am Wochenende öfter über die ehemalige Staatsgrenze und sahen uns den Schaalsee und Schwerin an. Erst Anfang November fuhr ich mit Hamburger Freunden zur Alexanderplatz-Demonstration (4.11.) und machte neben dem Rednerpult Fotos von Christa Wolf und Stefan Heym. Die Kundgebung war eindrucksvoll, sie war von Schauspielern und Schriftstellern organisiert, die gegen die Übernahme in die BRD und für eine eigene Lösung plädierten. Bei unserer Ankunft in der Potsdamer Straße, einem ehemals besetzten Haus, machte ich einen Anruf nach Ost-Berlin zu einer befreundeten Schauspielerin. Es war so unglaublich kompliziert, ich musste lange Vorwahlnummern eingeben, aber die Verbindung kam nicht zustande. Eine aus unserer Reisegruppe blieb an diesem Wochenende gleich in Berlin, so stark war der Sog der Ereignisse.

Ein paar Monate später, die Berliner Mauer war gefallen und Helmut Kohl hatte ein politisches Comeback, brach eine neue Sensation los. Zehn Frauen und Männer, allesamt gesuchte RAF-Mitglieder und in der BRD noch auf Fahndungsplakaten abgebildet, wurden auf dem Gebiet der DDR verhaftet. Die Modrow-Regierung sammelte einen nach dem anderen an verschiedenen DDR-Wohnorten ein. Der erstaunten Öffentlichkeit wurde eine nachhaltige Verhaftungswelle präsentiert. Man wusste schon länger, dass sie da waren. Sie hatten die letzten zehn Jahre in der DDR gelebt, einige hatten Familien gegründet und Kinder geboren. In der Folge brachte die Hamburger Illustrierte »Stern« eine Collage ihrer in der DDR aufgenommenen Privatfotos auf einer Doppelseite. Darauf waren die gesuchten Anarchisten mit ihren Nachbarn im Garten, im Badeurlaub an der Ostsee und bei Betriebsfeiern mit Kollegen zu sehen; allesamt in einem kleinbürgerlichen Ambiente, das zumindest in der Hamburger Redaktion verabscheut wurde. Im journalistischen Hamburg brach ein böses Lachen los, viel Häme und Schadenfreude über die Festgenommenen wurden verbreitet. Die große Überraschung, dass sich einige der journalistischen Zielpersonen viele Jahre in der miefigen DDR aufgehalten hatten, wurde mit Verachtung gestraft.

Persönlich kannte ich die Verhafteten zwar nicht, aber natürlich wusste ich einiges über Susanne Albrecht und Inge Viett. Sie waren die Bekanntesten aus der Truppe. Albrecht war in ein schreckliches Verbrechen verwickelt. Es heißt, sie sei später »zum eigenen Schutz« in der illegalen Gruppe verblieben. Ich hatte gehört, dass man sie in der Zeit vor ihrer Departure in die DDR nur noch »Fehler« nannte und auch so anredete. Dort heiratete sie, gebar einen Sohn und ließ sich zur Englischlehrerin ausbilden. Inge Viett erschien wie das glatte Gegenteil. In der Szene galt sie als mutige Frau und Kämpferin. Auch wenn Deutschland keinesfalls Palästina war, sah man vielleicht so etwas wie eine deutsche Leila Khaled in ihr. Ihre Gefängnisausbrüche galten als legendär – und sie, so gesehen, insgesamt als eine Ausnahmeerscheinung. Und so wollten nun, wo mit dem Zusammenbruch der DDR die letzten Gesichter von den westdeutschen Fahndungsplakaten plötzlich in Ostdeutschland aufgetaucht waren, viele Journalisten ganz besonders mit Inge Viett sprechen und ihre Geschichte hören. Ich wollte das auch.

Besuche im Untersuchungsgefängnis

Schnell fand ich heraus, dass man sie in ein Gefängnis ins Saarland gebracht hatte, also in das westlichste Bundesland und am weitesten entfernt vom früheren Staatsgebiet der DDR. Bald saß ich mit anderen Kollegen in der kleinen Maschine, die von Hamburg nach Saarbrücken flog, um Viett in der Untersuchungshaft zu besuchen. Linksliberale Journalisten – mit einigen von ihnen saß ich im Flugzeug – berichteten schon lange über die RAF. Dass man sie damals noch nicht »Experten« nannte, lag wohl auch daran, dass es die RAF zu dem Zeitpunkt noch gab. Sie war noch nicht zu einem vorrangig historischen Forschungsgegenstand geworden, wie das heute ganz deutlich zu erkennen ist. Und meiner Erinnerung nach ging es unter den Journalisten, als sie noch keine »Experten« waren, ehrlicher und solidarischer zu. Selbst in dieser Zeit, als es wieder etwas für sie zu berichten gab.

Mich hatte eine Mischung aus privaten und journalistischen Interessen dazu veranlasst, mit Inge Viett Kontakt aufzunehmen und sie im Gefängnis zu besuchen. Ich hatte sie dazu auserkoren und nicht gefragt. Noch vor nicht allzu langer Zeit war ich in einer ähnlichen Situation wie sie. Ich lebte in einem europäischen Land und wurde nach vielen Jahren dort festgenommen. Natürlich hatte mir kein Geheimdienst eine Arbeit und eine Wohnung besorgt, aber auch ich bekam Hilfe von vielen Personen. Die Justiz warf mir schwere Straftaten vor und ließ mich in die BRD ausliefern. Aber ich hatte Glück, ich musste nicht aussagen und andere belasten.

Die allermeisten der in der DDR verhafteten Frauen und Männer machten in der Folge Aussagen. Sie wurden Kronzeugen und machten reinen Tisch. Dafür bekamen sie eine Perspektive. Sie mussten nicht mit lebenslänglichen Strafen rechnen, sondern konnten mitunter auf Halbstrafen bei guter Führung zählen. Inge Viett wollte nicht. Sie wollte nicht mitspielen, nicht kooperieren. Für sie waren die vergangenen zehn Jahre kostbar gewesen. Gegen die Wiedervereinigung hatte sie sich gewehrt, gegen die Bürgerrechtsbewegung war sie gewesen. Jetzt schrieb sie eine Hymne auf die untergegangene DDR. Sie fühlte sich noch zu kräftig für halbe Sachen. Aber sie begriff auch nicht, dass die DDR abgeräumt und zur Geschichte wurde.

Nach meiner Entlassung traf ich auf Sympathie und Unterstützung; und nun wollte ich etwas davon abgeben. Ich wusste, dass einige, die noch in den Gefängnissen auf ihre Entlassung warteten, mich darum beneideten. Verstrickungen lösen sich nie ganz auf. Trotz aller Mühe, langen Anreisen und Begleitung durch arrogante BKA-Beamte gelang es mir bei meinen Besuchen nicht, Inge Viett zu überzeugen, mit den Strafbehörden zu kooperieren. Ich erinnere mich, wie sie mich jedes Mal erstaunt anschaute, wenn ich damit anfing. Ganz wohl war auch mir nicht bei meinem Vorhaben. Einen Gefangenenbesuch kann man sich etwa so wie den Besuch bei einem Schwerkranken vorstellen: Man kommt, um zu unterstützen, und nicht, um etwas zu verlangen. Das OLG Koblenz verurteilte sie später zu dreizehn Jahren. Im Gefängnis schrieb sie ihre Autobiographie (»Nie war ich furchtloser«, Nautilus 1996). Wie die anderen, kam auch sie nach Verbüßung der Hälfte frei.

Der journalistische Auftrag

Nach den Verhaftungen im Juni 1990 gab es viel Bizarres über die untergetauchten West-Anarchisten in der DDR zu lesen. Der »Stern« machte mit seiner Bildmontage einen furiosen Anfang und zeigte die vormals bösen Terroristen jetzt als Dummerchen. Natürlich wurde das Thema auch bei unserer Redaktionssitzung besprochen, und wir entschieden uns also für die Geschichte von Inge Viett.

Schon wenige Tage darauf und noch bevor ich Viett zum ersten Mal im Gefängnis besuchte, fuhr ich mit einem Reporter unserer Zeitschrift nach Magdeburg, wo sie fast ein Jahr zuvor verhaftet worden war. Wir fuhren mit dem Auto. Mein Reporterkollege sah aus wie ein Hamburger Autonomer, auch wenn er keiner war. Seinen Mac – damals noch ein schweres Gerät – packte er in einen Rucksack und wuchtete ihn über die Schulter. Die Reise dauerte viele Stunden. Ich weiß nicht mehr, auf welcher Strecke wir fuhren, aber dass mir die extrem unterschiedliche Verfassung der Straßen in beiden Ländern wieder auffiel. Das kannte ich schon von den Transitstrecken, auf denen ich in den letzten zwanzig Jahren immer mal wieder unterwegs gewesen war: Berlin–Hannover, Berlin–Hamburg. Doch die Landstraßen um Magdeburg waren eine Katastrophe und die alten Häuser in der Innenstadt marode und kaputt. So desolat wie Magdeburg hatte ich noch keine Stadt in Ostdeutschland erlebt. Vielleicht lag es auch an unserem Auftrag, ein Versteck in einem untergehenden Staat zu besuchen, dass mir alles so grau erschien.

Auf der Suche nach der letzten Unterkunft von Inge Viett fuhren wir in die Satellitensiedlung Magdeburg-Nord und dort in die Hans-Grundig-Straße. In dem Plattenbau, in dem sie gewohnt hatte, trafen wir auf einen Hausmeister, der uns die Wohnung in einem der oberen Stockwerke aufschloss. An dem Klingelschild stand noch der Name: Eva Maria Schnell. Wir wussten, dass sie nicht in ihrer Wohnung festgenommen worden war, sondern unten im Treppenhaus neben dem Hauseingang – gleich nach ihrer Ankunft in der Nacht des 12. Juni 1990.

Natürlich war die Wohnung schon lange durchsucht und gereinigt worden. Sie stand bereits Monate leer. Eine Wohnungsnot gab es damals nicht, viele DDR-Bürger gingen nach Westdeutschland, um zu arbeiten. Dafür traten wir jetzt in die letzte Bleibe einer gesuchten Westdeutschen. Die kleine Wohnung war sauber und ordentlich. Ein paar Bilder hingen noch an der Wand, und einige Bücher standen in einem kleinen Hängeregal. Wie hatte Inge Viett hier gelebt? Hatte sie manchmal Freunde eingeladen? Dass sie mit Frauen lebte, wusste ich und hatte ihre Freundin bereits kennengelernt, als mein Kollege und ich uns in der Wohnung umsahen. Sie gab mir die Fotos – ihre Privatfotos –, die wir später mit dem Artikel druckten. Sie zeigen Inge Viett in einer Privatheit, die harmlos, ja irgendwie langweilig wirkte.

Nach ihrer Verhaftung hieß es, eine Nachbarin habe Inge Viett an die Polizei verpfiffen. Vermutlich ist das falsch. Falsche Spuren zu legen ist – zumindest bei solch aufsehenerregenden Fällen – Standardpraxis nach einer Festnahme und soll die Polizeiarbeit schützen. Und sicherlich bemühte auch Inge Viett sich darum, eine Normalität zu leben, die keine Fragen nach ihrer Person provozierten. Zwar musste sie in der DDR ihre Illegalität nicht alleine organisieren. Aber darin leben musste sie dennoch ganz für sich. Nur tauchte sie selbst in der Illegalität nicht in die Kleinfamilie ab, so, wie es viele ihrer Genossen getan hatten. Sie lebte mit Frauen, doch zogen Frauenpaare in der DDR genauso wie andernorts Aufmerksamkeit auf sich und stellten eine denkbar riskante Lebensform dar, wollte man unentdeckt bleiben, wie Inge Viett es wollte. Auch gab es in der DDR keine mit Westdeutschland vergleichbare Frauenbewegung, die einen Rahmen gebildet hätte, um eine Freundin zu finden. Ihre Freundin lernte Inge Viett stattdessen vor dem Kino in Magdeburg kennen. Sie fuhr gerne Auto, das hatte sie aus dem Westen mitgebracht. Fiel sie dadurch auf? Die Ereignisse waren noch frisch und die Doppelexistenzen in der DDR noch unverständlich.

Mein Kollege und ich machten Fotos von unserem Recherche-Ausflug. Wir steckten die Köpfe durch die kleinen

Fenster, lachten und beäugten die Umgebung, die Plattenbauten und geparkten Autos. Ob wir noch andere Menschen trafen, die Inge Viett gekannt hatten, erinnere ich nicht mehr. Ich hatte versucht, Kollegen von ihr zu finden, doch niemand wollte sprechen. Erst heute finde ich im Internet einen kurzen Film, in dem sich ehemalige Kollegen von ihr beim Rundgang durch die alten Büros nicht nur an Inge Viett erinnern, sondern auch an die vielen Betriebs- und Geburtstagsfeiern, und wie schon früh zu erfühlen gewesen sei, dass etwas nicht stimme mit dieser Kollegin. Überhaupt wurde viel gefeiert in der DDR.

Am Abend fuhren wir nach Hamburg zurück. Ich fühlte mich erschöpft von unserem Ausflug in die untergegangene Existenz von Inge Viett. Der Artikel erschien in der Dezemberausgabe 1991 unserer Zeitschrift unter dem Titel: »Terror als Karriere«. In der Weihnachtsausgabe! Cool geschrieben, mit einiger Sympathie. Mit Erscheinen des Artikels begann auch der Prozess gegen Inge Viett vor dem Oberlandesgericht Koblenz. Mag sein, dass ich mich täusche, aber ich glaube, Weihnachten bedeutet ihr nicht viel.

Ab und zu laufe ich bei Pegida mit

Günter Henschel

Am Tag nach dem Mauerfall waren wir gerade mit der Familie alle zusammen, das heißt, wir hatten eine Familienfeier – Schwager und Schwägerin waren da und unser großer Sohn. Und da platzte plötzlich die Nachricht durchs Radio, dass die Mauer offen ist!

Wir beschlossen sofort, in der Woche darauf nach West-Berlin zu fahren, weil wir dort einen Onkel wohnen hatten, der uns auch ab und zu in Dresden besuchte – und den wollten wir überraschen.

Doch da hatten wir großen Ärger bei der Ankündigung dieser Fahrt, denn mein Schwager und seine Frau, die waren zu 100 Prozent auf Parteilinie. Der Schwager, also der Bruder meiner Frau, war Außenhandelsvertreter und hatte für vier Jahre in Moskau gearbeitet. Die meinten: »Das muss doch nicht sein, dass man jetzt gleich in den Westen fährt!«

Das hat uns aber nicht davon abgehalten, nach West-Berlin zu fahren. Mit denen sind wir politisch immer mal angeeckt, weil meine Frau und ich eine andere Weltanschauung hatten. Der Schwager war Reisekader und fuhr öfter ins westliche Ausland, nach Bolivien zum Beispiel und eben Russland. Wir versuchten aber, den politischen Konflikt in der Familie immer klein zu halten.

Anfang der Achtzigerjahre hatte mein Schwager Probleme, weil er uns mal besucht hatte, als gerade auch Verwandte aus dem Westen da waren. Das hatte er dann aber nicht gemeldet …

Wir brachen also eine Woche später mit dem Auto nach West-Berlin auf – meine Frau, meine Schwiegermutter und ich. Das war ein irres Gefühl, durch die Grenze zu fahren. Zwischen 9 und 10 Uhr standen wir vor der Tür des Onkels, der als Dramaturg an einem Westberliner Theater arbeitete. Wir haben ihn nicht vorher angerufen, weil wir ihn überraschen wollten. Er und seine Frau hatten sechs Kinder. Und die waren ab und zu mal bei uns in Dresden gewesen.

Das hatte geklappt mit der Überraschung – wir saßen den ganzen Tag beieinander und unterhielten uns darüber, wie es jetzt weitergehen könnte. Alle gingen wir davon aus, dass die Grenze jetzt offen bleibt. Nun brach also eine neue Zeit an.

Ich war zu der Zeit Maschinenbauer und Maschinist im Nähmaschinenteile-Werk. Den Betrieb gab es noch bis 1994. Ich war Betriebshandwerker, zuständig für Kessel, Heizung und Kompressorenanlagen. Dort habe ich gearbeitet, bis der Betrieb den Geist aufgab. Nun kamen die Westler, die den Betrieb retten wollten, die aber nur die Immobilien verkauften – und wieder gingen.

Das war mein erstes Erlebnis mit den Westlern. Es kamen Mitarbeiter von Singer und von Pfaff – die wollten uns aber nicht über die Pleite helfen, die wollten ja kein Konkurrenzunternehmen aufpäppeln. Sie ließen uns aber noch weitgehend in Ruhe, wir konnten erstmal weiter produzieren. Wir waren in Dresden nur ein Teil des Kombinats. In Radebeul und in Görlitz hatten wir auch noch Zweigwerke für Nähmaschinenteile und noch ein paar mehr.

Wir gehörten zu Textima in Karl-Marx-Stadt, weil wir Nähmaschinenteile herstellten. Und alles, was mit Textilien zu tun hatte, war unter diesem Textima-Dach. Es wechselten dann mehrmals die Chefs. Der alte Chef war aber auch noch da …

Und dann, 1993/1994, kam ein Schweizer Unternehmen. Die hatten mit Textil gar nichts zu tun, sie wollten nur den Betrieb zerschlagen. Wir hatten ja viele Grundstücke, auch Ferienheime; die wurden verkauft, und das Geld zogen die Schweizer raus. Danach war Ruhe im Karton. Im letzten Jahr arbeiteten nur noch wir Handwerker. Die Büros wurden als Wohnungen ausgebaut, die Wohnungen wurden vermietet. Ich war 1994 einer der Letzten, die dort das Licht ausmachten.

Aber so richtig Kummer löste das bei mir nicht aus. Es passierte so viel, und man hatte so viele neue Eindrücke, konnte endlich reisen, sodass dieser Umbruch bei mir gar nicht so in die Tiefe ging.

Parallel zu meiner Arbeit dort im Betrieb hatte ich schon viele Jahre vorher in der Staatlichen Versicherung mitgearbeitet, also treppauf, treppab Versicherungen kassiert. Das hatte ich schon seit 1973 gemacht, um zusätzlich etwas zu verdienen. Nun machte ich das auch weiter bis 1994, und dann wurde ich Hauptvertreter bei der Allianz in Dresden. Die Staatliche Versicherung ging ja in die Allianz über. 1994 habe ich mich dann selbständig gemacht, ohne eine Lücke konnte ich weiterarbeiten. Und zusätzlich war ich noch bei den Feierabendbrigaden – dort haben wir Häuser gebaut, auch das gab es in der DDR. Klar war das anstrengend, aber früher hat man das anders weggesteckt. Ich bin Baujahr 1950, und heute würde ich so viel gar nicht mehr schaffen.

Als die deutsche Einheit kam, hatte ich ein positives Gefühl, auf jeden Fall. Mir ging es zwar nicht schlecht zu DDR-Zeiten; ich hatte im Prinzip alles, was ich brauchte. Aber mir fehlte eben die Reisefreiheit.

Politisch ließ man mich in Ruhe, außer in der Armeezeit, da eckte ich mal ein bisschen an. Ich war während der Schulzeit nicht in den Pionieren, eigentlich war ich nirgendwo drin, aber sie ließen mich in Ruhe. In der Schule nannte man mich »Kapitalistenkind«, weil mein Vater bis in die Fünfzigerjahre eine Schuhfabrik hatte. In Radebeul. Die hatte er bis 1956, im Jahr darauf ist er gestorben. Sein Compagnon war daraufhin in den Westen abgehauen. Man hatte ihnen einen Aufpasser reingesetzt – der bekam sein Geld, ohne etwas zu machen. Später wäre mein Vater ohnehin enteignet worden, doch in den Fünfzigerjahren fing das eben erst an.

1957 – das war das Jahr, in dem ich in die Schule kam. Es war eine schwere Zeit damals, und uns ging's nicht gerade gut. Ich war das »Kapitalistenkind« – die anderen Kinder bekamen Freiexemplare von Büchern, ich nicht, obwohl ich Halbwaise war. Ich habe das staatliche Misstrauen schon zu spüren gekriegt.

Mit siebzehn Jahren war ich Facharbeiter, Maschinenbauer, und hatte gleichzeitig meinen Zehnte-Klasse-Abschluss. Eigentlich wollte ich ja dann zur Marine gehen. Doch da lehnten sie mich ab, weil ich Westverwandtschaft hatte. Stattdessen zogen sie mich zur Armee ein. Und dort bin ich gleich drei Jahre geblieben – denn da gab es was, das mich besonders interessierte: Waffentechnik. Das war bei der Luftwaffe, auf dem Rothenburger Flugplatz, an der polnischen Grenze.

Dort war ich also drei Jahre, als Waffenmeister. Ich hatte immer mal Probleme, trat nicht in die Partei ein, obwohl ich sollte. Als Feldwebel degradierten sie mich mal, da war ich nur noch Unterfeldwebel. Dann fanden sie heraus, dass ich historische Waffentechnik sammelte, was verboten war. Heute ist das ja noch schlimmer, es ist völlig verboten, Waffentechnik zu sammeln. Die kaufte ich auf und restaurierte sie. Wir hatten ja diese chemischen Bäder. Das war eine Riesenwerkstatt, in der wir auch Maschinenpistolen und Maschinengewehre anfertigten. In der Zeit ging gerade der Krieg Ägypten gegen Israel los, dieser Blitzkrieg, und da brachten wir für die Ägypter Tausende von Maschinenpistolen auf Vordermann. Am liebsten hätte ich alle Schlagbolzen weggelassen, damit die im Ernstfall nicht funktionieren, ich habe mich damals furchtbar gefühlt.

Mit der Stasi hatte ich auch zu tun, die wollten mich umdrehen und erpressen, weil ich nun dem Sammeln von Waffentechnik überführt worden war. Da hatten sie aber bei mir kein Glück.

Ich ging nach drei Jahren raus aus der Armee, da war ich 21 Jahre alt. Eine richtige Freundin hatte ich da noch nicht, ich war etwas schüchtern. Ich kehrte wieder in meinen alten Betrieb zurück, ins Werk für Nähmaschinenteile, und arbeitete dort als Facharbeiter und später als Maschinist. Insgesamt bis 1993.

Übrigens: Der Schwager und seine Frau denken politisch noch wie früher. Sie sagen aber immer: »Das haben wir doch früher schon gesagt.« Es sind Wendehälse. Seitdem meine Schwiegermutter tot ist, die ja im selben Haus wie wir wohnte, lassen sie sich hier nicht mehr sehen.

Und der Onkel, den wir am Tag nach dem Mauerfall in Westberlin überrascht haben? Der lebt noch, geht inzwischen bereits auf die neunzig zu. Doch im Laufe der deutschen Einheit haben wir uns ein wenig aus den Augen verloren.

Und heute? Ich bin Trödler, verkaufe an Wochenenden Sachen aus Wohnungsauflösungen auf dem Trödelmarkt. Den Stand nebenan hat mein Freund, wir machen das schon seit fast zwanzig Jahren. Wir haben nebeneinander eine Hütte an der Ostsee und gehen auch manchmal zusammen zu Pegida.

Ich mache aber auch etwas für die Gesellschaft: Seit 2006 betreue ich Leute, die mir vom Gericht genannt werden, die selbst keine Entscheidungen mehr treffen können, als eine Art Vormund, als Betreuer. Insgesamt sechs Leute habe ich schon betreut: Einige sind bereits weggestorben, andere sind weggezogen, dann bekommen sie auch einen anderen Betreuer. Zurzeit betreue ich noch eine Frau und einen Mann, die hier in Dresden wohnen. Es sind alte Menschen, schon über neunzig Jahre alt. Die Frau lebt in einem Pflegeheim, sie hatte einen schweren Schlaganfall. Der Mann ist geistig noch rege: Er erzählt mir noch immer Geschichten vom Krieg. Ihm haben sie mit achtzehn Jahren an der Ostfront das Bein weggeschossen, seitdem hat er ein Holzbein. Er ist aber alt geworden mit seinem Holzbein. Manchmal haben die Alten ja keinen mehr, der sich um sie kümmert. Doch wenn die beiden jetzt irgendwann wegsterben, mache ich diesbezüglich nichts mehr, ich bin ja auch fast siebzig und arbeite noch.

Und meine Frau und ich, wir ziehen noch ein Enkelkind auf, das bei uns lebt. Wir hatten ja nach der Wende zu unserem eigenen Kind noch ein Pflegekind aufgenommen. Inzwischen ist es eine erwachsene Frau, doch war sie mit der Erziehung ihres Sohnes überfordert. So haben wir auch ihren Sohn als Pflegekind aufgenommen. Das ist anstrengend, aber auch eine schöne Erfahrung.

Wie das heute für mich ist, wenn ich auf die deutsche Einheit zurückschaue? Ich finde, es ist vieles richtig gemacht worden, aber es sind auch viele Fehler gemacht worden. Dass Deutschland zusammengewachsen ist, das finde ich auf jeden Fall gut. Aber was jetzt so alles im Fernsehen wieder hochkommt, die Sachen mit der Treuhand, das war schlimm. Wie viele Betriebe bei uns tot gemacht worden sind – Betriebe, die noch gut liefen! Von DDR-Seite haben sich aber auch etliche, die an den Quellen saßen, Volksvermögen unter den Nagel gerissen.

Seit 2006, seit dem Tod meiner Mutti, habe ich an der Ostsee ein Häuschen für meine Familie ausgebaut. Nun gehört aber das Gelände, auf dem das Häuschen steht, einer westdeutschen Aktiengesellschaft. Und so brauchen wir von Jahr zu Jahr jeweils eine neue Genehmigung, das Häuschen darauf stehen lassen zu dürfen. Die Gemeinde hat das Strandgelände Anfang 2000 an diese Gesellschaft verkauft. Deren Plan ist es, eigene Hütten aufs Gelände zu setzen. Ich selbst habe bis jetzt Glück gehabt. Aber man kann eben nicht investieren, weil man nicht weiß, ob man im nächsten Jahr noch da ist. Das ist die andere Seite von der Entwicklung in den letzten Jahren.

Ja, Pegida, da laufe ich schon manchmal mit. Die existieren jetzt etwa fünf Jahre. Das ging im Oktober 2014 los. Da sind wir, mein Freund und ich, auch schon mitgegangen. Am Anfang aus Neugier, um mal zu sehen, was dort überhaupt Sache ist. Da ging das schon los mit den Flüchtlingen, die Flüchtlingszahlen stiegen bereits an. Der Kick kam aber 2015, mit Budapest, als die Kanzlerin die Flüchtlinge einlud, nach Deutschland zu kommen.

Am Anfang waren es dreißigtausend, dann wurde es allmählich weniger. Die meisten kamen aus Sachsen, aber auch von sonst woher. Am Anfang waren alle Altersstufen dabei, inzwischen sind es aber mehr unsere Jahrgänge, das reifere Alter. Die meisten Teilnehmer sind Männer, aber es gibt auch viele Ehepaare, die zusammen gehen. Im Altersschnitt so zwischen vierzig bis siebzig.

Wir sind ja nicht immer dabei – aber so etwa vier- oder fünfmal im Jahr gehen wir mit. Heute immer noch. Die Redner sind sehr unterschiedlich – wie überall gibt es gute und schlechte. Bei manchen hat es Hand und Fuß, was sie sagen, andere poltern los und sind im Prinzip gegen alles. Da sage ich dann: »Nee, das muss nicht sein.« Die Reden sind meistens interessant – aus Tschechien kam einer oder aus Österreich. Das Hauptanliegen von Pegida ist, dagegen zu protestieren, dass mit der erst schleichenden, inzwischen immensen Einwanderung mehr und mehr unsere eigene Kultur verloren geht. Zwar ist Sachsen noch nicht so sehr betroffen, aber »Wehret den Anfängen« lautet doch ein alter Spruch. Erdogan, der türkische Präsident, hat gesagt: »Unsere Minarette sind Speerspitzen.« Und im Netz lief ein Video, da stand ein muslimischer Prediger auf einem Marktplatz in einer deutschen Stadt. Und der rief den Umstehenden zu: »Wir erobern euer Land mit den Bäuchen unserer Frauen!«

Es wird dahin gehen, dass das in den nächsten zwanzig, dreißig Jahren immer mehr wird. Und wir hier im Osten sehen das kommen. Ja, es ist im Prinzip »Wehret den Anfängen«. Die Meinung herrscht überwiegend in der sächsischen Bevölkerung. Unter den Älteren vor allem. Die Jugend denkt vielleicht nicht so, vielleicht ist es ihr auch egal.

Wir haben keinen Hass gegen Leute von außen, die hierherkommen und hier ordentlich arbeiten. Absolut nicht, wir sind nicht ausländerfeindlich. Aber das unkontrollierte Hereinkommen … Und dass unser Anliegen immer falsch übermittelt wird durch die Medien, das stachelt uns an. Und es bringt ja auch was: Die ersten Forderungen von Pegida sind von der Politik inzwischen 1:1 übernommen worden – dass niemand mehr unkontrolliert über die Grenzen kommt. Da sieht man ja, dass es was bewirkt hat.

Mein Freund und ich, wir sind nicht immer einer Meinung mit den Veranstaltern und anderen, die da mitlaufen – in der Russland-Problematik gar nicht. Es gibt bei Pegida, auch in der AfD, hier im Osten natürlich etliche, die früher in der SED waren und sich nun hier gut aufgehoben fühlen. Viele haben vor allem Fremdenangst. Ich persönlich nicht, ich bin da eher entspannt. Aber wir können nicht alle aufnehmen im Land. Im Prinzip kommen ja hier nur welche rein, die den Sozialstaat lieben. Unser Land war damals auch völlig zerkloppt – hatten wir jemand, der das für uns wiederaufgebaut hat? Das haben wir selbst wiederaufgebaut. Wir können nicht den Retter für die ganze Welt spielen.

Es gibt zum Beispiel in Dresden eine Städteplanerin aus Aleppo. Die plant den Wiederaufbau ihrer Stadt in Syrien, sitzt aber hier und kriegt das ganze Geld dafür von hier. Aber bei uns ist kein Geld da, um historische Sachen wiederaufzubauen.

Wir treffen uns immer mal woanders für die Demo – mal am Altmarkt, mal an der Semperoper, mal am Hauptbahnhof. Jetzt sind es nicht mehr so viele wie vor Jahren, so etwa vier- oder fünftausend. Es ist aber nicht mehr jede Woche, eher alle zwei Wochen. Viele kommen aus dem Erzgebirge, viele aus dem Ostsächsischen, auch aus Brandenburg zum Teil. An der Spitze fahren immer die Rollstuhlfahrer, die Behinderten geben das Tempo vor. Es sind meistens ganz normale Leute, die da mitlaufen, keine Braunen. Und es geht ja auch vonseiten der Pegida friedlich ab.

Vor einiger Zeit, das war im November im letzten Jahr, da waren mein Freund und ich auch mitgegangen. Und am Rande stand eine Bläsergruppe, die das Deutschlandlied auf Blechblasinstrumenten spielte. Leute, die Straßenmusik machten, sie hatten da etwas zum Geldreinwerfen. Und die wurden von den Roten richtig bösartig beschimpft. Das ist ja immer alles getrennt bei den Pegida-Demonstrationen. Da sind wir, und da sind die Linken. Und dazwischen achtet die Polizei darauf, dass es wenig physische Begegnung gibt. Aber dass sie eine Bläsergruppe beschimpften, weil die das Deutschlandlied spielten, das war schon beschämend. Die stellten sich daneben und rollten ihre Plakate aus, z. B. »Das

Böse kommt immer dann, wenn die Mehrheit schweigt« oder solche Sprüche. Wir sind Patriotische Europäer gegen die Islamisierung des Abendlandes – Pegida. Aber wir wenden keine Gewalt gegen Andersdenkende an.

Umgekehrt ist es leider nicht so. Ganz schlimm ist es in Leipzig, bei Legida, da haben die Leute inzwischen Angst, mitzulaufen. Denn dort mischen die Linksradikalen mit und die sind sehr aggressiv. In Dresden geht es da vergleichsweise friedlich zu.

Kein buntes Thema in Pasewalk

Düzen Tekkal

Was mag schon ein jesidisch-kurdisches Mädchen, gerade einmal elf Jahre alt, das in der niedersächsischen Landeshauptstadt Hannover lebt, beim Mauerfall gedacht haben? Die einfachste und vermutlich sogar naheliegende Antwort auf diese Frage ist noch immer ein schlichtes »Nichts«, aber in meinem Fall ist das glatte Gegenteil wahr. Es gibt kein historisches Ereignis, das mich emotional so tief und einschneidend berührt hat wie die deutsch-deutsche Wiedervereinigung. Mehr noch, wenn ich mir mit dreißig Jahren Abstand die Bilder anschaue, dann treffen sie mich noch immer mitten ins Herz, dann sind die emotionalen Momente von 1989 plötzlich wieder da, als wäre all das erst gestern passiert, als läge dazwischen nicht das Abitur, das Studium, die ersten Schritte in die Berufswelt, die ersten Erfolge, die Gründung einer Hilfsorganisation. Kurz, fast mein gesamtes Leben.

Die Bilder, die damals auf dem Fernseher flimmerten, lösten die intensivsten Gefühle in mir aus, obwohl das alles eigentlich doch so weit weg war – zumindest in Kilometern gerechnet. Aber natürlich blieb es nicht bei Bildern, plötzlich waren neue Mitschüler in meiner Klasse. Mitschüler, über die abfällig gesagt wurde, sie seien »aus der Zone«, sie seien arm, sie hätten die falschen Frisuren, die falschen Klamotten, sie würden »gar kein richtiges Deutsch« sprechen. Was ein Gefühl in mir auslöste – Solidarität. Ein Gefühl, das man nicht erklären, sondern nur fühlen kann. Und das man spürt, wenn man sich in die Menschen hineinversetzen kann. Schließlich kamen sie auch nicht »ursprünglich« aus Hannover, auch sie hatten diesen angeblichen Makel des Neuseins, auch ihnen sah man sofort an, dass sie sich nach nichts mehr sehnten, als einfach nur dazugehören zu dürfen. Die Parallelen zu meiner Lebenssituation sprangen mir nur zu deutlich ins Gesicht, ich wusste, was es bedeutet, sich Freiheit erst erkämpfen zu müssen, was es heißt, schief angeschaut zu werden.

Aber das war natürlich auch erst der Anfang. Meine Wege und die Wege meiner neuen Freunde aus dem Osten kreuzten sich immer und immer wieder, eine der wenigen Konstanten in meinem Leben – und in allen Lebensabschnitten. Etwa in meiner Zeit als Redakteurin beim Fernsehen, als mein Weg mich immer wieder in die neuen Bundesländer geführt hat. Nie werde ich vergessen, wie ich einmal vom Sender nach Pasewalk geschickt wurde, für eine Reportage, die eigentlich ein ganz anderes, ein buntes Thema hatte. Aber da stand ich nun in Pasewalk, einem Ort, der mir so furchtbar gottverlassen vorkam. In dem für absurd niedrige Billiglöhne geschuftet wurde, wo man einen ganzen Stadtkern im Stich gelassen hat. Und ich kann mich noch heute an die ersten Dialoge erinnern, die alles andere als freundlich waren. Stattdessen wurde ich ungeniert beäugt, mehr als nur skeptisch beobachtet und dann gefragt: »Sprechen Sie überhaupt Deutsch?« Und dann dieses halb generöse, halb abwertende »Haben Sie überhaupt gelernt, was Sie da tun?«

So fing mein Aufenthalt in Pasewalk an, einen schlechteren Start kann man sich eigentlich gar nicht vorstellen, aber ich habe schnell gemerkt, dass hinter dieser ersten Fassade mehr ist, als ich im ersten Moment wahrnehmen konnte (und wohl auch wollte). Je mehr man ins Gespräch kam, desto mehr merkte man, dass es etwas gibt, was uns verbindet – der Wunsch nach Respekt, nach Anerkennung, danach, wie ein Mensch behandelt zu werden. Und am Ende haben wir zusammen gelacht, statt billige Ossi-, Wessi- oder Ausländervorurteile auszuleben. Und ich konnte verstehen, woher das anfängliche Misstrauen der Menschen aus Pasewalk stammt, denn die Tristesse in der Stadt hat mich geschockt. Am augenfälligsten zu sehen an denen, die sich dem Alkohol verschrieben haben. Menschen, die nicht stark genug waren, um ihren Ort zu verlassen, um sich ein neues Leben aufzubauen. Da sah ich sie mit meinen eigenen Augen, die Wendeverlierer.

Und dann war ich zurück in meiner Wessi-Redaktion und musste meinem Redaktionsleiter erläutern, warum es schlichtweg nicht möglich war, ein buntes Thema in Pasewalk zu machen. Sondern mal wieder (ich hatte meinen Ruf da bereits weg) mit einer »Sozialstunde« in die Redaktion zu kommen, in der es darum ging, dass wir die ungleichen Verhältnisse in Deutschland beleuchten müssen. Und mein Redaktionsleiter sah das durchaus ein, er verstand meine Argumente, fragte sich aber, ob die Menschen so etwas überhaupt noch sehen wollen. Die Quote. Aber am Ende konnte ich mich durchsetzen, sogar seine Befürchtungen widerlegen: Das Stück hatte nicht nur eine enorme Relevanz, sondern sorgte auch für eine sehr starke Quote.

Jahre später habe ich in einsamen verzweifelten Stunden gedacht, dass ich doch besser in Pasewalk geblieben wäre und weiter von dort Dokus gemacht hätte. Denn auf das, was mich im Irak erwartete, war ich nicht vorbereitet gewesen. Wäre vermutlich kein einziger Mensch vorbereitet gewesen, denn mich erwartete der pure Horror. Ich bin in etwas hineingeschliddert, was mich fast zerrissen hätte: Die Morde der Terrormiliz IS an meiner Religionsgemeinschaft, den Jesiden, haben mich 2014 zur Chronistin eines Völkermordes gemacht. Eines Völkermordes, der vor meinen Augen ablief, der so brutal war, dass sich der Schrecken in meine Seele eingebrannt hat. Kinder wurden zu Waisen gemacht, Väter vor den Augen ihrer Kinder enthauptet, Frauen und Mädchen wurden versklavt, verkauft und vergewaltigt. Und ermordet. Ich war, um im Journalisten-Deutsch zu bleiben, »ganz nah an dem Thema dran«, leider viel zu nah. Aber ich spürte auch wieder, was es heißt, unfrei zu sein. An einem falschen Fleck dieser Erde geboren zu sein, zur Zielscheibe gemacht zu werden. Die Süße der Freiheit wird dir erst bewusst, wenn du in Unfreiheit bist. Und die Freiheit dir genommen wird.

Im August 2014 bin ich dann zurück in Deutschland, will dort den Film meines Lebens erzählen, für den sich aber niemand wirklich interessiert. Der IS hat »uns« Jesiden zwar plötzlich zu trauriger Berühmtheit gemacht, aber abgesehen von ein paar dramatischen Momentaufnahmen will man es eigentlich auch nicht so genau wissen. Wen interessiert denn schon das furchtbare Leid eines vergewaltigten Mädchens, dessen Sprache man nicht versteht, die tausende Kilometer entfernt in einer Region lebt, die der durchschnittliche Mitteleuropäer doch nur mit Krieg, Mord und Aussichtslosigkeit assoziiert, die bei ihm längst abgeschrieben ist?

Aber für mich ist das nicht irgendein Film, bei dem die Quote zählt. Der die Zuschauer kurz packt, bevor über den kommenden Wochenendausflug geredet wird. Nein, für mich ist das der Film meines Lebens, nichts brennt mehr auf meiner Seele, als endlich das Material schneiden zu dürfen – schließlich muss die Welt wissen, was meiner Religionsgemeinschaft angetan wurde, was es bedeutet, einen Völkermord erleiden zu müssen. Damit niemand mehr sagen kann, er habe es nicht gewusst. Aber ich war nur ein kleines Rädchen in einem großen Uhrwerk, und so sehr ich den Film auch endlich machen wollte, fehlte mir doch vor allem: Geld, Zeit und Einfluss, ich wäre fast verzweifelt.

Doch da trat dann die nächste schicksalhafte Begegnung ein – mit meinen Freunden aus dem Osten. Ich treffe Tom Zickler, der damals noch bei Barefoot Films war. Ich treffe ihn abends in ungezwungener Atmosphäre auf der Berlinale, was auch nur pures Glück war, schließlich wurde ich von einer Freundin vorher regelrecht gezwungen, überhaupt zur Berlinale zu gehen, gedanklich war ich zu diesem Zeitpunkt noch immer im Irak. War zwar schon körperlich anwesend in Deutschland, aber meine Seele befand sich noch immer im Krieg. »Es kommen wichtige Leute, komm vorbei, wichtige Produzenten, vielleicht findest du jemanden, der auch deinen Film pusht«, hat meine prophetische Freundin gesagt, um mich auf die Berlinale zu schleppen.

Einen Satz, mit dem ich mich widerwillig überreden lasse – und der es erst ermöglicht hat, dass ich Tom Zickler treffe. Und als ich ihm davon erzählte, was ich im Irak erleben musste, spürte ich das alte Gefühl, dass da wieder jemand aus dem

Osten ist, der mich versteht, der mir nicht nur mit seinem Verstand, sondern auch mit seinem Herzen folgen kann. Und der das »Lass uns telefonieren« nicht einfach so dahinsagt, sondern Taten folgen, gleich einen Termin festschnüren lässt.

Auf dem Weg zum Termin am nächsten Tag führe ich mein Material mit mir, pures, rohes Material, denn ich hatte weder Zeit noch Geld, es irgendwie schön zu machen. Und ich gehe in den Termin mit einem einzigen Gefühl: pures Herzklopfen. Schließlich wusste ich ja nicht, wie Tom Zickler reagiert, wenn er meine Aufnahmen sehen wird. Aber als ich ihm in der Produktionsfirma das Material zeige, passiert etwas, womit ich niemals gerechnet hätte – Tom Zickler fängt beim Zeigen bitterlich an zu weinen. Und dann schaut er mich an und sagt einfach nur: »Dieser Film muss erzählt werden, koste es, was es wolle.«

Und diesen schlichten, aber so wundervollen Satz sagt er zu jemandem, der die letzten Monate weder ein noch aus wusste. Aber plötzlich gibt es einen Menschen in meinem Leben, der an mich glaubt, der an meinen Film glaubt. Und als ich ihn schließlich nach dem Warum frage, sagt er nur, dass er in Unfreiheit geboren wurde. Dass er weiß, was es heißt, unfrei zu sein. Deshalb möchte er alles dafür tun, anderen Menschen zu helfen, die in Unfreiheit sind – damit auch sie eines Tages frei sein können. Und dann erzählte er von den Montagsdemonstrationen, wie er dort als Kameramann war. Was es für ihn bedeutet hat, mit der Kamera Menschen zu filmen, die für ihre Freiheit kämpfen. Dass das für ihn ein einschneidendes Erlebnis war, so einschneidend, dass er für mich und meinen Film kämpfen wird.

Der Mauerfall ist bald dreißig Jahre her – und ich wohne jetzt in Berlin-Mitte genau da, wo einst die Grenze verlief. Zwischen Checkpoint Charlie und Schützenstraße. Und immer, wenn ich die Laternen sehe, die dort stehen, wo die Grenze verlief, zähle ich mich zu den Glücklichen, denn ich darf an einem Ort leben, der wie kaum ein anderer Geschichte geatmet hat – Geschichte, die ein gutes Ende nahm. Die deutsch-deutsche Vereinigung ist für mich gelebte Realität, täglich laufe ich über den ehemaligen Todesstreifen. Und doch kommen mir noch immer die Tränen, wenn ich die Bilder von damals sehe. Damals, als die Grenze fiel. Und die Tränen wird jeder verstehen können, der weiß, wie es ist, in Unfreiheit geboren zu sein. Und es sind die Menschen, die für ihre Freiheit gekämpft haben, die mir so unendlich viel Respekt abnötigen.

Und dann gibt es Menschen wie Freya Klier. Freya Klier, die ich kennengelernt hatte, als ich eine Laudatio auf sie halten sollte. Die so nett war, mich zu besuchen, um mir vor der Preisverleihung noch Rede und Antwort zu stehen – ich wollte in der Laudatio schließlich keinen Quatsch vom Hörensagen erzählen, sondern das, was diese bemerkenswerte Frau auch tatsächlich auszeichnet.

Und ich war wieder einmal nervös, denn ich hatte vor dem Treffen so viel – zu viel? – über sie gelesen. Über ihre Zeit als politische Gefangene im Stasi-Knast Hohenschönhausen, über ihr Leben. Und ich hatte mir ausgemalt, was das für eine ernste und gleichzeitig auch traurige Frau sein muss. Aber wieder einmal wurde ich getäuscht, vor mir erschien ein Energiebündel, eine Frohnatur, die alle mitreißt – mich eingeschlossen.

Und wieder einmal musste ich feststellen, dass es am Ende immer der Mensch ist, der den Unterschied macht. Dass dieser Wille, sich zu behaupten, bei manchen Menschen einfach nicht totzukriegen ist. Und wie stark und spürbar die psychische Widerstandskraft doch bei Freya Klier ist. Wir fangen an, uns auszutauschen, zu lachen, zu weinen. Und plötzlich spüre ich wieder dieses Gefühl der Vertrautheit, der Solidarität – und spüre tief und fest, dass dies der Beginn einer wunderbaren Wessi-Ossi-Freundschaft ist.

Kaliningrad

Gudrun Schmidt-Kärner

Es ist ein Freitagmorgen im Herbst 1990, mein Mann Herbert und ich sitzen beim Frühstück bei der Lektüre der »Lübecker Nachrichten«. Den politischen Teil habe ich schon genau durchgelesen, nun noch schnell die aktuellen Informationen aus der Stadt, es reichen doch eigentlich nur die Überschriften. Da stutze ich! »Hilfsgüter können mit den leeren Kohleschiffen nach Kaliningrad transportiert werden.« 8 x 3 cm hat die Ankündigung der Lübecker Hafengesellschaft. Unser Kultursenator will Schafe in das ehemalige Ostpreußen bringen, aber es gibt noch Platz für Pakete für die besonders arme Bevölkerung im Sperrgebiet der ehemaligen Sowjetunion. Mit wenigen Zeilen wird mir ein Landstrich in Erinnerung gerufen, von dem ich in der Schule lernte, dass es dort eine geographische Besonderheit gibt, nämlich die Kurische Nehrung. Ich erinnerte mich auch spontan an zwei Lieder, die ich so gerne gesungen hatte, das mit den wilden Schwänen und das mit dem Land der dunklen Wälder.

Was mir in den nächsten Minuten nicht noch alles durch den Kopf schoss!! Ich wurde immer unruhiger und aufgeregter. Warum nur?

»Ist dieses Gebiet nicht das dunkle Loch an der Ostsee, zwischen Polen und den baltischen Staaten?«, fragte mich mein Mann, dem ich den kleinen Hinweis, der mein Leben völlig verändern sollte, vorgelesen hatte. »Da standen wir doch 1985 verbotenerweise zu nahe an der Grenze, als wir im nördlichen Polen, in Masuren waren!« So erinnerte er sich. Ja, das wussten wir, keiner durfte dort einfach mal so hinreisen, auch nicht nach dem Fall des Eisernen Vorhangs.

Erinnere ich mich an dieses erste Jahr nach 1989, dann sehe ich mit Trabis vollgeparkte Straßen, Strafzettel wurden nicht verteilt. Wir in Lübeck hatten die Grenzöffnung so unmittelbar erlebt und waren von der Euphorie, den Menschen im Osten zu helfen, auch nach einem Jahr noch immer erfasst. Doch auch in der Presse wurde über Hilfstransporte berichtet von Hamburg nach Leningrad, von LKWs, beladen mit Hilfsgütern nach Minsk und in die baltischen Länder. Nur von Kaliningrad, dem ehemaligen Königsberg in Ostpreußen, da sprach niemand.

Sollte ich reagieren? – Ich tat es, und es war der Ursprung der Umsetzung einer meiner Visionen, hier und jetzt etwas für Frieden und Völkerverständigung zu tun.

Nach vielen administrativen Vorbereitungen war ich am 27. Dezember 1990 an Bord der Amur 2524, und diese legte mittags in Lübeck vom Konstinkai ab. Ich überzeugte mich noch, dass auch unsere zwölf Tonnen Hilfsgüter geladen waren (die Schafe waren nicht an Bord), und wurde vom Kapitän freundlichst begrüßt und in meine Kabine geführt.

Zitate aus dem Tagebuch der Reise vom 27. Dezember 1990 – 4. Januar 1991:

»Sonntag, 30.12.1990
Die Reise geht zu Ende, wir liegen vor Baltisk (Pillau) vor Anker. Der Kanal nach Kaliningrad ist besetzt, ca.

zwei Stunden Wartezeit und dann noch drei Stunden Fahrt durch den Kanal. Das Motto ›Zeit ist Geld‹ gilt hier ganz und gar nicht. Die Besatzung ist freundlich, begegnet mir mit offenem Blick. Mit Valery hatte ich noch ein langes Gespräch auf der Brücke. Er versucht, mir die Probleme seines Landes zu erläutern. Eine Wohnung zu kaufen kostet 20–24 000 Rubel. Sein Monatsverdienst ist 200 Rubel. Jetzt lebt er in einem Haus der Reederei, der Western Shipping Company, solange diese sein Arbeitgeber ist, kann er dort wohnen. Eine Einzimmerwohnung mit Küche und Korridor, ca. 30 qm. Er ist verheiratet und hat eine fünfjährige Tochter. Seine Englischkenntnisse hat er sich durch einen Fernkursus erworben. Sie sind ausgezeichnet. Valery hat Sorge, man könnte mir nur die helle Seite dieses Landes zeigen.

Meine gespaltene Meinung über diese Hilfsaktion konnte ich ihm mitteilen:

1. Zu helfen, wenn es nötig ist, bleibt für mich eine Selbstverständlichkeit. Wir haben dazu die Pflicht, weil wir genug haben und teilen können.

2. Die Hilfe kann nur momentan sein und moralische Unterstützung im täglichen Daseinskampf.

3. Sie kann aber auch erst recht in die Resignation führen, wenn diese schönen Dinge für alle Zeit unerreichbar bleiben.

Montag, 31.12.1990

In Kaliningrad angekommen. Wir haben es geschafft, vor allem der Direktor der Schule 23, Herr Lasar Fukson, freute sich, dass heute, am Tag vor Neujahr (Weihnachten für die russische Bevölkerung), der Container vom Schiff geladen wurde, dass wir die Pakete entnehmen konnten und ich dabei war, wie sie in die Schule transportiert wurden. Auf einem vierzig Jahre alten Lastwagen. Schüler halfen, die großen Sammelkartons zu entleeren. Sie kommen wieder mit zurück. Jetzt 17.45 Uhr habe ich für 1,5 Stunden Pause im Hotel und dann gehen wir vielleicht in ein Orgelkonzert und danach gibt es ein Fest auf dem Stadtplatz.

Wir waren im Orgelkonzert. Eine alte Kirche aus Vorkriegszeiten wurde restauriert und zum Konzertsaal umgebaut. Herr Fukson hat mit viel Energie und Beziehungen die Eintrittskarten organisiert. An der Schlange zur Garderobe begrüßten wir den Oberbürgermeister der Stadt. Die Besucher waren festlich gekleidet, herausgeputzt, jeder hat sich nach Kräften bemüht. Es war ein buntes Durcheinander der Mode der letzten dreißig Jahre und viel Spaß und Freude. Die Frauen lieben es, sich zu schmücken. Das Konzert war stimmungsvoll mit Kerzenschein auf der Empore. Ein Weihnachtsmann in blau gab den Besuchern Geschenke, ein Tontäfelchen mit der Kirche und wichtigen Daten. Ein privater Verein organisiert die Konzerte.

Ein sehr junges Mädchen kam auf mich zu nach dem Konzert. Sie hatte gehört, dass ich Deutsch spreche, und sie wünschte mir und meinen Landsleuten auf Deutsch ein gutes neues Jahr. Anschließend feierten wir bis morgens drei Uhr in das neue Jahr hinein. Und zwar drei Mal:

Moskauer Zeit, Kaliningrader Zeit und deutscher Zeit. Roter Sekt und Wodka und viel Sakuska (Vorspeisen). Und keine Kopfschmerzen. Die Menschen können fröhlich sein, auch unter diesen schwierigen Lebensbedingungen. Lasar Fukson sagte, dass Besucher ihnen die Augen öffneten für die eigene Welt, die Rückstände, die Probleme. Sie leben isoliert und geduldig mit der Situation. Es gibt Lebensmittelkarten, z. B. pro Person 1 kg Zucker im Monat, aber im Dezember bekamen sie nur 2 kg (3 Pers. in der Familie). Es gab nicht mehr. ½ l Pflanzenöl pro Monat im Dezember, aber im November gab es keines. Im Sommer für den Saft und zum Einkochen von Obst und Gemüse gibt es keine größere Menge Zucker, so muss übers Jahr gesammelt werden. Moskau wird auch sehr schlecht versorgt, da die Gebiete für sich selbst produzieren und nichts abgeben. Es geht zur persönlichen Versorgung sehr viel Zeit drauf, da die Menschen oft Schlange stehen müssen. – Ich bekomme überall Geschenke.

Neujahr, 1.1.1991
Ich ging mit Herrn Fukson zu Swetlana (Deutschlehrerin in der Schule 23) zum Frühstück. Es war etwas wie unsere ›Schweinevesper‹. Am Anfang der Kaffee, Saft (Vitamine) und Wein schon zum Mittagessen. Dazu wieder eine Menge Vorspeisen und später Torte und Kaffee. Salate sind beliebt aus sehr kleingeschnittenen Bohnen, weiße Bohnen gekocht mit Knoblauch und Nüssen oder Salat aus Roter Beete mit Hering. Dann gibt es Fisch in verschiedenen Formen. Ich habe das Gefühl, zu diesem Festtag wird alles

auf den Tisch gestellt, was da ist, auch Wurst und etwas Käse. Eine wichtige Vorspeise ist Sülze, sie wird nicht mit Essigmarinade und Gelatine zubereitet. Das Fleisch wird viele Stunden lang mit Knochen gekocht. Dazu und auch zu fetter Wurst isst man Meerrettich. Alle Gastgeber haben für mich alles auf den Tisch gestellt!!

Wir saßen wieder bis ca. vier Uhr mit Lasar Fukson, Swetlana und ihrem Mann Nikolai Waauliwitsch. Auch Swetlana stellte wohl ihre letzten Reserven auf den Tisch. Ich wollte danach gerne etwas spazieren gehen und trotz Nieselregen machten wir uns auf den Weg. Sie zeigten mir eine Straße, wie sie auch in Berlin Dahlem sein könnte. Eine Gegend, sehr wenig oder gar nicht zerstört, mit schönen alten Villen vom Anfang dieses Jahrhunderts. Wir kamen auch an einer Kirche vorbei, die jetzt ein Puppentheater ist. Es gibt hier noch keine Kirchen, in denen wieder Gottesdienste abgehalten werden. 3000 Juden und etwa 1000 Deutschstämmige leben in Kaliningrad. Lasar ist einer von ihnen. Am Abend, als wir zur Geburtstagsfeier zu Lasars Frau Larissa gingen, trafen wir noch ein jüdisches Ehepaar. Der Mann ist Direktor eines Baugeschäfts und war bereits letzten Sommer in Osnabrück, um mit einer Baufirma zu verhandeln. Diese soll hier einsteigen. Außerdem war ein Ethnologe zu Gast – er erforscht das Verhalten der Lebewesen in den Ozeanen und hat schon 15 Expeditionen durchgeführt. Er ist 46 Jahre alt und arbeitet mit am Aufbau eines Ozeanmuseums in Kaliningrad. Er schenkte mir einen Seeigel und für Franziska (meine Tochter) das Gebiss eines Hammerhais. Ein sehr aufmerksamer Mensch.

Dann wurde mir ein Oberst vom Militär mit seiner Frau vorgestellt. Er hat wohl eine hohe und wichtige Position mit Dienstwagen und Personenschutz. Außerdem war Larissas Freundin (dreißig Jahre lange Freundschaft) eingeladen. Ihr Mann ist zum Fischfang in Argentinien. Sie konnte etwas Englisch, wie auch die Frau des Obersts und der Nachbar. Wir waren zehn Personen. Es wurden kleine Geschenke für das Geburtstagskind mitgebracht, z. B. drei Nelken, eine Rose, eine Kerze oder der Salat der Nachbarin. Stühle, Hocker und ein Tisch wurden von Nachbarn geborgt. Es gibt in Kaliningrad keine Möbel zu kaufen. Ein weißes Tischtuch gehört zur festlichen Tafel, schönes Geschirr und Gläser. Alles geht sehr locker und offen zu. Geraucht wird in der Küche. Alle fassen mit an, decken den Tisch mit, räumen mit ab. Eine herrliche Atmosphäre. Als wir alle um den Tisch saßen, begannen wir mit rotem Champagner und Wodka, aber vorher muss jeder etwas auf dem Teller haben. Und wieder eine russische Sitte: Der erste Toast wird gesprochen, diesmal auf das Geburtstagskind, dann anstoßen und Sakuska essen. Bei diesem Toast sagt man liebenswerte Worte und gute Wünsche. Sie wurden mir alle übersetzt. Wir begannen 18.30 Uhr und feierten bis gegen Mitternacht. Der Oberst und Herr Fukson spielten Gitarre und begleiteten das Singen. Alle waren sehr fröhlich und ausgelassen.

Mittwoch, 2.1.1991
Die Heimreise. Um 20.30 Uhr musste ich am Hafen sein. Diese Abfahrtzeit war mir sehr recht, denn so bin ich

Freitag wieder zu Hause. Begleitet von Larissa, Swetlana und Herrn Fukson ging ich an Bord. Eine richtige Kabine, noch besser als auf der Amur 2425, ist meine Behausung. Ich bin der erste Gast in dieser erst vor zweieinhalb Monaten auf der Flender Werft in Lübeck eingebauten Passagierkabine. Wieder eine äußerst aufmerksame Behandlung. Zum Frühstück in der Kajüte: zwei Würstchen, Weißbrot und Butter. Statt Tee bekomme ich diesmal Nescafé, das ist gut.

Den Vormittag verbringe ich mit Dösen und Reflektieren: Wie war die Wirkung dieser Reise? Was notiere ich mir in mein Tagebuch? Am Nachmittag kommen zwei Mannschaftsmitglieder und stellen mir das Videogerät ein und geben mir zwei Kassetten. Ich bin glücklich über die Deutsch- und Englischkenntnisse der Besatzung, so gibt es die Möglichkeit, sich auszutauschen! Eine der beiden Kassetten ist ein Film von Kaliningrad, der einen guten Überblick von früher und heute gibt. Später lädt mich der Chefmaat auf die Brücke ein, ich kann dort telefonieren. Ich bin gespannt, wie der Einstieg in die Lübecker Realität sich für mich anfühlen wird. Im Radio höre ich jetzt wieder einen deutschsprachigen Sender. Es wird ausführlich über die Golfkrise berichtet. Mir fällt ein, dass ich mit meinen neuen russischen Freunden in der Silvesternacht auch eine Gedenkminute gegen einen Golfkrieg eingelegt habe. Recht muss Recht bleiben, meinte Herr Fukson. Aber er ist mit uns einig, dass nicht alle politischen Wege versucht worden sind …«

Aus diesen ersten intensiven Erlebnissen folgten nun viele Jahre mit großem Engagement von Lübecker Bürgern, um die Menschen im Kaliningrader Gebiet besser kennenzulernen, sich verstehen zu lernen und voneinander zu lernen. Viele Hilfstransporte wurden durchgeführt und Projekte in der Landwirtschaft, im Sozialbereich und in der Bildung aufgebaut. Dieses ganze Engagement hatte für mich eine besondere Bedeutung.

Hier konnte ich endlich etwas für den Frieden und die Völkerverständigung tun, etwas wiedergutmachen, für das ich mich mit schuldig fühlte, das mich in meiner Jugend sehr bewegt und beschäftigt hatte. Ich war die Tochter von unbedeutenden, aber der nationalsozialistischen Ideologie treu ergebenen Eltern.

22 Jahre später, im März 2012, erzählte ich jungen Kaliningrader Bürgern von dieser ganz persönlichen Entwicklung, berichtete über meinen Weg, eine eigene Lebensphilosophie zu finden, auch zur Begründung meines Handelns in den letzten 22 Jahren in Kaliningrad. Hier einige Auszüge:

Vortrag am 14. März 2012 in Kaliningrad vor jungen Menschen, die als Praktikanten bereits in Lübeck waren.

Liebe Freundinnen, liebe Freunde,
es war über die vielen Jahre schon zur Tradition geworden, zu Ihrer Begrüßung in Lübeck ein paar Worte mit einem kleinen philosophischen Hintergrund an Sie zu richten, um die Bedeutsamkeit der besonderen Situation zu betonen. Sie alle haben mit Ihrem Entschluss, sich in eine fremde Welt zu begeben, besonderen Mut bewiesen.

Sie haben damit einen großen Schritt zum selbstständigen Handeln versucht. Ein Praktikum in Deutschland gehörte schließlich nicht zu den üblichen Bildungswegen der russischen Jugend.

Als ich nun hörte, dass wir bei unserem jährlichen Treffen den Film »Der kleine Nazi« sehen würden, kam mir in den Sinn, Ihnen einmal authentisch zu schildern, was es bedeuten kann, eine Tochter von Nazieltern zu sein.

Ich habe für Sie eine Karte erstellt, auf die ich einen Spruch gedruckt habe, der mich viele Jahre begleitet hat.

»Die Freiheit der Vielen ist das Geheimnis der Freiheit des Einzelnen.«

Diese Aussage stammt von Theodor Heuss, dem ersten Bundespräsidenten der Bundesrepublik Deutschland von 1949 bis 1959.

Es war die Zeit, in der unsere Generation in ihren Jugendjahren von einer sehr starken Auseinandersetzung mit den Eltern und deren Vergangenheit geprägt wurde. Wir hörten ständig und überall von den grauenhaften Zeiten des Dritten Reiches, wir wussten, dass unsere Eltern in irgendeiner Weise darin verstrickt waren, aber sie redeten nicht mit uns. Es gab nur in ganz seltenen Fällen offene, ehrliche Diskussionen. Das Bild einer jubelnden, blind vertrauenden Menschenmasse, die einem Führer, einem Menschenfeind folgte, hat sich mir und meinen Freunden eingeprägt. Wir hörten von der Macht, die die große Partei auf die Bürger ausübte. Ein Misstrauen entstand gegen jede Form von Vereinigungen. In keine Partei wollten wir je eintreten, keinem Verein je angehören, um ja nicht zum

Mitläufer für große Versprechungen, Ziele und Wahrheiten zu werden, die wir gar nicht leben konnten, die wir selber nicht fühlten.
Unser Wunsch war es, unsere eigene Freiheit, unsere geistige Selbständigkeit zu bewahren. Eigenständigkeit im Denken, das war unser großes Ziel. Eines unserer wichtigsten Themen war: »Das Individuum in der Gemeinschaft«. Wie konnte in dieser Frage eine Ausgewogenheit hergestellt werden? Wie konnten wir lernen, als eigenständige Persönlichkeit die Gemeinschaft zu achten, in ihr ein anerkanntes Mitglied zu sein?
Liebe Freunde, die Erfahrung zeigte, nach dieser Devise zu leben macht manchmal einsam, aber wie der alte Grieche Perikles (um 500–429 v. Chr.) schon sagte: »Das Geheimnis der Freiheit ist der Mut.« Auch zur Einsamkeit gehört Mut. Dieser Spruch hat mein Leben geprägt. Freiheit ist keine Selbstverständlichkeit, ich muss sie erst in mir selbst erkennen und lieben lernen, und das kann sehr mühevoll sein.
Über dreißig Jahre lang habe ich meine selbst aufgestellte Regel, nie irgendwo Mitglied zu werden und mich anderen Wahrheiten unterzuordnen, nicht gebrochen.
Erst als ich selber ein ganz klares Ziel, eine Vision vor Augen hatte, als ich überzeugt war, handeln zu müssen, musste ich meine Regel brechen, weil ich meine Vorstellungen von Frieden und Völkerverständigung umsetzen wollte. Der Weg war mein Ziel: Jungen Kaliningrader Bürgern ein Praktikum in Lübeck zu organisieren. Für diesen Weg musste ich selbst einen Verein mit Vorstand

und Vorsitzenden gründen, so sind die Bedingungen in Deutschland.
Mit einem guten Team haben wir hier in Kaliningrad vertrauensvolle Partner gefunden, mit denen wir bereits erfolgreiche Projekte durchgeführt haben. Möge das noch lange so bleiben.

Die jungen Zuhörer waren zwischen 25 und 35 Jahre alt. Sie alle sind in Russland aufgewachsenen, vom sowjetischen Staatssystem noch geprägt, und waren daher sehr erstaunt, dass Menschen so frei und offen über persönliche Dinge und Erlebnisse erzählen. Es gab interessante Nachfragen!

»Sich kennenlernen – einander verstehen – voneinander lernen«, dies wurde mein Motto, um in der Zusammenarbeit über alle kulturellen Unterschiede hinweg Dialoge mit gegenseitigem Vertrauen führen zu können.

So geht unsere Arbeit auch heute noch weiter.

Ein langer Prozess hatte im Herbst 1990 begonnen, eine Bewegung ging durch Lübeck und Schleswig-Holstein, und es war bei aller Vision viel Pragmatismus gefragt. Viele ehemalige Ostpreußen konnten dann ab 1991, als sich auch die Grenzen zum Kaliningrader Gebiet öffneten, endlich wieder ihre Heimat besuchen. Die Aufbruchsstimmung, die wir im Jahr zuvor beim Mauerfall erlebt hatten, wiederholte sich im Kleinen. Aber die Realität des Alltags und der kulturelle Unterschied waren um viele Dimensionen größer. Auch Skepsis haben wir auf politischer Ebene erfahren, so wurden wir bei unseren Aufenthalten immer genau beobachtet. Und nach zehn Jahren sagten uns unsere Freunde dann mal im

Vertrauen, dass man immer glaubte, wir wollten mit dem Praktikantenprogramm auch Spione ausbilden.

Heute, im Jahr 2019, kann ich sagen, dass aus Fremden Freunde geworden sind. Trotz noch vorhandener Grenzen wird auf beiden Seiten jede Möglichkeit wahrgenommen, die entstandenen Freundschaften zu pflegen.

Es macht mich glücklich zu sehen, wie in der jungen Generation seit 1992 bis heute meine Vision des freiheitlichen Denkens und Handelns schon sichtbare Veränderungen bewirkt hat.

Ich bin unendlich dankbar für die langanhaltende Wirkung, die der Fall des Eisernen Vorhangs für viele Menschen in West und Ost hatte.

Warum ich für »Point Alpha« kämpfte

Berthold Dücker

»Hast du das gehört, Papa, was der gerade gesagt hat? Die Grenze ist offen! Jetzt fällt die Mauer! Und auch die Sperrzone hat ihren Sinn verloren!« Das rief, nein, das schrie ich meinem achtzigjährigen Vater entgegen, der an jenem 9. November 1989 schon den ganzen Tag mit mir vor dem Fernseher saß und gespannt das unfassbare Geschehen in der untergehenden DDR verfolgte. Also abends auch die berühmte Pressekonferenz des SED-Politbürokraten Schabowski. 25 Jahre zuvor war ich als Sechzehnjähriger im äußersten Westen Thüringens durch das Minenfeld in die Freiheit gekrochen und lebte nun in Nordhessen, wo mich mein Vater als DDR-Rentner mal wieder für vier Wochen besuchen durfte. Meinen Vater riss es regelrecht aus dem Sessel, er schrie zurück: »Natürlich hab ich das gehört! Aber du bist doch wohl nicht so blöd und glaubst dem das! Das ist doch wieder nur so eine Masche! Das kennen wir doch! Glaub denen kein Wort! Die wollen nur Zeit gewinnen, um dann brutal zurückzuschlagen. Wie damals, 53 …«

Mein Vater sollte zum Glück nicht recht behalten. Die Mauer fiel, die 1400 Kilometer lange innerdeutsche Grenze wurde von Tag zu Tag löchriger, auch in meiner Rhöner Heimat. Kurz darauf überredeten meine Frau und ich meinen Vater zu einer Spritztour. Wir verrieten ihm nicht, dass wir den nahen, gerade geöffneten Grenzübergang zwischen dem hessischen Philippsthal und dem thüringischen Vacha ansteuern wollten. Vor der Grenze in Philippsthal hatte sich ein langer Stau gebildet. Vater knurrte, ob wir uns das denn antun müssten. Da er vom Beifahrersitz aus das Geschehen genau beobachten konnte, nahm er bald die charakteristische Silhouette von Vacha wahr, die er natürlich gut kannte. Jahrzehntelang war er täglich mit dem Bus in dieses kleine Grenzstädtchen zur Arbeit gefahren. »Wo willst du denn hin!?«, rief er aufgeregt. »Da ist doch Vacha! Da ist doch die Grenze! Die nehmen uns fest! Ich hab nicht mal meinen Reisepass dabei!« Er konnte noch immer nicht glauben, dass die Grenze tatsächlich offen war. Nach vierzig Jahren! Fassungslos registrierte er, wie uns die DDR-Grenzer durchwinkten. Niemand fragte mehr nach Papieren! Nun waren wir in Thüringen, unserer Heimat. An den Straßenrändern jubelten die Menschen. Die Stimmung war unbeschreiblich. Und meinem alten Vater kullerten ein paar Tränchen über die Wangen. Eine Viertelstunde später steuerte ich – im tiefsten, einst hermetisch abgeriegelten Sperrgebiet, das nun allen offen stand! – auf den Hof meines Elternhauses, das eine so schrecklich lange Zeit unerreichbar für mich war. Mein Bruder, meine Schwägerin sprangen aufgeregt aus dem Haus und begrüßen uns überschwänglich. Mein Vater saß noch in der geöffneten Autotür, die Füße draußen: »Seht doch, ich komm mit meinen alten Latschen. Ich muss also wieder zurück nach Kassel, da hab ich doch auch noch meinen Koffer! Hoffentlich geht das alles gut …« Es ging gut. Es ging nun alles gut, zwischen Deutschland Ost und Deutschland West. Die Luft war plötzlich voller Veränderung.

Nie zuvor und nie wieder danach habe ich in diesem Land so viel und sich täglich neu überstürzende, emotionsgeladene Euphorie gespürt. In diesen turbulenten Tagen wurde Geschichte geschrieben. Ich bin bis heute dankbar dafür, dieses historische Geschehen miterlebt zu haben. Ein Geschehen, das ja nicht nur das geteilte Deutschland völlig veränderte, sondern die halbe Welt umkrempelte. Auch mein Leben als Kind des Kalten Krieges veränderte sich mit diesem Mauerfall radikal. Bereits im Frühsommer 1989 war ich eine Verpflichtung beim Münchner Zeitungsverlag eingegangen, die meine Frau und mich dann im Dezember in den äußersten Süden führte. Jetzt, da mir endlich meine geliebte Heimat offen stand, musste ich nach Oberbayern ziehen. Und da war er, dieser Traum: Wie schön wäre es doch, ich könnte wieder zurückgehen. Nach Hause! Als Journalist, der ich längst geworden war. Ein Kindheitstraum, der mich damals allerdings auch fliehen ließ, 1964. Unabhängiger, freier Journalist in der unfreien DDR? Schon früh war mir klar, dass das für mich unmöglich war. Das war aber doch auch meine Heimat! Es war aber nicht mein Land! Eine bittere Erkenntnis für einen jungen Menschen. Ich sah keine andere Wahl, als mein Leben zu riskieren, wie Hunderttausende andere auch, und durch das Minenfeld in die Freiheit zu kriechen. Meine wunderbare Frau Melitta, eine gebürtige Nordhessin, teilte meinen schwärmerischen Traum von einer Heimkehr. Natürlich habe ich ihr erklärt, was mich da plötzlich zurückzog. Ja, da lebte noch mein Vater, die geliebte Mutter war schon 1975 verstorben, 63-jährig, wohl auch vor Kummer über meine Flucht, die sie nie verwinden konnte. Ich durfte sie an ihrem

Krankenbett nicht besuchen. So ist das in einem Unrechtsstaat. Da waren aber auch noch meine beiden älteren Brüder mit ihren Familien, meine Freunde von damals, meine Verwandten. Hier lebten meine schönsten Erinnerungen! In den Gesprächen mit meiner Frau kamen schnell jede Menge sachliche Gründe hinzu, die wir lange besprachen, abwogen: Millionen hatten in den zurückliegenden Jahrzehnten der Teilung das »Arbeiter- und Bauernparadies« DDR verlassen. Mancher Fluchtversuch endete mit entwürdigendem Stasiknast und viel zu oft leider auch mit grausamem Tod. Dem Westen war das seinerzeit maximal eine Dreizeilenmeldung in der Regionalzeitung wert, es sei denn, das Fluchtereignis war irgendwie spektakulär. Dann war das auch mal Thema in der Bildzeitung, vielleicht sogar in der Tagesschau. Das war's dann aber auch schon. Niemand interessierte sich mehr wirklich für die Flüchtlinge aus Deutschland in Deutschland. Geschweige denn für diese irgendwie merkwürdige DDR mit ihren phrasenreichen Ritualen um Ernteschlachten, Planerfüllung und Klassenkämpfe. Irgendwie bedauere ich das bis heute. Das war doch schließlich auch Deutschland! Man hatte es sich bequem gemacht im vergleichsweise üppigen Wohlstand des freien Westens: Zu Weihnachten eine Kerze ins Fenster, für die »Brüder und Schwestern drüben«, die man »Landsleute« nannte, und der 17. Juni als weitgehend hohler »Tag der deutschen Einheit« mussten reichen. Feierstunde im Bundestag, Verbot öffentlicher Vergnügungen, okay, aber wer nahm die Gründe für das alles noch wahr? Warum sollte man ausgerechnet am 17. Juni an diese komische DDR denken? Die überdies für eine wachsende Zahl gar schon zum »besseren« Teil Deutschlands geworden war, zumeist unwidersprochen. Manche bundesdeutsche »Edelfeder« schwafelte nach immer wieder gerne genutzten Einladungen »nach drüben« in feinster SED-Propaganda ungeniert von der DDR als der zehntgrößten Wirtschaftsmacht der Welt! Das verfing halt bei dem einen oder anderen. Dass da längst schon die Pleite des verlogenen Arbeiter- und Bauernparadieses feststand, wurde verdrängt. Das gnadenlose Schönfärben der DDR war bereits in vollem Gange. Diese zunehmende Abstumpfung der Anteilnahme sollte sich rächen. Ich konnte mich damit nicht abfinden, weil meine Wahrnehmung vom Zustand der DDR eine gänzlich andere war. Mich trieb die Befürchtung um, dass man sich in altbewährter Schwamm-drüber-Mentalität erneut um eine gründliche Auseinandersetzung herummogeln würde. Wie schon mal, nach 45. Wenn wir aber immer alles Unangenehme unter den Teppich kehren, wächst darunter eine Beule, die uns früher oder später zwangsläufig über unseren eigenen Dreck stolpern lässt. Sollte das nun wieder so sein? Sollte es wieder Jahrzehnte dauern, bis wir uns auch mit dieser Diktatur tiefgreifend auseinandersetzen? Meine Frau brachte es auf den Punkt: »Du bist doch Journalist. Schreib darüber!« Mitten in dieser privaten Diskussion erreichte mich ein Anruf aus dem Süddeutschen Verlag. Man bot mir an, Chefredakteur der neu gegründeten »Südthüringer Zeitung« zu werden. Und ich ging zurück in meine Heimat, mit heißem Herzen. Dorthin, wo ich schon als Heranwachsender Journalist werden wollte – es aber nicht werden konnte. Und nun dieses wahnsinnige Angebot! Da schloss sich ein Kreis.

Kaum zurück in Thüringen machte mich eine Kollegin auf den ehemaligen US-Beobachtungsposten »Point Alpha« oberhalb von Geisa aufmerksam. Natürlich kannte ich diese Anlage aus meiner Anfangszeit im Westen. Ein Zeitungskollege hatte mich in den Sechzigerjahren zu riskanten Recherchen mit dorthin geschleppt. Wie wir heute wissen, war dieser »Point Alpha« die wichtigste Horch- und Beobachtungsstation der amerikanischen Armee an der innerdeutschen Grenze, inmitten des berühmt-berüchtigten »Fulda gap«. Bedeutsam vor allem wegen seiner geopolitischen Lage. Hier befürchtete der Westen einen möglichen Angriff des Ostens. Hier wären im Ernstfall vermutlich auch die ersten Atomwaffen zum Einsatz gekommen. Nichts wäre dann mehr übrig geblieben von meiner Heimat Rhön, diesem uralten Kultur-»Land der offenen Fernen«, das heute besonders geschütztes Biosphärenreservat der UNESCO ist.

Dass das damals so war, vier Jahrzehnte lang, bestätigten mir 2005 auch George Bush sen., Michael Gorbatschow und Helmut Kohl, als ich sie durch die heutige Gedenkstätte führen durfte: Point Alpha, einer der heißesten Orte im Kalten Krieg. Ein Segen, dass aus dem Kalten nie ein Heißer Krieg geworden ist. Die drei Genannten haben daran entscheidenden Anteil. Weswegen sie auch gemeinsam »Point Alpha« besuchten, sechzehn Jahre danach. Ja, dieser »Point Alpha« war mir immer ein Begriff geblieben. Und nun war ich neugierig, was aus der legendären Liegenschaft auf dem Rasdorfer Berg geworden war. Meine Kollegin erklärte mir, dass die Amis den Barackenkomplex schon Anfang 1990 verlassen hätten, es gab für sie dort nichts mehr zu »beobachten«. Nun hätten sich dort Künstler niedergelassen, ich müsse mir unbedingt deren Installationen anschauen, allerdings auf dem Außengelände. Die Baracken, noch immer unzugänglich für Außenstehende, hatten neue Bewohner: Asylbewerber, Spätaussiedler. Aber, so mahnte meine Kollegin, ich müsse mich beeilen, die Baracken sollten abgerissen werden, sobald man die »Flüchtlinge« dort »wieder los« sei. Flüchtlinge! Mich durchzuckt es noch immer, wenn ich dieses Wort höre. Bin ich nicht auch einer? Bald danach fand das Auflösungstreffen des Künstlervereins statt. Ich nahm an der traurigen Veranstaltung teil und war fassungslos: Man war bereit, das Unglaubliche hinzunehmen. Mein Leitartikel auf der Titelseite der »Südthüringer Zeitung« war ein Aufruf, »Point Alpha« als Mahn-, Gedenk- und Begegnungsstätte gegen das Vergessen unbedingt zu erhalten. Brüske Ablehnung bei Rotgrün in Wiesbaden, weil sich angeblich »sowieso niemand mehr für den alten Kram interessiert« und meine »verrückten Ideen« obendrein unbezahlbar seien. Eine SPD-Abgeordnete nannte meine Anregung später, als die Asylbewerber ausgezogen waren und die »Renaturierung«, also der Abriss unmittelbar bevorstand, gar »unverantwortlich«, auf »Point Alpha« west-östliche Jugendbegegnungen und auch »Geschichtsunterricht am historischen Ort« zu organisieren. Ob ich denn nicht wüsste, dass das US-Camp über Jahrzehnte hinweg eine militärische Anlage gewesen und damit sehr wahrscheinlich verseucht sei. Und ich wolle dort Kinder »herumtollen« lassen! Nein, das werde die Landesregierung zu verhindern wissen! Die Dame verließ wütend das Gelände. Meine Frage, ob sie diese Bedenken nicht auch gehabt hätte, als dort jahrelang

Kinder von Asylbewerbern herumsprangen, ließ sie unbeantwortet. Die Bürokratie nahm ihren Lauf.

Der Abriss des Gesamtkomplexes war verfügt. Dass es auf hessischer Seite eine spürbare Gegenbewegung gegeben hätte, ist mir nicht erinnerlich. Der Fuldaer CDU-Landtagsabgeordnete Winfried Rippert stellte im Wiesbadener Landtag Anfragen dazu. Entscheidendes bewirken konnte er damit nicht. Die politische Mehrheit war dagegen. Ein paar Kommunalpolitiker im Fuldaer Land stellten sich zwar hinter unser Bemühen, aber auch sie sahen bei diesen sturen Gegebenheiten letztlich kaum realistische Chancen, »Point Alpha« noch zu retten. Der damalige Fuldaer Landrat, stets ein wortgewaltiger Kämpfer für die deutsche Einheit, beschied uns, dass er finanziell nur »helfen« könne, wenn auch seine Landesregierung tätig würde. SPD-Ministerpräsident Hans Eichel verwies mich brüsk an die »zuständige« schwarzgelbe Bundesregierung in Bonn. Als ich ihn, mittlerweile Bundesfinanzminister, wenig später daran erinnerte, befand er ungerührt, dass ich mich zuständigkeitshalber an die Landesregierung in Wiesbaden wenden solle. Ich habe diese verqueren, geschichtslosen Argumentationen bis heute nicht verstanden. Erst recht nicht in dieser Sache. Aber ich hatte einen Joker: Bernhard Vogel. 1992 war er Thüringer Ministerpräsident geworden. Ein kluger Politprofi der alten Schule. Er sollte zum Glücksfall dieses Bundeslandes, aber auch »Point Alphas« werden. Ich bat ihn um Hilfe. Alsbald führte eine seiner Wanderungen »zufällig« über das nun verlassene ehemalige US-Camp. Der Komplex zeigte sich in einem katastrophal heruntergekommenen Zustand. Bernhard Vogel reagierte erschrocken, zeigte aber Verständnis und versprach Unterstützung. Der Träger-»Verein Grenzmuseum Rhön ›Point Alpha‹ e.V.« war gegründet. Aber niemand war bereit, den Vorsitz zu übernehmen. Die Bürgermeister von Geisa (Thüringen) und Rasdorf (Hessen) wollten gerne Stellvertreter sein, aber keine Vorturner. CDU-Landtagsabgeordnete von beiden Seiten halfen uns. Aber von der SPD nur der thüringische. Wie eigentlich die komplette Thüringer Sozialdemokratie, ausgenommen ein Saarlandimport. Als sich partout niemand als Vorsitzender finden ließ und das Projekt ernsthaft zu scheitern drohte, redete mir meine Frau ins Gewissen: »Dann musst eben du das machen. Du hast das alles angezettelt und darfst es jetzt nicht sterben lassen!« So wurde ich im Sommer 1995 Gründungs-Vorsitzender, für gut fünfzehn Jahre. Zunächst galt es, die unsägliche Abrissentscheidung rückgängig zu machen. Das Gelände wurde unter Denkmalschutz gestellt. Das Bundesfinanzministerium Theo Waigels wies ihre nachgeordnete Behörde Bundesvermögensamt an, uns das nunmehr in seinem Besitz befindliche Gelände zu überlassen. Für eine Mark Pacht. Die Regierung Eichel war stinksauer. Die ersten fünf Jahre kam deshalb finanzielle Unterstützung nahezu ausschließlich aus Thüringen, vor allem aus dem Etat des SPD-geführten Wissenschaftsministeriums von Dr. Gerhard Schuchardt. Es muss ihn menschlich tief getroffen haben, dass er in seinem ständigen Bemühen, auch seine hessischen Parteifreunde für »Point Alpha« zu gewinnen, immer wieder bitter enttäuscht wurde. Traurig, dass es der hessischen SPD bis heute nicht gelungen ist, ihren Frieden mit dem längst hoch erfolgreichen Projekt »Point Alpha« zu machen. Vergleichbare Mithilfe aus Hessen kam erst mit dem Regierungswechsel in Wiesbaden. Roland Koch von der CDU wurde Ministerpräsident. Bald danach kam es auf »Point Alpha« zu einer hessisch-thüringischen Regierungskonferenz, an deren Ende das Versprechen einer nunmehr gemeinsamen Förderung stand. Die Besucher kamen längst in Scharen. Es galt, mit verschiedensten Angeboten das Besucherinteresse zu wecken. Wir initiierten jährliche Großveranstaltungen zum neuen »Tag der Deutschen Einheit«, stets mit bekannten Rednern. Inklusive Angela Merkel. 2003 wurde das »Ost-Pendent« zum US-Camp gebaut, das »Haus auf der Grenze« auf der östlichen Seite, das sich vordringlich mit dem mörderischen Grenzregime der DDR befasste. Zwischen beiden Standorten, die etwa 750 Meter voneinander entfernt sind, entstand die sogenannte »Mustergrenze« mit original erhalten gebliebenen und rekonstruierten Grenzanlagen der DDR. Ich brachte das »Kuratorium Deutsche Einheit« auf den Weg, das ab 2005 den »Point-Alpha-Preis für Verdienste um die Einheit Deutschlands und Europas in Frieden und Freiheit« vergibt. Erste Preisträger die bereits genannten Staatsmänner George Bush sen., Michail Gorbatschow und Helmut Kohl.

In den Jubiläumsjahren 2009/10 wollte ich ein neues, spektakuläres Zeichen setzen: Mitten auf dem ehemaligen Todesstreifen entstand der »Weg der Hoffnung«. Orientiert am christlichen Kreuzweg wuchsen auf einer Länge von etwa anderthalb Kilometer überlebensgroße stählerne Skulpturen des Künstlers Ulrich Barnickel, die einen deutlichen Bogen der Willkür spannen sollten zwischen dem Leidensweg Christi von vor 2000 Jahren und den kommunistischen Diktaturen Ost- und Mitteleuropas im 20. Jahrhundert. Der Druck der Herausforderungen war schließlich derart gewachsen, dass ich »meinem« thüringischen Ministerpräsidenten Dieter Althaus mitteilen musste, den Vereinsvorsitz niederzulegen, wenn sich die beiden Bundesländer nicht stärker einbrächten und das Projekt dauerhaft sicherten. Mein Lamento hatte Erfolg. Roland Koch und Vogel-Nachfolger Dieter Althaus steckten die Köpfe zusammen, und schon nach wenigen Wochen war man sich einig, »Point Alpha« von einer ordentlich ausgestatteten hessisch-thüringischen Stiftung tragen zu lassen. Die unmittelbar folgende Finanzkrise erschütterte dann freilich auch die junge Point Alpha Stiftung. Die stetig steigenden Besucherzahlen sorgten aber dafür, dass der florierende Betrieb gerade noch aufrechterhalten werden konnte. Das Positive: Die Bundesregierung legte zügig milliardenschwere Konjunkturpakete auf, eines war speziell für Investitionen in die Bildung geschnürt worden. Das belebte meine schon lange gehegte Idee von einer Point-Alpha-Akademie, die sich vordringlich um Demokratiebildung und eine dauerhafte Auseinandersetzung mit der SED-Diktatur kümmern sollte. Auch dieser Einsatz hatte Erfolg.

Seit Jahren beklagte ich die nach meiner Ansicht höchst unzulängliche Auseinandersetzung mit dem brutalen Unrechtsstaat DDR und der ihn tragenden Täterpartei. Die ständigen Erfahrungen mit dem eklatanten Unwissen über das menschenverachtende System vor allem unter jungen Menschen ließen mich schier verzweifeln. Ich wusste doch aus meinen eigenen Erfahrungen aus den Sechziger- und Siebzigerjahren, wohin geschichtliche Unkenntnis zwangsläufig führt! Nahm man sich 1989/90 nicht hoch und heilig vor, sich nunmehr wechselseitig seine so unterschiedlichen Biografien zu erzählen, um einander besser verstehen zu können? Es blieb leider weitgehend ein Wunschtraum. Stattdessen haute man sich den »Besserwessi« und den »Jammerossi« um die Ohren. Und weil bald nur noch die Hälfte wählen ging, regieren auch längst wieder die Nachfolger der 1989 zum Teufel Gejagten. Auch in meiner Heimat. Das ist es, was falsch gelaufen ist. Gleichwohl ist in den zurückliegenden dreißig Jahren in großer Solidarität eine beispiellose, billionenschwere Wiederaufbauleistung gestemmt worden. Auch wenn noch eine Menge zu tun bleibt, so darf bei allem verständlichen Frust eines nie vergessen werden: All die Probleme, die bewältigten wie auch die noch anzugehenden, sind nicht die der Wiedervereinigung, sondern ausschließlich die der vierzigjährigen Teilung. Und ja, es sind auch Fehler gemacht worden in diesem weltweit einzigartigen Prozess der Wiederzusammenführung zweier so lange und in so unterschiedlichen Systemen voneinander getrennter Landesteile. Es gab kein Rezeptbuch, in dem man hätte nachschlagen können. Ich wünschte mir deshalb endlich mehr Ehrlichkeit miteinander: Wer war schon wirklich darauf eingestellt, was da 1989 diese großartige, mutige und patriotische Bürgerrechtsbewegung in der DDR zustande gebracht hat? Sehnsüchte alleine machen noch keinen Masterplan. Bernhard Vogel beschreibt das gerne so: »Wir hatten zwar ein Bundesministerium für gesamtdeutsche Fragen, aber leider keines für gesamtdeutsche Antworten.«

Deutschland, einig Vaterland!

Bernhard Vogel

Am Nachmittag des 9. November 1989, einem Donnerstag, flog Helmut Kohl zu seinem ersten schwierigen und problembeladenen Staatsbesuch nach Polen. Er lud mich ein, ihn zu begleiten. Ich – zu der Zeit Vorsitzender der Konrad-Adenauer-Stiftung – wollte die Gelegenheit nutzen, am nächsten Tag in Warschau die erste Außenstelle der Stiftung in einem Land des Warschauer Paktes zu eröffnen. Am Abend waren wir Gäste des polnischen Ministerpräsidenten Tadeusz Mazowiecki. Während des Abendessens traf die Nachricht ein: Das Brandenburger Tor sei offen, die Menschen strömten zu Tausenden über die Grenze, in Bonn hätten sich die Abgeordneten im Bundestag erhoben und die Nationalhymne gesungen. Wir konnten es nicht fassen. Und wir in Polen!

Am Freitagmorgen unterbrach Helmut Kohl seinen Staatsbesuch. Ein ungewöhnlicher Vorgang. Er flog nach Deutschland zurück – über Skandinavien nach Hamburg, weil westdeutsche Flugzeuge den Luftraum über der DDR nicht nutzen durften –, von dort weiter mit einer amerikanischen Militärmaschine nach Berlin und, was keiner von uns Zurückgebliebenen für möglich gehalten hatte: Er kehrte noch am Samstag nach Polen zurück.

Die Ereignisse überstürzten sich. Ende November trug Kohl im Bundestag sein Zehn-Punkte-Programm zur Überwindung der Teilung Deutschlands und Europas vor. Am

19. Dezember traf er sich in Dresden mit Hans Modrow, dem letzten kommunistischen Ministerpräsidenten der DDR, und hielt vor der Ruine der Frauenkirche eine der brisantesten und bewegendsten Reden seines politischen Lebens. Am 1. Juli trat der Vertrag über die Wirtschafts-, Währungs- und Sozialunion in Kraft. Im August der Einigungsvertrag. Bei seinem Besuch in Gorbatschows kaukasischer Heimat, im Juli 1990, erreichte Helmut Kohl die außenpolitische Absicherung der Deutschen Einigung und den Abzug der sowjetischen Truppen aus Deutschland. Im September wird in Moskau der Zwei-plus-Vier-Vertrag unterzeichnet.

Aus den ersten freien Wahlen für die Volkskammer, im März 1990, ging gegen alle Prognosen die Allianz für Deutschland, zu der sich CDU, DSU (Deutsche Soziale Union) und DA (Demokratischer Aufbruch) zusammengeschlossen hatten, als Siegerin hervor. Lothar de Maizière, der neue Vorsitzende der Ost-CDU, wurde Ministerpräsident.

Am 3. Oktober 1990 traten die wiedererstandenen fünf jungen Länder über den »Königsweg« des Artikels 23 des Grundgesetzes in seiner damals geltenden Fassung der Bundesrepublik Deutschland bei. So hatte es die Volkskammer ausdrücklich beschlossen. Am Vorabend war vor dem Reichstag in Berlin zum Zeichen der wiedergewonnenen Einheit die schwarz-rot-goldene Fahne aufgezogen worden. Deutschland war wiedervereinigt. Eine Stunde großer Freude und großer Dankbarkeit.

Ich war dankbar dafür, dass ich diesen Tag erleben durfte, und ich war stolz darauf, dass meine Partei den Glauben an die Einheit unseres Vaterlandes nie aufgegeben hatte;

dass Konrad Adenauer durch seine weitsichtige Politik den Grundstein dafür gelegt hatte und Helmut Kohl zum Kanzler der Einheit in Freiheit geworden war.

Über Jahrzehnte hatte ich an die Wiedervereinigung geglaubt und auf sie gehofft. Dass ich sie selbst noch erleben würde, schien mir eher unwahrscheinlich. So, wie sie sich jetzt vollzog, hatte ich sie mir nicht vorstellen können.

Als mich am 27. Januar 1992 in München ein Anruf Helmut Kohls erreichte, um mir mitzuteilen, unsere am Vorabend einvernehmlich getroffene Entscheidung, ich sollte nicht nach Thüringen gehen, sondern in Bonn bleiben, sei hinfällig; es sei seine und der anwesenden Thüringer CDU-Politiker Bitte, stehenden Fußes nach Erfurt aufzubrechen, und dieser Bitte nachzukommen habe ich keinen Augenblick gezögert. Vier Stunden später traf ich gegen Abend dort ein. Wenn es keinen anderen Weg aus der durch den Rücktritt von Josef Duchač entstandenen Lage gäbe, war ich bereit, mich in die Pflicht nehmen zu lassen. Fast sechzig Jahre hatte ich auf der Sonnenseite Deutschlands gelebt. Wenn die, die es unverschuldeterweise schwerer gehabt hatten, mich brauchten, hatte ich bereit zu sein. Es ist nicht mein Verdienst, dass ich in zwei Ländern Ministerpräsident war. Es liegt in der besonderen historischen Situation begründet, die sich hoffentlich nie wiederholen wird.

Die Situation, die ich in Thüringen vorfand, kann man sich heute kaum mehr vorstellen. Die Wiedervereinigung war über Nacht gekommen, niemand hatte mit ihr zu diesem Zeitpunkt gerechnet. Niemand hatte einen vorbereiteten Plan. Es gab ein Ministerium für gesamtdeutsche Fragen – ein

Ministerium für gesamtdeutsche Antworten gab es nicht. Es brannte an allen Ecken und Enden. Es ging zu wie auf einem großen Verbandsplatz. Unaufhörlich mussten Entscheidungen getroffen werden. Das Telefonieren war zunächst schwieriger als das Regieren. Man musste im Morgengrauen auf eine Anhöhe bei Erfurt fahren, um zu telefonieren. Aber wer ging im Morgengrauen in Bonn schon ans Telefon? Bald sollte auf die Freude über den Fall der Mauer und die erreichte Wiedervereinigung der Schatten heraufziehender Wolken fallen. Eine steinige, trockene Ebene musste durchschritten werden.

Als rheinland-pfälzischer Ministerpräsident hatte ich es mir zur Regel gemacht, jedes Jahr eine Region der DDR zu bereisen, streng abgeschirmt von den Sicherheitskräften der DDR. Wir beantragten unsere Einreisegenehmigung; mussten angeben, welchen Bezirk wir aufsuchen wollten, in welchem Hotel wir an welchem Tag übernachten wollten. In Thüringen hatte ich die Wartburg über Eisenach, Schloss Friedenstein in Gotha, den Erfurter Dom, das Goethe-Haus in Weimar besucht. Das Land war mir nicht fremd. Aber einen Industriebetrieb, eine Schule oder ein Krankenhaus zu besuchen, hatten wir nicht gewagt. Wir wollten niemanden in Schwierigkeiten bringen. Ich kannte nur drei Thüringer mit Namen. Für mich begann das größte Abenteuer meines Lebens.

Die bei Weitem schwierigste Aufgabe war der Umbau der sozialistischen Planwirtschaft zur Sozialen Marktwirtschaft. Noch Egon Krenz hatte im Oktober 1989 Gerhard Schürer, den Vorsitzenden der staatlichen Planungskommission, beauftragt, die wirtschaftliche Situation ungeschminkt darzustellen. Das Ergebnis sprach Bände: Der Zusammenbruch der ostdeutschen Wirtschaft stehe kurz bevor. Der Rückstand auf die Bundesrepublik sei uneinholbar, die Verschuldung im kapitalistischen Ausland dramatisch. Der Lebensstandard müsse noch einmal um 25 bis 30 Prozent gesenkt werden. Das mache – so das nüchterne Fazit – das Land »faktisch unregierbar«.

Wie man aus Kapitalismus Sozialismus machte, wussten wir, darüber gab es Erfahrung und reiche Literatur. Aber wie sollte jetzt der Umbau zu einer freien wettbewerbsfähigen Wirtschaft erfolgen? Die westdeutsche Wirtschaft befand sich zur Stunde der Wiedervereinigung in sehr guter Verfassung. Ihre Industrie war nur zu 70 Prozent ausgelastet, sie hätte keine Schwierigkeiten gehabt, die Versorgung der jungen Länder sicherzustellen. Die Menschen in den jungen Ländern kauften nicht mehr, was in der DDR produziert worden war. Wir hätten – mit Steuermitteln – die Wartburg-Produktion in Eisenach aufrechterhalten können, nur hätte kein Mensch mehr einen Wartburg gekauft. Man wollte einen Volkswagen oder einen Opel. Es bleibt das Verdienst der vielgescholtenen Treuhand – noch unter der Regierung Modrow gegründet, aber nach dem Beitritt der jungen Länder weiterentwickelt –, die sicher auch vieles falsch gemacht hat, zugepackt und entschlossen gehandelt zu haben. Sie verdient es, in Schutz genommen zu werden. Die Volkseigenen Betriebe mussten privatisiert und national wie international wettbewerbsfähig gemacht oder aufgelöst werden, zukunftsträchtige Unternehmen mussten gefördert werden, aussichtsreiche Investitionen mussten ermöglicht werden, Ostdeutschland musste vor der

Deindustrialisierung bewahrt werden, sonst waren auch in Zukunft vergleichbare Lebensbedingungen in Ost und West nicht zu erreichen, sonst drohten den jungen Ländern italienische Verhältnisse: ein weltweit wettbewerbsfähiger Westen, ein verarmter Osten. Erschwerend kam hinzu: Der Aufbau der Sozialen Marktwirtschaft in der alten Bundesrepublik war mit einem bespielhaften Aufschwung verbunden. Der Umbau im Osten wurde nur langsam zu einem für jedermann nachvollziehbaren Erfolg.

Das Land Thüringen war 1952 abgeschafft worden. Eine funktionsfähige Landesverwaltung musste neu aufgebaut werden. Eine Gebietsreform war notwendig, um lebensfähige Städte und Landkreise zu schaffen.

Das Bildungswesen musste umgebaut werden. Es gab Scharen von Marxismus-Leninismus-Lehrern. Russisch wollte niemand mehr lernen, aber Englischlehrer fehlten. Die Universitäten mussten insbesondere in den Geisteswissenschaften neu geordnet werden. Die Universität Erfurt sollte wieder gegründet werden.

Seit 1940 war in der DDR keine neue Autobahn gebaut worden. Fuhr man auf der Autobahn von Frankfurt am Main nach Dresden, begann bald nach Bad Hersfeld die Misere. Das Anschlussstück nach Osten fehlte. Ab Eisenach erwies sich die »Transit-Autobahn« als Rüttelstrecke. Leitplanken gab es nicht. Heute freut man sich, dass die Autobahn ab der hessisch-thüringischen Grenze dreispurig befahren werden kann – oder man ist neidisch darüber! Als Thüringen wieder entstand, gab es dort 250 Kilometer Autobahn, heute sind es über 600 Kilometer. Thüringen musste erreichbar sein, wenn wir seine Standortgunst in der Mitte Deutschlands und Europas nutzen wollten. Wir mussten jahrelang dafür kämpfen, dass die ICE-Strecke Berlin-München über Erfurt geführt wurde.

Es galt einen Unrechtsstaat abzulösen. Es galt ihn aufzulösen. Kein Zweifel: Die DDR war ein Unrechtsstaat. Ein Staat, der keine freie Presse zulässt, Wahlen fälscht, kein Verfassungsgericht und keine Verwaltungsgerichte kennt; ein Staat, der seine Grenzen mit Waffengewalt verteidigt, nicht um Eindringlinge abzuhalten, sondern um eigene Bürger an der Flucht zu hindern, ist ein Unrechtsstaat. Noch 1989 gab es 189 000 inoffizielle Stasimitarbeiter. Ein Stasimitarbeiter auf 89 Einwohner!

Seit 1933 hatten die Menschen im östlichen Teil Deutschlands unter den Bedingungen von zwei, wenn auch sehr unterschiedlichen Diktaturen gelebt. Anders als im Westteil Deutschlands nach 1945 stand im Osten niemand mehr zur Verfügung, der in nach demokratischen Grundsätzen verfassten Parteien Verantwortung getragen oder einem frei gewählten Parlament angehört hätte. Nicht dreizehn, 57 Jahre lagen die letzten freien Wahlen zurück. Umso bemerkenswerter die Bereitschaft anzupacken und Hand anzulegen. So viel Opferbereitschaft, so viel Selbstlosigkeit und Spontaneität war nie. In den Parlamenten und Regierungen fanden sich Physiker, Mathematiker, Programmierer, evangelische Theologen, Tierärzte. Aber Juristen, Beamte, auch Lehrer, gab es kaum. Aus Westdeutschland kam spontane Hilfe. Unzählige Partnerschaften, nicht zuletzt zwischen westdeutschen und ostdeutschen Ländern, wurden geschlossen. Tausende westdeutscher

Mitbürger sind – kaum dass die Grenzen offen waren – nach Osten aufgebrochen, weil sie helfen wollten. Viele kamen mit ihren Familien und sind heimisch geworden. Ihre Kinder sind längst im Osten zu Hause. Die meisten von ihnen haben unersetzliche Dienste geleistet, aber natürlich kamen auch schwarze Schafe – von ihren Vorgesetzten geschickt, um sie zu Hause loszuwerden, oder in der Hoffnung auf Aufstiegschancen, die sie zu Hause nicht hatten – die belehrend auftraten, die alles besser wussten.

Heute, dreißig Jahre nach dem Fall der Mauer, darf man mit Fug und Recht sagen, die Wiedervereinigung unseres Vaterlandes ist uns – alles in allem – gelungen, und wir haben Grund, stolz auf das zu sein, was wir erreicht haben. Wir sollten uns gelegentlich eine Auszeit vom Klagen nehmen und uns bewusst machen, warum wir – wie Joachim Gauck es gesagt hat – Anlass zur wechselseitigen Dankbarkeit haben. Wir Westdeutschen haben allen Grund, den Ostdeutschen dafür zu danken, dass sie ohne Gewalt, nur mit Angst im Herzen, mit Kerzen in den Händen und mit Gebeten auf den Lippen, ein totalitäres Regime zum Einsturz gebracht haben; dass ihnen eine friedliche Revolution gelungen ist, nicht nur eine Wende, wie sie Egon Krenz verniedlichend zu nennen versucht hat. Die Ostdeutschen haben Grund zur Dankbarkeit für personelle und finanzielle Hilfe, wie sie wohl selten ein Teil eines Volkes für einen anderen Teil erbracht hat. Weite Landstriche sind nicht wiederzuerkennen. Es gibt Landschaften, die blühen, oft später als erhofft und längst nicht überall. Aber Dresden und Jena, Erfurt und Potsdam brauchen den Vergleich mit westdeutschen Städten nicht mehr zu fürchten.

Die Qualitäten von Luft und Wasser sind völlig anders geworden. In Erfurt brennen keine 50 000 Brikettöfen mehr. Die Werra gehört nicht mehr zu den am meisten verseuchten Flüssen Europas. Die Lebenserwartung im Osten ist um fünf Jahre gestiegen. Männer und Frauen werden – fast – genauso alt wie im Westen. In Thüringen ist die Arbeitslosigkeit geringer als in Nordrhein-Westfalen. Viele Krankenhäuser, Behinderteneinrichtungen, Schulen und Kindergärten sind neu gebaut, viele Kirchen, viele Schlösser vor dem Einsturz bewahrt. Die Abwanderung nach dem Westen geht zurück, die Zuwanderung in die jungen Länder steigt.

Und doch bleibt noch viel zu tun. Es langt nicht, zu versuchen, nach dreißig Jahren Schlussbilanz zu ziehen. Was muss heute, was muss in Zukunft noch geschehen?

Wir müssen noch bestehende Probleme ernst nehmen, vor allem aber sollten wir uns besser verstehen lernen.

1990 trafen zwei Welten aufeinander. Der Osten wollte die Einheit, wollte Freiheit und Wohlstand. Im Osten haben die Menschen den Glauben an die Wiedervereinigung nie aufgegeben. Im Westen dagegen war bei vielen der Zweifel gewachsen. Bei manchen sogar der Wille geschwunden, die Wiedervereinigung anzustreben. Von der Wiedervereinigung als »historischem Schwachsinn« sprach Oskar Lafontaine. »Lasst uns um alles in der Welt aufhören, von der Einheit zu träumen oder zu schwätzen«, meinte Egon Bahr noch Anfang November 1989. Es war richtig, den kurzen Weg zur Wiedervereinigung nach Artikel 23 und nicht den langen, unsicheren Weg nach Artikel 146 zu gehen. Es war keine Zeit zu verlieren, die historische Chance durfte nicht verpasst werden.

Das Grundgesetz ist den Ostdeutschen nicht übergestülpt und die DDR ist der Bundesrepublik nicht zugeschlagen worden. Aber bis heute empfinden sich manche Ostdeutsche als Bürger zweiter Klasse, als bevormundet, als fremd im eigenen Haus. Ihr Traum, selbst eine neue Ordnung aufzubauen, ging nicht in Erfüllung. Im Westen dagegen meinten viele, durch die Wiedervereinigung habe sich die Bundesrepublik nicht verändert, nur vergrößert. Der Osten musste vom Westen lernen, und er hat – oft unter Schmerzen – viel gelernt. Aber mancher im Westen hat bis heute nicht begriffen, dass auch er vom Osten zu lernen hatte. Im Osten musste sich vieles ändern, aber im Westen konnte nicht alles so bleiben, wie es war. Das Provisorium Bonn musste aufgegeben werden – und Berlin ist nicht Bonn!

Auch nach dreißig Jahren bestehen deutliche Unterschiede. Mit der Wiedervereinigung kamen zwei Teile unseres Vaterlandes zusammen, deren Bevölkerungen über viele Jahrzehnte sehr unterschiedliche Lebenserfahrungen gemacht hatten – politisch, gesellschaftlich, ökonomisch. Die Bedeutung dieser nachwirkenden Erfahrungen darf auch heute noch nicht unterschätzt werden. Noch immer sind die Renten nicht voll angeglichen. Das Privatvermögen im Osten lässt sich nicht mit den in Jahrzehnten angesammelten und vererbten Vermögenswerten im Westen vergleichen. Nach wie vor fehlt es im Osten an Bundesbehörden. Einrichtungen, wie das Bundesarbeitsgericht nach Erfurt oder das Umweltbundesamt nach Dessau zu verlegen, war gut gemeint, aber nicht ausreichend. Die Spitzenpositionen der Verwaltung, der Gerichte, der öffentlich-rechtlichen Medien sind fast ausschließlich von Westdeutschen besetzt. Kein Rektor oder Präsident einer deutschen Universität kommt aus Ostdeutschland. Nur ein Dax-Unternehmen hat seinen Sitz in den jungen Ländern.

Auch die Unterschiede in der Akzeptanz der politischen Parteien dürfen nicht übersehen werden. Ca. 37 Prozent der Wähler neigen im Westen zu den Unionsparteien, im Osten ca. 28 Prozent. Der SPD im Osten ist es bis heute nicht gelungen, die Folgen ihrer Zwangsvereinigung mit der KPD gänzlich zu überwinden. Nur ca. 12 Prozent neigen zu ihr. Grüne und FDP finden im Osten weit weniger Vertrauen als im Westen. Die Linken und die AfD finden weit stärkeren Rückhalt im Osten. Beide gelten nicht als »Westparteien«.

Wir wollen vergleichbare Lebensverhältnisse. Aber wir wollen kein Einheitsdeutschland. In Deutschland hat es immer Unterschiede gegeben, in der Mentalität, aber auch in materieller Hinsicht. Es zeichnet den deutschen Föderalismus aus, dass jedes Land das Recht auf sein eigenes Profil und sein eigenes Landesbewusstsein hat und behalten sollte. *Den* Westen oder *den* Osten gibt es nicht. Bayern ist anders als Schleswig-Holstein, und inzwischen unterscheidet sich auch Thüringen wieder von Mecklenburg-Vorpommern. In Ostfriesland liegt der Lebensstandard weit unter dem in Stuttgart, Erfurt ist nicht Görlitz und Dresden nicht Frankfurt an der Oder. Es ist an der Zeit, das Gerede von den »Mauern in den Köpfen« hinter uns zu lassen. Inzwischen sind mehr Bayern in Thüringen zu Gast gewesen als Baden-Württemberger in Schleswig-Holstein.

Wir neigen dazu, die Vergangenheit in freundlichem Licht zu sehen und manchem nachzutrauern, was wir früher hatten, die Herausforderungen der Gegenwart aber zu überschätzen. Dafür gibt es keinen Grund. Auf die Zeit vor der Wiedervereinigung, auf die letzten, oft mühsamen dreißig Jahre zurückzublicken, heißt Mut zu schöpfen. Warum sollte die heute verantwortliche Generation nicht genauso mit den heutigen Problemen fertig werden, wie wir das zu unserer Zeit versucht haben? Wir sollten ins Gelingen verliebt sein, nicht ins Scheitern!

Autoren

Oliver Das Gupta kam 1974 im bayerischen Erlangen zur Welt und wuchs in einem Dorf im Alpenvorland auf. Nach dem Abitur und dem Wehrdienst bei den Gebirgsjägern in Mittenwald wandte er sich dem Journalismus zu. Parallel zum Studium an der Deutschen Journalistenschule begann er 1997 für die »Süddeutsche Zeitung« zu schreiben. Heute arbeitet Das Gupta als Redakteur für Politik und Zeitgeschichte bei der SZ. Mit seiner Familie lebt er nahe der bayerisch-österreichischen Grenze.

Brigitte Dienst wurde 1939 als zweites von vier Kindern in Leipzig geboren. Von 1945 bis 1953 besuchte sie die Grundschule in Leipzig und begann danach eine Lehre als Bankkauffrau bei der damaligen Deutschen Notenbank. Nach Abschluss ihrer Lehre 1956 wurde sie übernommen und war in den 43 Folgejahren ihrer Banktätigkeit in verschiedenen Bereichen tätig. 1991 wurden die Filialen der DDR-Staatsbank von der Dresdner Bank übernommen, und Brigitte Dienst wurde mit der Übernahme als Zweigstellenleiterin eingesetzt. Sie ist verheiratet und hat zwei erwachsene Kinder.

Berthold Dücker, geboren am 26. Oktober 1947 im thüringischen Geismar (Rhön), wuchs als jüngster von drei Brüdern auf. Sechzehnjährig floh er in den Westen und wurde Journalist. Stationen seines Wirkens u. a.: Fulda, Lauterbach, Neumünster, Hildesheim, Kassel, München. 1993 kehrte er nach Thüringen zurück, für viele Jahre als Chefredakteur der Südthüringer Zeitung und Gründer der Gedenkstätte Point Alpha. Ehrungen: Thüringer Verdienstorden, Bundesverdienstkreuz, Thüringer Journalistenpreis.

Ingo Hasselbach, geboren 1967 in Berlin, ist der bekannteste Aussteiger aus der Neonaziszene. Er ist Mitbegründer der Aussteigerorganisation EXIT und Autor mehrerer Bücher zum Thema Neonazismus. In den Neunzigerjahren lebte er nach seinem Ausstieg in den USA, wo er als Journalist für den TIP arbeitete. Seine Artikel, die in der New York Times und der ZEIT abgedruckt wurden, sorgten für großes Aufsehen. Seit 1999 arbeitet er auch im Bereich Szenenbild für deutsche und internationale Filmprojekte.

Günter Henschel wurde 1950 in Dresden geboren, ist verheiratet und Vater zweier Kinder. Abschluss 10. Klasse + Facharbeiterbrief als Maschinenbauer. Nach drei Jahren Armeezeit als Waffenmeister arbeitete er bis 1994 als Betriebshandwerker, bis 1999 als selbstständiger Versicherungsvertreter. Seit 2000 ist er als selbstständiger Kaufmann tätig, seit 2006 gerichtlich bestellter Betreuer.

Anna Kaminsky, geboren 1962 in Gera. Studium an der Sektion Theoretische und angewandte Sprachwissenschaft an der Karl-Marx-Universität Leipzig, Abschluss als Diplom-Sprachmittlerin. Bis 1990 freiberufliche Tätigkeit als Übersetzerin. Nach 1990 Promotion sowie Tätigkeit in verschiedenen Ausstellungs- und Forschungsprojekten. Seit 2001 Geschäftsführerin der Bundesstiftung zur Aufarbeitung der SED-Diktatur.

Bernd Dietmar Kammerschen wurde 1958 in Neuss am Rhein geboren und studierte Geschichte, Politikwissenschaft, Volkswirtschaftslehre, Germanistik und Philosophie in Köln, Wien und Bonn. Auslandsaufenthalte in den USA und Kanada. 1989/90 Referent für Deutschlandpolitik der CDU/CSU im Bundestag, dazu Young Leader der Atlantikbrücke. 1990/91 Referatsleiter in der Sächsischen Staatskanzlei. Seit 2000 Stiftungsdirektor der Sächs. Landesstiftung Natur und Umwelt, Dresden.

Martin Klähn, geboren 1959 in Crivitz/Mecklenburg, Maurerlehre, Abendschule, Dipl.-Bauingenieur; Arbeit im Wohnungsbaukombinat Schwerin; Gründungsmitglied des Neuen Forum in Grünheide; seit Ende 1990 in der politischen Bildung tätig; berufsbegleitend Master Erwachsenenbildung; Martin Klähn arbeitet als pädagogischer Leiter bei Politische Memoriale.

Freya Klier, geboren 1950 in Dresden. Autorin, Schauspielerin, Theaterregisseurin, Dokumentarfilmerin, Bürgerrechtlerin. 1980 war sie Mitbegründerin der DDR-Friedensbewegung, 1968 erstmalige, 1988 erneute Verhaftung und Ausbürgerung. Ausgezeichnet u. a. mit dem Bundesverdienstkreuz (2012) und dem Franz-Werfel-Menschenrechtspreis (2016).«

Nadja Klier, geboren 1973 in Dresden, ist gelernte Fotografin und Yogalehrerin sowie Mutter eines Sohnes. Sie liebt es, sich auf verschiedenen Feldern auszuprobieren, hat zwei Dokumentarfilme koproduziert und seit einigen Jahren das Schreiben für sich entdeckt. Der Geschichte ihrer Jugend und der traumatischen Zwangsausbürgerung im Alter von fünfzehn Jahren nähert sie sich immer wieder literarisch. Aktuell arbeitet sie an einem Drehbuch für eine mehrteilige Serie.

Katrin Maaß, geboren 1965 in Hannover, aufgewachsen in Wunstorf. Nach Lebensstationen in Heilbronn (Studium), Frankfurt/M., Dresden und Düsseldorf nun in Korschenbroich mit Mann und drei Kindern sesshaft geworden. Berufliche Tätigkeit: Stadtmarketing/Öffentlichkeitsarbeit.

Marko Martin, geboren 1970 in Burgstädt, lebt, sofern nicht auf Reisen, als Schriftsteller in Berlin. Zahlreiche Veröffentlichungen und Erzählbände. Zuletzt erschienen sein literarisches Tagebuch »Das Haus in Habana. Ein Rapport« (Wehrhahn Verlag) sowie der Essayband »Dissidentes Denken. Eine Reise zu den Zeugen eines Zeitalters« (Die Andere Bibliothek).

Margit Miosga, 1946 in München geboren, Rudolf Steiner Schule, Lehre als Damenschneiderin, 1972 Umzug nach Berlin, Abitur auf dem zweiten Bildungsweg, Studium der Sinologie und Publizistik. Seit 1979 arbeitet sie als freiberufliche Rundfunkjournalistin für den Sender Freies Berlin, dem jetzigen RBB. Publikation diverser Bücher.

Astrid Proll, 1947 in Kassel geboren, kam als Einundzwanzigjährige nach West-Berlin und studierte dort Fotografie. Sie lernte Andreas Baader, Gudrun Ensslin und Ulrike Meinhof kennen und schloss sich in den frühen Siebzigerjahren der RAF an. Aus London heimgeholt und vor Gericht gestellt, studierte sie später an der Hamburger Hochschule für Bildende Künste und arbeitete in Hamburg und London als Bildredakteurin.

Johannes Röser, geboren 1956 im nordhessischen Witzenhausen an der Werra, Studium der Theologie in Freiburg und Tübingen, Journalist, Chefredakteur der Wochenzeitschrift CHRIST IN DER GEGENWART für Religion, Kultur, modernes Glaubensleben und Gesellschaft (Freiburg i. Br.); Verfasser und Herausgeber von Büchern zu religiösen Themen, zuletzt: »Gott? Die religiöse Frage heute« (Verlag Herder).

Prof. Gudrun Schmidt-Kärner, geboren 1941 in Braunschweig, ist Vorsitzende des Fördervereins für Norddeutschland-Kaliningrad e.V. und Präsidentin des »Preis Frauen Europas – Deutschland« im Netzwerk der Europäischen Bewegung Deutschland. Der von ihr gegründete Verein (Förderverein für Kaliningrad/Russland) vermittelt Jugendlichen ehrenamtliches Engagement, Solidarität und die Verantwortung des Einzelnen für die Mitgestaltung des Gemeinwesens. Sie ist Preisträgerin des »Preis Frauen Europas – Deutschland« 1999. Sie erhielt im Februar 2019 das Bundesverdienstkreuz am Bande.

Birgit Siegmann, geboren 1961 in Steinach/Thüringen. 1978 Abitur mit Berufsausbildung; 1981–1985 Lehrerstudium für Geschichte und Staatsbürgerkunde in Halle. 1985–1998 Lehrerin. 1998–2003 Versetzung an das Thüringer Lehrerfortbildungsinstitut (ThILLM). Verschiedene Publikationen und Filmprojekte. Ab 2006 Arbeit in diversen pädagogischen Projekten, z. B. als Abordnung des Thüringer Kultusministeriums an die Forschungs- und Gedenkstätte Normannenstrasse in Berlin. Seit 2010 freiberuflich tätig, z. B. in der Gedenkstätte Hohenschönhausen und als Referentin/Zeitzeugin in Schulen.

Uwe Spindeldreier, Jahrgang 1957, stammt aus Soest/Westfalen. Er studierte in Bonn Politikwissenschaft und war Honorarreferent des Gesamtdeutschen Instituts. Nach seinem Magisterexamen arbeitete er als freier Journalist in Bonn. 1992 ging er zum MDR-Fernsehen in Thüringen und wurde am 1.1.2000 Thüringer Regierungssprecher unter den Ministerpräsidenten Vogel und Althaus. Von 2006 bis 2018 leitete er im Bundespresseamt die Abteilung Presse- und Öffentlichkeitsarbeit.

Carola Stach, geboren 1963 in Nordhausen, studiert 1989 in Ost-Berlin und erlebt die massive Panzerung zum letzten Jahrestag der DDR. Im Dezember 1989 will sie auf den Weihnachtsmarkt in West-Berlin und erlebt im »Tränenpalast« den Hass des DDR-Zoll-Personals. Sie wird von einer uniformierten Frau mit Zangengriff am Arm in einen gemauerten Raum geführt, muss unter Schreierei ihre Studententasche ausräumen und sich ausziehen. Ein traumatischer Vorgang, der sie öfter einholt.

Guy Stern, 1922 in Hildesheim geboren, emigrierte als Fünfzehnjähriger in die USA. Eltern, Bruder und Schwester wurden Opfer des Holocausts. Nach Studium und Lehrtätigkeit an verschiedenen amerikanischen Universitäten wurde er 1978 an die Wayne State University in Detroit berufen. Wiederholt führten ihn Gastprofessuren nach Deutschland. Während des Zweiten Weltkriegs nahm er als amerikanischer Unteroffizier an der Invasion der Normandie teil. Zu seinen zahlreichen Auszeichnungen zählt u. a. die Medaille der französischen Ehrenlegion. Guy Stern ist Präsident des PEN Zentrum deutschsprachiger Autoren im Ausland und Direktor des »Institute of the Righteous« im Holocaust Memorial Center in Michigan.

Dr. Annette von Stieglitz, geboren 1959 in Münster/Westfalen. Studium der Geschichte, Deutsch und Kunstgeschichte. Wissenschaftliche Mitarbeiterin an der Universität Göttingen, freiberufliche Mitarbeiterin der Konrad-Adenauer-Stiftung, seit 2003 Leiterin der VHS Langenhagen.

Düzen Tekkal wurde 1978 in Hannover geboren. Die Angehörige der jesidischen Glaubensgemeinschaft erhielt als Dokumentarfilmerin den Bayrischen Fernsehpreis für ihren Film »HÁWAR – Meine Reise in den Genozid«. Gründung der Menschenrechtsorganisation HAWAR.help für die Opfer sexueller Gewalt in Kriegsgebieten. Von der Europäischen Bewegung als »Frau Europas 2018« ausgezeichnet.

Burkhart Veigel, 1938 geboren in Thüringen, aufgewachsen in Schwaben, Mensch geworden in Berlin. Studium der Medizin, bis 1970 auch Fluchthelfer. Später Orthopäde und Unfallchirurg in eigener Praxis in Stuttgart, EDV-Entwickler, Hobby-Musiker; seit 2007 Publizist und Schriftsteller in Berlin: Wege durch die Mauer. Fluchthilfe und Stasi zwischen Ost und West (2011); Frei, zusammen mit Roswitha Quadflieg (2018). Bundesverdienstkreuz 2012.

Dr. phil. Bernhard Vogel, geboren 1932 in Göttingen. Studium der Politischen Wissenschaft, Geschichte, Soziologie und Volkswirtschaft in Heidelberg und München. 1965–1967 MdB. 1967–1976 Kultusminister und 1976–1988 Ministerpräsident von Rheinland-Pfalz, 1971–1988 MdL Rheinland-Pfalz. 1972–1976 Präsident des Zentralkomitees der deutschen Katholiken. 1992–2003 Ministerpräsident von Thüringen. 1994–2004 MdL Thüringen. 1989–1995 und 2001–2009 Vorsitzender und seit 2010 Ehrenvorsitzender der Konrad-Adenauer-Stiftung.